Bergischer Verlag

Christiane Gibiec – Else blau
Biografischer Roman

ISBN 978-3-943886-26-9

1. Auflage 3/2014

Bergischer Verlag
RS Gesellschaft für Informationstechnik mbH & Co. KG
Verleger Arndt Halbach, Martin Czialla
Konrad-Adenauer-Str. 6 / 42853 Remscheid
E-Mail: info@BergischerVerlag.de / www.BergischerVerlag.de

Lektorat: Bergischer Verlag
Titelbild: Else Lasker-Schüler – Indianerinnen, um 1928
(Kreide, Tusche, Bleistift auf Papier), mit freundlicher Genehmigung
Jüdisches Museum Frankfurt, © Jüdischer Verlag im Suhrkamp Verlag Berlin.

Gesamtherstellung: Bergischer Verlag, Ernst-Wilhelm Bruchhaus
Druck: freiburger graphische betriebe

Der Roman ist fiktiv, er zeichnet das Leben der Elberfelder Dichterin Else Lasker-Schüler nach, wie es gewesen sein könnte. Dem Text liegen die Aussagen von Zeitzeugen und die reichen Sprachwelten Else Lasker-Schülers zugrunde, die durch ihr Werk und ihre Briefe zugänglich sind. Zum Teil werden Fragmente und Versatzstücke aus den Texten Else Lasker-Schülers paraphrasiert, in wörtlicher Rede oder inneren Monologen der Figuren wiedergegeben. Direkte Zitate sind kursiv kenntlich gemacht, sie wurden in ihrer ursprünglichen Form übernommen. Die Textanteile in Mundart sind dem Wuppertaler Platt angenähert, das Else Lasker-Schüler immer wieder in unterschiedlichen Varianten verwendet hat.

Christiane Gibiec lebt in Wuppertal, wo sie als Autorin, Filmemacherin, Wissenschaftsjournalistin und Dozentin arbeitet.

Sie wurde mit Romanen (Türkischrot), Sachbüchern (Der Lackfabrikant Dr. Kurt Herberts) und Dokumentarfilmen (Das Tanztheater der Pina Bausch) bekannt, leitet Literaturwerkstätten und unterrichtet kreatives Schreiben.

Christiane Gibiec

Else blau

Biografischer Roman

Bergischer Verlag

Tum Tingelingeling

Mein Vater und meine Mutter ritten durch die Akazienchausseen meiner Heimat; meiner Mutter Edelstute wallfahrtet oft durch meine Erinnerung und trägt mir dichterische Gedanken zu und meines Vaters Hengst setzt über mein Blut und läßt es aufschäumen. Ich liebe euch, ihr Pferde mit den langen Seidenschweifen, Atlas ist eure Haut und feuerfarbener Samt eure Augen.

Else Lasker-Schüler, Zirkuspferde

Lott es doot, Lott es doot, Liesken leegt om Sterwen, dat et god, dat et god, gäwt et wat tu erwen!

Immer im Takt auf und nieder sausten die roten Hosenbeine und die silbernen Tressen ihrer kleinen Stiefel, stocksteif streckte sie die Arme an den Seiten herunter und presste sie gegen den mit Glitzersteinen besetzten Gürtel, den Mama sorgfältig durch die Schlaufen ihrer Knabenjacke gezogen hatte. Auf dem kurz geschnittenen Haar trug sie eine Kappe mit einem Büschel aus rot-weißem Glanzpapier, das bei jedem Schritt wippte. Im Stechschritt stampften ihre Beine auf das Pflaster der Sadowastraße, grimmig richtete sie ihre mandelförmigen Augen auf einen fernen Punkt, hinweg über die blanken Stiefel, den wogenden Rücken, den wackelnden Kopf, die kreisenden Arme ihres lauthals Ho-o-lde Ai-ii-da schmetternden Vaters, der zusammenschrumpfend die steile Straße hinunterwedelte und die Nachbarn mit seinem Gebrüll an die Fenster lockte.

Guck ens, dä Aron mit dat Elsken, nee, guck ens, reine doll isser widder, un dat schwatte Düwelchen, nä, exerzieren dut et, als wollt et bei de Grenadiere.

Immer Krach und Getöse, immer musste man sich für ihn schämen. Wie ein Sturmwind sauste er in der Stadt herum, um seinen Geschäften nachzugehen: den Bankangelegenheiten, dem Handel mit Westenstoffen, den Wohnungsvermietungen. Ständig war er in Bewegung und überall dabei, ersann Späße, sang und deklamierte, trieb Schabernack mit den Kindern. An guten Börsentagen wuselte er durch die Aue und rief die Kurse aus, dabei stopfte er den johlenden Gassenjungen Bonbons in die Hemdentaschen oder gleich in die schmutzigen Mäuler.

Else hätte schon wieder lachen können, aber sie wollte den Papa noch eine Weile schmoren lassen und starrte böse an dem stockschwenkenden Zwerglein vorbei, das sich immer wieder umdrehte und mit der knatternden Tüte und den zusammengerollten Bauplänen, die es in der Hand trug, in ihre Richtung winkte.

Heut is Zahltag, dat Elsken geht mit Papa op de Marienstrot!

Beim Frühstück hatte er es verkündet und keinen Widerspruch geduldet, persönlich hatte er darüber gewacht, dass sie Hosen anzog und die Knabenmütze aufsetzte, worin er sie am liebsten sah. Die große Schwester Martha hatte ihre Mandelaugen verdreht, Else auf die Wange geküsst und geflüstert, dass sie sich um den Krawall des dumrigen Kerls einfach nicht kümmern solle. Die Lieblingsschwester Anna hatte ihr Bonbons in die Tasche gesteckt und eine Tüte voller Rosinenwecken mitgegeben, die Else an die Kinder der Mieter verteilen sollte.

Bevor sie in die Marienstraße gingen, waren Else und ihr Vater den Sadowaberg hinaufgestiegen, um am Waldrand nachzusehen, ob der aufgetaute Boden endlich nach Frühling duftete und sich das Moos schon unter dem Winterlaub hervorwagte. Und da hatte Aron Schüler einen seiner berühmten Wutanfälle bekommen, weil Else sich zum Pipimachen hinter einen Baumstamm gehockt und ihn gebeten hatte aufzupassen, dabei war die Tüte nass geworden. Es hätte nicht sein müssen, wenn er sie ihr abgenommen hätte, anstatt auf und ab zu rennen und sein Organ wie Donnerhall in die zartgrünen Baumwipfel zu schicken.

Verdeck ens, s'iss ssum Verrücktwerden mit die Weiber, nischt als Ärger, leck mich inne Täsch! Eck steh mir doch nich die Beine in 'n Bauch für so 'n Pipimamsell!

Dann hatten ihn die Tränen seiner Jüngsten aber doch gerührt, und der Bauchladenverkäufer kam wie gerufen, damit Papa sich in Form einer Zuckerstange, die mit dem rot-weißen Papierbüschel umwickelt war, seinen Ablass erkaufen konnte. Trotzdem musste er jetzt die Tüte tragen, weil Else sich lieber im Exerzierschritt üben wollte, statt an seiner schlenkrigen Hand zu gehen.

Nu komm!

Aron wartete ungeduldig am Rand der von Kutschen, Karren und klingelnden Pferdebahnen befahrenen Briller Straße und sein Griff war wie ein Schraubstock, als er das sich sträubende Kind hastig über die Fahrbahn zog und mit ihm den Anstieg auf die Marienstraße begann, die sich jenseits des Brill in Haarnadelkurven einen felsigen Buckel hinaufschlängelte.

Tum Tingelingeling.

Er ließ sie los und flötete in zarteren Tönen, wie immer war Else schnell versöhnt. Die Straße war noch im Bau und voller Löcher, in denen sich Regenwasser angesammelt hatte, aber die Kleine hüpfte munter darüber, weil der Himmel weit, hoch und blau war, der Frühling duftete und die warmen Finger der Morgensonne über die Knospen des sich an den Felsen klammernden Annawäldchens strichen. Ein fauliger Geruch wehte über den Berg und störte das Frühlingsschwelgen, der Gestank stieg aus den Schieferdächern und den vielen Fabrikschornsteinen im Tal empor, die in gelbgrauem Nebel schwebten und die mal hoch und brausend schäumende, dann wieder stinkend und giftig dahinplätschernde Wupper säumten, die Teufelssoße, wie Aron wetterte.

Auf der oberen Marienstraße drängten sich Fachwerkhäuser aneinander, manche gut instand gehalten, mit grün lackierten Fensterläden und Türen, viele schäbig und mit Brettern vernagelt. Es roch nach gekochtem Kohl, aus den Fenstern drang Kindergeschrei, Frauenstimmen keiften.

Auf dem Berg ragte das Gerippe des neuen Fachwerkhauses in den Himmel, das Aron Schüler neben seinen drei anderen bauen ließ. Noch vor dem Sommer sollten die ersten Mieter einziehen. Else malte ein Hüpfspiel auf die Straße und begann zu springen, Aron rollte den Bauplan auf einem Balken aus und versuchte gestenreich, den schweigsamen Vorarbeiter Hugo Brüninghaus zu überreden, das Dach auf einer Seite mit einem Türmchen zu konstruieren. Brüninghaus schüttelte immer wieder den Kopf und sog an seiner Pfeife.

Dat kriegen wir nich stabil, un wat sall dat ok, Herr Bankier, wen woll'n se denn reinsetzen in so 'n Turm, da kann doch keiner drin wohnen.

Wär doch was für die Kinderken ssum Spielen, un abends haben se alle 'ne schöne Aussicht. Un gucken können se, wenn dat Gewitter kömmt.

Runterfallen werden se, en Blitz wird se treffen, un dä Herr Bankier isses schuld.

Machen se mir doch en kleines Türmken, nur so 'n klitzekleines, da, auf die Ecke hin.

Brüninghaus schüttelte missmutig den Kopf und reichte dem im Gebälk hantierenden Lehrling einen Hammer hinauf. Else hörte auf zu hüpfen und zerrte am Arm des Vaters.

Mir ist langweilig, Papa.

Aron folgte seiner Tochter unwillig und sie war froh, dass er nicht wieder auf die Idee kam, mit ihr das Gerüst hinaufzusteigen, wo ihr die Knie zitterten und die hellen Geister sie einluden, in den Wind hineinzuspringen, der den Hügel heraufstrich.

Wir gehn jetzt schnell bei die Leute und denn gibt et en schönen Frühschoppen beim Koll. Un dat Elsken kriegt 'ne rote Brause, die kitzelt auf de Zungenspitze.

Ja, ja, Frühschoppen, natürlich, und er brüllend mittendrin, in Kompanie mit den Schnapsnasen vom Berg, alle nich ganz richtig im Kopp.

Da kamen sie schon angewankt, die drei Herumtreiber, die in einem Bretterverschlag am Hombüchel hausten und sich von Abfällen ernährten, fleckig und speckig, die stanken, als kämen sie aus der Mülltonne, und immer war die Kehle trocken. Aujust, der nur ein Auge hatte, Pitter, dessen Hosenstall immer offenstand, und Ömchen, dessen einer Fuß nackt, der andere mit einer abgewetzten Damenstiefelette bekleidet war. Zahnlos und in Vorfreude grinsend erwarteten sie Aron, der ihnen an jedem Zahltag Fusel spendierte und für eine kurzweilige Stunde sorgte. Ungeduldig stellten sie sich vor der Tür der Schankwirtschaft Zum Koll auf.

Bevor Vater und Tochter die Mietshäuser betraten, nahm Else ihre Kappe vom Kopf und rollte sie in der Hand zusammen. Beklommen folgte sie Aron in die nach Armut und ranzigem Hammelfett riechenden, mit Kindern überfüllten Wohnungen der Mieter.

Aron kassierte den Mietzins, den die meisten schon abgezählt bereithielten, Else teilte die Wecken an die Kinder aus und warf zärtliche Blicke auf die Säuglinge, die in Holzwiegen mit blau-weiß kariertem Bettzeug strampelten. Die Augen der Kinder klebten an dem fremdartigen Mädchen, den roten Hosen, dem prächtigen Gürtel, den Stiefeltressen. Manche der Kleinen waren so lieblich, leuchtende Sterne, man hätte mit ihnen spielen können. Andere saßen verlaust, mit grauen Gesichtern und rachitischen Körpern in der Zimmerecke, arme Würmchen, wie Mama oft mit Tränen in den Augen flüsterte.

Zum Schluss schauten sie bei Lieschen vorbei, die gerade eine schwere Lungenentzündung überstanden hatte. Sie wusch bei Schülers, war unverheiratet und lebte mit ihrem einjährigen Jungen im Obergeschoss der Nummer vierzig. Der Sohn ihrer letzten Herrschaft sei der Vater, hieß es, ein blonder Bengel, den man zur Strafe zum Militär geschickt hatte.

Während ihrer Krankheit hatte Aron Lieschen die Miete erlassen und Elses Mutter Jeannette hatte darüber gewacht, dass die Schüler'schen Hausmädchen alle zwei Tage eine Kanne mit Fleischbrühe in die Marienstraße trugen. Jetzt war Lieschen fast genesen und wollte in der nächsten Woche wieder zur Arbeit kommen. Die alte Pinkernell helfe ihr mit dem Kleinen, flüsterte sie auf Arons Nachfrage, sie nehme ihn, wenn er schreie, und laufe mit ihm auf der Marienstraße herum.

Wie wenn se de Großmutter wär von dat Blag. Et is so 'n dollet Mensch, et weissagt mich immer, dat eck en Schatz mit en schwatten Schnauzbart finden tu, en groben Kerl, dat sieht et in de Karten. Eck will ewwer keen groben Kerl.

Lieschen war weinerlich, blass und verzagt, strahlte aber kurz auf, weil Aron ihr eine Münze auf den Tisch legte.

Als Else und ihr Vater aus dem Haus traten, war der Himmel bezogen und der schwefelige Geruch hatte sich verstärkt, gemischt mit etwas Beißendem, das Else nicht kannte.

Aujust, Pitter und Ömchen, die immer noch auf den schmutzigen Eingangsstufen der Kneipe warteten, sprangen auf. Dabei fiel Ömchen um und blieb reglos liegen, die beiden anderen zogen ihn wieder hoch, stellten ihn zwischen sich und wischten ihm das Blut von der Stirn. Dann kniffen sie ihm in die bleichen Wangen, bis wieder Leben hineinsickerte.

Aron ruderte erleichtert mit den Armen und schob die drei ins Lokal. Der Wirt Koll, ein schmales Männchen mit hervorquellenden Augen und nach hinten geklatschtem Brillantine-Haar, deutete einen Kratzfuß an.

Dä Herr Bankier von de Sadowastraat mal wieder auf unsern usseligen Berg, nä, wat 'ne Ähre, un dä Köttel wächst ja schon bald in 'n Himmel rein. Dat übliche för 'n Herr Bankier?

Raus mit de Pinnchens, Koll, en Doppelten für jeden, für mir en roten Schoppen un für dat Elsken 'ne Himbeerbrause. Un den Bankier kannste dich mal schmieren an die Backe.

Besse velleich Färwer oder Knoppmaker oder Suttaschdreher?

Tum Tingelingeling ben eck, hasse verstanden?

Nach dem ersten Doppelten ging es Ömchen besser, nach dem zweiten war er wieder obenauf, nach dem dritten versuchte er, sich bei Aujust einzuhängen, der ihn immer wieder abwehrte und schließlich zu Pitter schob, der unentwegt an seinem zerfetzten Hosenstall nestelte.

Dä is verkehrtrum, en warmen Bruder.

Else sah Anna vor sich, wie sie vor Lachen fast platzte, und Martha, die verzweifelt den Finger auf den Mund legte. Wie sie sich ausschütteten, bis Mama kam, um den Grund für die Heiterkeit zu erfahren. Vor Päulchen, das wussten die Mädchen, durfte man über solche Ferkeleien überhaupt nicht sprechen, er setzte dann seinen tadelnden Blick auf und begann mit Geschichten aus der Bibel.

Guck ens, wie schön! Nä, lauter Pracht und Herrlichkeit, guck ens!

Aron Schüler hatte ein Musterbuch aus der Innentasche seiner Jacke gezogen und fächerte Westenstoffe auf, einen Regenbogen leuchtender Farben mit eingewirkten Jacquardmustern. Er hielt sie Ömchen vor die Brust, der geschmeichelt lächelte und auf einmal aussah wie ein Fräulein aus dem Morgenland. Else sah Perlen schimmern, eine grüngoldene Strassagraffe funkeln, eine fedrige Boa wehen.

Nach dem vierten Fusel sackten Aujust und Pitter mit roten Gesichtern auf ihren Stühlen zusammen und starrten vor sich hin, Ömchen hielt sich am Schanktisch fest, sein tieftrauriger Blick fiel auf Aron, der sein Musterbuch wieder einsteckte und dem Wirt mit einer Geldmünze winkte. Ömchens Finger drohten von der Theke abzurutschen, seine Augen liefen über. … *mein gläsern Herz bricht in Splittern. En Sprung hat es schon.*

Hass en Sprung inne Schüssel, Ömchen, fängt dä noch dat Hühlen an. Wir müssen los, komm, Elsken, eck mot noch ins Comptoir.

Ömchen schwankte und klagte: … *es gibt noch was hinter de Düsterkeit, wart man, wenn es erst Licht wird.*

Aron, der solche Gefühlsausbrüche gar nicht liebte, bedeutete dem Wirt, noch eine Runde für die drei fertig zu machen, und bezahlte brummelnd.

Dann rannte er wieder im Sturmschritt die Marienstraße hinunter. Else folgte langsam, weil sie sie schon wieder gaukeln und Tummelsköpfe schlagen sah in der scharfen Kurve, hinter der der Felsen jäh und grau hinabstürzte, und an der schrundigen Wand hinauftaumeln, hell und flüchtig – die Geister über dem Wuppertal, die nur sie sehen konnte und manchmal Pülle, und die nur kamen, wenn es neblig wurde oder die Dunstschwaden besonders dick waren.

Aron wartete am Rand der Briller Straße, zwei Männer und ein kleiner Junge, kaum älter als Else, standen ein Stück entfernt und schauten herüber.

Hepp, hepp, hepp! Jud, Jud! Jerusalem is verlorn!

Der Junge rief zuerst mit dünner, schüchterner, dann immer schneidenderer Stimme, er wurde von den Männern angestachelt und vorwärtsgeschoben. Aron kümmerte sich zunächst nicht darum, aber als sie immer lauter riefen, stieß er mit dem Stock in ihre Richtung und nahm Else auf den Arm.

Rotzblagen! Saubengel, verdammte!

Judenpack! Wucherer! Schacherer! Hepp, hepp, hepp!

Die Männer belferten im Bariton mit und nahmen das Kind ins Visier, das sich an den nach Veilchen duftenden Spitzbart des Vaters schmiegte. Im Laufschritt ging es die Briller Straße hinunter bis zur Sadowastraße, wo Mama schon vor der Tür Ausschau hielt. Mit dunklen Angstaugen nahm Jeannette Schüler ihre Tochter, die mit sich überschlagender Stimme von der Attacke berichtete, vom Arm des Vaters, Aron schnaubte und fuchtelte mit dem Stock.

Denen prügel eck dat Hirn ausse Rübe, die kriegen eins drüber, bisse nich mehr opstehn.

Er stapft in den Salon, um die Zeitung zu lesen, nicht gewillt, noch einen weiteren Gedanken an den Vorfall zu verschwenden. Else beruhigt sich, in Mamas Röcke geklammert, ihren Rettungsanker, ihren sicheren Hafen. Jeannette wird aus der Küche zu den Essensvorbereitungen gerufen, Else kriecht unter den gedeckten Esstisch, wo schon Joseph von Ägypten in der Knopfkiste wartet. Papa trompetet mit vom Bratenduft wässrigem Mund die neuesten Nachrichten herüber und räsoniert über die Scherereien mit der Deutschen Reichsbank. Die Flurtür geht auf, Marthas und Annas Lachen, dann Mamas fröhliche Stimme, die die Treppe hinauf nach Paul ruft. Else fährt mit den Fingern durch den Teich aus glatten Knöpfen, ertastet die gleichartigen, legt sie sorgfältig aus und reiht sie, ein hohes Summen im Kopf, zu akkuraten Strophen untereinander.

Senegal und Cambia,
Niger oder Dcholiba,
Zair und Orangefluß,
Nil und Zambesi.

Joseph von Ägypten, der Prächtigste, der Himmlische, besät mit goldenen Sternen, der König aus Jett prangt als Tüpfelchen auf dem i des Zair, winkt zu ihr herunter von seinem Turm. In ihr strömt es groß und warm, die Fingerspitzen tupfen und wissen, dass es klingt, die Lippen, zwischen denen die Silben hinausschlüpfen, schmecken es weich und süß. Pülles tiefe Augen und das Gemurmel aus dem runden Mund, wenn er in seinem Zimmer die afrikanischen Flüsse memoriert.

Tinte!
Finte!
Schokolade!
Promenade!
Paul!
Faul!

Mamas Glöckchenstimme klang aus dem Nebenzimmer. Else war fast immer die Erste, der beim Einwortsagen ein Reim einfiel. Martha und Anna hatten wenig Lust zu dem Spiel und drängten sich lieber auf dem breiten Tritt vor dem Fenster, ihrer Bühne, von der aus sie angestrengt auf die Straße spähten.

Nä, guck ens, Springmayers Spitz, guck ens, kahlrasiert hammse den, nä, eck lach meck kapott!

Anna wieherte und prustete, Martha gackerte und hüpfte wie ein Gummiball.

Mama, guck ens, dä Lump is en Nackedei!

Anna und Martha pressten die Köpfe an die Scheibe und verfolgten den Weg des geschorenen spindeldürren Nachbarspitzes, der mit eingezogenem Schwanz und schellenbesetztem Halsband aus rotem Saffianleder an der Leine des Nachbarn Leopold Springmayer die Sadowastraße hinauftrottete.

Kinder, nicht so ein Geschrei, mir platzt der Kopf!

Else lief zu Jeannette, die im Salon an einem Tischchen saß, Verse des großen Dichterkönigs in ihr Album schrieb und den Fluss der Buchstaben nur unterbrach, um ihre Jüngste auf den Schoß zu heben.

Alles geben die Götter, die unendlichen,
Ihren Lieblingen ganz …

Ihr tonloses Flüstern, das schabende Geräusch, bei dem man die Tinte zu schmecken glaubte. Die Buchstaben formten prächtige Alleen aus den Gedichtzeilen, Blüten und Urwaldgeschlinge wucherten auf dem schneeweißen Papier, fahriger und unregelmäßiger als sonst.

Jeannette Schüler legte die Feder zur Seite und wiegte ihre Tochter hin und her, blass, Ringe unter den schwermütigen Augen.

Am Abend vorher war Lesekränzchen gewesen und es war spät geworden, die Lucca und die Elmenreich waren nach der Theatervorstellung noch zu dem literarischen Kreis gestoßen, der sich regelmäßig bei Schülers traf, um gemeinsam die großen Werke der Klassik zu lesen. Zunächst widmete man sich ernsthaft dem Faust und vergoss bei der Kerkerszene, die Jeannette inbrünstig zelebrierte, manche Träne. Doch je mehr Flaschen goldenen Moselweins und funkelnden Burgunders die Kehlen hinunterrannen, desto ausgelassener wurde die Stimmung. Die Frauen kicherten und fiepsten bei den von Hugo Baum breit und ehrwürdig vorgetragenen Monologen des Faust und fieberten ihrem Ende entgegen, damit sie Aron drängen konnten, wieder den Franz aus den Räubern zu machen, seine Paraderolle, zu der er sich nie lange bitten ließ. Eine Pfauenfeder hinter das Ohr geklemmt, eine Serviette als Harnisch vor die Brust drapiert, stellte er sich in Positur und überbrüllte das tosende Gelächter seines Auditoriums.

Else stolperte schlaftrunken die Treppe herunter und verbarg sich bei der Mutter. Aron schnalzte, schnaubte und rollte mit den Augen, seine Bartspitzen stachen in die Luft.

O unbegreiflicher Finger der rachekundigen Nemesis! – War's nicht dieser, der mir das Sirenenlied trällerte?

Am Ende der Deklamation stimmte er den Räuberchor an und animierte die Gesellschaft durch schwungvolles Dirigieren zum Mitsingen. Es brauste, in den unteren Lagen ein wenig schräg, aber die Soprane der Lucca und der Elmenreich jubelten zum Himmel.

Else spürte an Mamas Zittern, dass es ihr zu viel wurde, sie schwitzte und hatte rote Flecken auf den Wangen.

Wirst schnell wieder gehen ins Bettchen, Elsekind, komm, Mama geht mit dir.

In der Tür gab Jeannette Aron ein Zeichen, dass sie sich zurückziehe, aber er bemerkte es nicht, weil er, um eine Zugabe gebeten, nun kniete, röchelnd, mit entgleisten Augen und sinkender Feder.

Ich habe das Fieber. Sage du nur, wenn der Pastor kommt, ich habe das Fieber. Ich will morgen zur Ader lassen, sage dem Pastor.

Auf dem Treppenabsatz blieb Jeannette stehen und stützte sich schwer atmend auf die Schulter ihrer Tochter.

Manchmal ist mir so bange, Elschen, so angst, ich weiß gar nicht, wie mir ist.

Else ließ die Augen zuversichtlich blitzen und nahm Mamas Hand. Langsam und gemessen stiegen sie die Treppe hinauf, Mama mit aufgelöstem Lockenschweif, Else mit langem Nacken, vorgewölbter Brust und ernster, sternenbekränzter Stirn. Der Kaiser und sein Prinz.

Weeße wat, Anna, wat dä Willi secht? Aber nich Mama weitersagen.
Pscht, nich dat dat Emilie wat hört!
Guck ens, dat schnarcht doch.

Sach mal, Elschen, wat secht dä Willi denn?

Dä secht, dat die Affen im Urwald en Nabel ham, wie die Menschen. Un dadran wachsen die kleinen Affen, als wären se Äpfel oder Birnen. Un denn kriegen se en Schwanz zum Abpflücken.

Pscht, Elschen, woher weiß dä Willi denn sowat? Pscht, los, erzähl auch mal Martha.

Nä, pscht, Emilie is wach.

Kenger, Öhr mößt Önk nich so unanständig erzählen.

Guck ens, dat schnarcht all widder.

Un weeße wat, Martha? En Königstochter kennt dä Willi, die hat en Nabel wie 'ne große Schüssel, da können de Leut Wäsche drin waschen.

Else zischt, zieht die Vokale in Bögen lang, kostet jede Silbe aus. Marthas Gesicht himmelt, Annas leuchtet überirdisch.

Emilie seufzt und röchelt, die Mädchen kichern mit roten Wangen und beißen sich in die Fäuste.

Schon beim Frühstück die Lachstürme. Anna, Martha, Else und die großen Brüder Alfred und Moritz ließen sie entzückt über sich hinwegbrausen, der jüngste Bruder Paul duckte sich mit blassem Gesicht weg, Jeannette stemmte sich zerzaust gegen die Brandung.

Los, Papa, erzähl vom Weidenhof, von Owram und dem Bauchredner!

Nur zu gern gab Aron zum wiederholten Male seine Lieblingsgeschichte zum Besten, in deren Mittelpunkt sein verstorbener Freund Abraham Küpper stand, ehemals Besitzer des Festsaales auf dem Johannisberg und Direktor der Johannisberger Kapelle.

Damals hatte sich, wie so oft, eine fröhliche Runde im Stammlokal der Schülers, der Gaststätte Weidenhof an der Hofaue, eingefunden. Abraham Küpper war in Begleitung eines schweigsamen Mannes, den er als Geschäftsfreund aus Hamburg vorstellte, zu ihnen gestoßen. Man tafelte fürstlich, und die guten Tropfen aus dem Keller des Weidenhof-Besitzers Adolf Bloehm flossen reichlich. Dann tönte Arons Stimme durch den Raum.

Adolf, bring Sekt! Bring drei Pullen Röderer, aber sofort!

Bloehm flitzte hocherfreut hinaus und kredenzte der aufgeräumten Runde drei dickbauchige Flaschen, die Begeisterung auslösten und schnell geleert waren. Als es ans Bezahlen ging und Aron Schüler zwei Taler für zwei Flaschen Rüdesheimer hinlegte, fragte der Oberkellner höflich nach, was mit den drei Flaschen Sekt sei, die der Herr Bankier vorhin bestellt habe.

Er habe keinen Sekt bestellt, fuhr Aron auf und sah empört in die Runde, stieß aber allgemein auf Verständnislosigkeit.

Natürlich habe Schüler den Sekt bestellt, riefen die Tischgenossen durcheinander, man habe es doch laut und deutlich vernommen, Aron müsse blechen.

Nichts hab eck bestellt, verdeck ens!

Aber Aron, mischte sich nun Jeannette ein, die ganz rot geworden war, ich habe auch gehört, wie du den Sekt bestellt hast. Warum willst du nicht bezahlen?

Aron fiel resigniert in sich zusammen, zog seine grünseidene Geldbörse und zählte elf Taler auf den Tisch. Dann umklammerte er mit beiden Händen seinen Schädel und brüllte, er sei ein alter Esel, der Sekt bezahle, den er gar nicht bestellt habe.

Nun brach es aus Abraham Küpper, der schon eine Weile grinsend auf seinem Stuhl hin- und hergerutscht war, heraus und er lachte, bis die Gaststube bebte und ihm die Tränen aus den Augen rollten.

Nachdem er sich beruhigt hatte, klärte er die staunende Runde darüber auf, dass sie gerade Opfer eines Reklametricks für seine neueste Operettenproduktion auf dem Johannisberg geworden war. Der schweigsame Mensch in Küppers Begleitung entpuppte sich als Bauchredner, dem es gelungen war, Aron Schülers Stimme und Sprechweise perfekt nachzuahmen und alle auf den Leim zu führen. Küpper hatte ihn als Pausenfüller für die Operettenaufführungen engagiert, der Schabernack mit Aron hatte ihm, der immer noch vor Entzücken überschäumte, als Probe aufs Exempel gedient.

Aron war – was nicht oft geschah – sprachlos, die anderen grölten.

Guck ens, en Talmi-Aron!

Die Runde hatte sich kaum beruhigt, da krähte Arons Stimme erneut, der Kellner solle Sekt bringen.

Entsetzt fuhr Aron auf, er werde nicht bezahlen, diesmal nicht!

Die Augen seiner Kinder strahlten, wenn Aron an diesem Punkt der Geschichte angelangt war, sie nahmen sich bei den Händen und sprachen den Schluss im Chor mit:

Mit Donnerhall orderte Owram die nächsten drei Witten Tuten, und ihre Pfropfen knallten bald wieder lustig gegen die Decke des Weidenhofes.

Was ist mit Elschen, Mutter, warum guckt sie so scheel?

Weißt doch, wie sie ist, lass sie, ist sie eben spinnerig. Dafür kann sie alle Gedichte auswendig, sie lernt die Verse im Vorbeigehen, sie fliegen ihr zu. Komm, Elschen, zeig mal dem Alfred, wie du kannst schön deklamieren, zeig's ihm, du machst es so fein.

Und du fütterst sie noch mit den Grillen, guck, wie sie ihr aus den Augen springen, Elschen, mach nicht so ein scheeles Gesicht. Nee, nee, Mutter, das kann nicht richtig sein, guck dir das an, Elschen, wirst du nicht so ein Hexengesicht machen.

Und wie sie malt, Alfred, du musst sehen, wie wunderschön ist geworden ein Bildchen von Paul, wie er an seinem Studiertisch sitzt, eine Locke fällt ihm über die Stirn bis in die schönen Sternenaugen.

Ja, ja, der Teufel und das Weihwasser, das Hexchen und der Priester. Nee, nee, ich weiß nicht, was wir für eine Familie sind. Was meinst du, was sie bei uns auf der Kunstakademie zu einem so grausigen Ding sagen würden, das solche Grimassen schneidet! Und jetzt die Zunge rausstrecken und hinter den Vorhang, Mutter, das kannst du nicht durchgehen lassen. Elschen, wirst du da rauskommen? Darf man dem großen Bruder die Zunge rausstrecken? Das ist sehr, sehr unartig!

Er zieht sie am Ohr, ein brennender Knall, der sie in Mamas Röcke schleudert, gleißende Wut, blutroter Schmerz, lodernde Scham. Sie schreit und fiepst auf einem hohen Ton, gräbt sich in Mamas Geruch. Nur sie, nur Elschen, darf auf dem Wiesenhang ihres Herzens spielen. Schluchzen, Wimmern durchschauern sie, zischende Blitze. Nicht sie, dieser Mann ist grausig, *er* ist das Scheusal. … *das schwarze Auge der Mitternacht*. Sie bebt und schluchzt, Tränen strömen, das Fieber wird kommen.

Nu lass doch, Alfred, wirst doch die kleine Schwester nicht schlagen. Elschen, hör auf zu plärren, darfst halt auch nicht immer sein so garstig.

Verwöhntes Blag, wo soll das hinführen, leck mich inne Täsch, verdammtes Hexenblag.

Versöhnungstag

An des Versöhnungstages Vorabend schon bewegten wir uns nur noch auf Zehen, die süße Hingabe nicht aufzuscheuchen. Aber auf seinem Damast deckte man den Tisch dem großen Versöhnungsengel, der jedem Judenhause in jedem Jahre von neuem geboren wird. Und der Tochter, dem Sohne, der fern vom Elternhaus weilt, mahnt der Versöhnungstag, eine Gestalt gewordene Erinnerung. Ihr leuchtet der Stern des Friedens aus der Schläfe. Im Tragkleid trägt der Jude den Versöhnungstag behutsam dem Juden entgegen, auch den anderen Mitmenschen der Stadt, junge, neue Freundschaft knüpfend. Aller Groll zerschmilzt im Herzen. ... Unsere Hände sind an diesem Tage da, sich in eure zu legen. Schierling wächst am Ort der Begegnung, die unausgesöhnt bleibt.

Else Lasker-Schüler, Der Versöhnungstag

Der Abendhimmel leuchtete zum Fenster herein und ließ die schneeweiße Tischdecke und das milchige Porzellan rosig aufschimmern. Im oberen Stockwerk rumorte und polterte es, Jeannette war schon vor einer Weile händeringend die Treppe heruntergekommen, weil es weder ihr noch Aron gelungen war, den Knopf seines frisch gestärkten Hemdkragens in das dafür vorgesehene Loch zu schieben. Jetzt mühte sich das Hausmädchen Elise unter lautem Jammern, während der Bankier ununterbrochen rief, fluchte und hin- und hertrapste.

Jeannette überprüfte seufzend die Tischdekoration, Martha und Anna agierten, assistiert von Else, auf ihrer Fensterbühne, spähten hinaus, flüsterten, kicherten, zischelten mit heißem Atem von Julius Cäsar, einem Oberprimaner, der Marthas sanfter Schönheit hoffnungslos erlegen war. Als sie am Vorabend alle zusammen in die Synagoge gegangen waren, promenierte er wie zufällig über die Sadowastraße, hin und her mit schaukelnder Schultasche, schwärmend, rezitierend. *Ich hab dein Bild im Traum gesehn …*

Am anderen Fenster schlummerte Paul im großen Ohrensessel, das Gesicht im Schatten. Auf den feinen weißen Händen verblasste allmählich ein rötlicher Streifen der untergehenden Sonne.

Pscht, nicht so laut am heiligen Tag, Pülle glüht wieder.

Pauls Krankheit, eine nicht heilen wollende fiebrige Bronchitis, war ein Grund für Jeannette Schülers eigenes schlechtes Befinden, ein weiterer ihre zunehmende Schwäche und die damit verbundenen Ängste, ihrer lärmenden Familie eines Tages nicht mehr standhalten zu können.

Aron polterte die Treppe herunter, in seinem Schlepptau Alfred und Moritz, steifhalsig mit schneeweißen Kragen. Jeannette läutete im Flur das Glöckchen, Paul schreckte hoch. Else lief zu ihm und geleitete ihn an den Tisch.

Mama zündete andächtig die Kerzen an, der milde Glanz des Jom Kippur erleuchtete ihre Augen und Herzen.

Sch'ma Jisrael, Adonai Elohenu, Adonai Echod.

Aron wölbte die Hand über dem Kopf, um die fehlende Kippa zu markieren, er sprach das höchste Gebet schnell und beiläufig und schielte wie alle anderen – außer Paul, der seinen Kopf inbrünstig beugte – schon nach der Terrine mit der duftenden Markklößchensuppe. Nach der Suppe trug Elise Fisch in Buttersoße auf, und alle warteten auf die unvermeidliche Frage Arons, ob es auch kein Aal sei, denn der lebe von Aas, daher habe Moses verboten, dieses Tier zu essen. Unter Geschrei und Gebrüll und den üblichen Lachsalven – bei denen Aron, Alfred und Moritz einander übertrumpften – folgten Filet und Mirabellen, dazwischen Jeannettes zur Ruhe und Besinnlichkeit mahnende Stimme, die erst durchdrang, als abgedunkelt und der brennende Plumpudding hereingetragen wurde.

Else blinzelte und lehnte sich an Paul, der nur ihr zuliebe ein paar Bissen gegessen hatte und fortwährend kaltes Wasser hinunterstürzte. Sein Arm war heiß, die blaue Flamme züngelte höher zur Zimmerdecke, leckte über des Bruders fiebrige Wangen, Marthas glänzenden Haarkranz, Annas Wuschelkrause, setzte sie in Brand. Die großen Nasen der Männerbrüder, das Blitzen und Dampfen und er, der stecknasige Schreihals. Die Flämmchen schwebten in Mamas weite heilige Augen hinein und verloschen nur langsam.

Guck mal, Else schaut schon wieder so, Mutter, tu doch was, da ist was nicht richtig mit dem Kind, man kriegt ja das Fürchten.

Es ist so schön, Alfred soll den Mund halten.

Gebt Frieden, Kinder, Papa wird gleich erzählen vom Großvater, pscht, nun lass doch das Elschen.

Und Martha, mandeläugig: Bist en alten Meckerkopp, Alfred, machst das Kleine ja ganz verdreht.

Verdreht isse doch schon, verdeck ens, jetzt soll ich es noch schuld sein.

Hör nicht auf den, Elschen, der ist selber verdreht.

Annas gütiger Blick, ihre beschwichtigende Hand auf Moritz' schwarzem Anzugärmel. Nicht dass er auch noch anfing.

Nun kamen die Geschichten der Väter und der Väter Väter, bei denen Else die Lippen mitbewegte, weil sie sie auswendig konnte. Jeannette sprach bewegt von ihrem Großvater, einem jüdischen Großkaufmann spanischen Geblüts namens Pablo von Elkan, der später den Namen Kissing angenommen und in Süddeutschland mit Wein gehandelt hatte. Und dann mit verschleiertem Blick von ihrer liebwerten und teuren Mutter Johanna Kissing, geborene Kopp, die einen Monat nach Jeannettes Geburt gestorben war. Sie hatte ihrer Tochter den prachtvollen Amethyst hinterlassen, der an hohen Feiertagen von Jeannettes Hand funkelte. Wieder und wieder brachte sie ihre Dankbarkeit für den wohlhabenden Onkel Meier Sonnemann zum Ausdruck, der der kleinen Halbwaise eine umsorgte Jugend in seinem anregenden Haus im schönen Frankfurt ermöglicht hatte. Dort hatte sie anlässlich der Hochzeit ihres Cousins Leopold Sonnemann, Begründer der Frankfurter Zeitung, ihren Mann Aron, den Bruder der Braut Rosa Schüler, kennen- und lieben gelernt. Schwärmerischer Höhepunkt der Erzählung war stets, wenn die Rede auf die Großeltern kam, die in Frankfurt beim Schlittschuhlaufen noch mit eigenen Augen den Meister gesehen hatten, den Abgott Johann Wolfgang von Goethe, für den Jeannettes dichterisches Herz schlug. Ein angeblich echter Brief des Dichters an Friederike Brion ruhte in Jeannettes Rosenholzkästchen, Else durfte manchmal vorsichtig mit den Fingerspitzen darüberstreichen.

Elegant war er, Kinder, geschwebt ist er über das Eis wie eine Möwe im Flug, gewiegt und gedreht hat er sich mit einem jungen Ding im Arm, das ganz verliebte Blauaugen machte.

An diesem Punkt pflegte Jeannette stets zu erröten und dem ungeduldigen Aron ein Zeichen zu geben, er könne nun zu seinem

Teil der Geschichte kommen, zum weisen Urgroßvater und Landesrabbiner von Rheinland und Westfalen Zwi Hirsch Cohen, der in der westfälischen Stadt Geseke gelebt und sich für die Versöhnung von Christen und Juden eingesetzt hatte. Seine schöne Tochter war mit Moses Schüler verheiratet worden, Arons düsterem Vater, obwohl sie lieber den freundlicheren Bruder genommen hätte. Moses Schüler konnte seine dreiundzwanzigköpfige Nachkommenschaft nicht auseinanderhalten und vertrieb manchmal einige seiner Kinder aus dem Garten, sodass sie vom Zaun aus rufen mussten, er solle sie wieder hineinlassen.

Großvater Zwi Hirsch stammte in direkter Linie vom Hohen Rabbi Löw in Prag ab und konnte, wenn er sich zu sehr in die weltlichen Dinge verstrickt hatte – dies war stets eine Stelle von äußerster, konzentrierter Stille, in die hinein Aron mit gespitztem Mund flüsterte –, sein Herz aus der Brust nehmen, *um den Zeiger des roten Zifferblatts wieder nach Gottosten zu stellen.*

Dazwischen Mama, sanft: Aber nicht das Pogrom, Aron, wirst den Kindern nicht sprechen vom Schrecklichen am heiligen Tag.

Wer wird denn sprechen von so was, Elsken, nu guck nich so scheel. Vom Dörken sprech ich und von der roten Katz mit den grausigen Augen, und wie wir die Äpfel vom Baum geklaut haben und über die Tierhecken gesprungen sind, und wie die Rosinen rausgekullert sind aus dem weichen Napfkuchenherzen von meiner Mama, die die feinsten Honigkuchen und Makronenplätzchen backen konnte weit und breit.

Armeen von Schelmen blitzten aus den Augen der Schüler'schen Sippe, wenn Aron auf die Streiche seiner Kindheit zu sprechen kam. Er war das sechste der vielen Kinder, die lachende Beere am Stamme seines Großvaters Zwi Hirsch, dem er wie aus dem Gesicht geschnitten war, der Augapfel seiner sorgsamen Mama, die ihn mit weißen Kragen und Rosetten schmückte und an heiligen Tagen zwang, sich zweimal die Zähne zu putzen. Schnaubend erzählte Aron vom wild gewordenen Stier, der am Hochzeitsmorgen der Großmutter über die Tierhecken von Geseke gesprungen war, vom Weihnachtsabend in der Pfarrersfamilie, wo der kleine Judenjunge unter dem geschmückten Tannenbaum Schokolade und ein Schaukelpferd geschenkt bekam, von den Nachbarn Padersteins und ihrem langen Sohn Hugo, einem ausgemachten Früchtchen, vom fetten Truthahn, der vor dem Kamin auf- und abstolzierte, von den beiden Metas, den Zwillingen, die niemand auseinanderhalten konnte, der häkelnden Regine, dem kurzsichtigen Max, dem leidenden Alex, dem geizigen Simeon, der schönen Fanny, der ältesten Tochter, der der Vater zur Verlobung einen Ring mit einem roten Granat schenkte.

Und was bekamen Regine, Elise und Dora zum Ersatz? Aron hob den Zeigefinger.

Regine einen Nerzkragen, Elischen einen Bücherschrank aus Rosenholz und Dörken eine perlenbestickte Pelerine, schnurrten die Kinder im Chor.

Das seltsame Dörken, das den Veitstanz bekam, den der Doktor vergeblich mit Lindenblütentee und Baldrian zu lindern versuchte, das gar nicht mehr still auf dem Stuhl sitzen konnte, beständig auf und ab rannte und sich immer, bevor es auf der Wiese eine Blume abpflückte, dreimal verbeugte und dabei hin- und herwackelte, weil es befürchtete, es müsse sonst jemand sterben, dem Elise versuchte, mit einer Ohrfeige den Teufel auszutreiben, das wochenlang vor den bösen Blicken der Leute verborgen werden musste und von dem die Bewohner Gesekes tuschelten, es sei von Dämonen besessen, die sich besonders gern in jungfräuliche Judenleiber einnisteten. Das Dörken esse Glas und schlucke Feuer, behaupteten die Leute, sie fürchteten sich vor seinem Hexenblick und sahen es schon zu Weihnachten auf dem Scheiterhaufen lodern.

Dräuend wurde Arons Stimme, wenn er von dem Versuch des stahläugigen Pfarrers berichtete, Zwi Hirsch zu überreden, er möge den kleinen Aron taufen lassen, um der Gefahr einer Verfolgung Dörkens entgegenzuwirken, und wie die Mama bei diesem Ansinnen den großen Löffel, mit dem sie Limonade in die Gläser füllen wollte, in die gläserne Terrine plumpsen ließ wie einen silbernen Fisch. Und wie Arons Donnerton hallte, wenn er die Antwort Zwi Hirschs wiedergab: Er selbst, sein Vater und der Väter Väter seien immer auf direktem Weg zu Gott gelangt, niemals über den Umweg des Katholizismus, und so solle es auch sein Sohn Aron halten. Danach küsste der Rabbi seine Gemahlin demonstrativ auf die blasse Stirn und die Padersteins heulten.

Wie endlich alles gut wurde, als am Passahfest der Pfarrer und der weise westfälische Bischof Lavater zu Schülers kamen und mit ihnen Klößchensuppe und ungesäuertes Brot aßen, das sie in Moselwein tunkten.

Elses Blick war bei der Geschichte vom Dörken fiebrig geworden, nun strahlte sie wieder und lauschte. Die Worte mitwispernd sah sie Zwi Hirsch und den Bischof vor sich, wie sie die Köpfe hin- und herwiegten und mit gemessenen Gesten über die Tora sprachen, das Gesetz, das mit Blitz und Donner von Gott selbst in Harfenschrift geschrieben worden war. Wie ihre Bärte die im Abendwind hochwehenden Fransen von Großvaters kostbarem Perserteppich berührten, die Finger vieler frommer Hände.

Gegen zehn begleitete Else Paul, der sich kaum noch aufrecht halten konnte, in sein Zimmer. Seine lateinischen und griechischen Bücher und die kostbare Bibel mit dem weißen Lederumschlag lagen unangetastet auf dem Schreibtisch, schon seit Wochen hatte er sie nicht angerührt.

Was ist mit dem Giftzimmer, Püllepülle, lass uns Zauberei machen.

Morgen, Elschen, vielleicht übermorgen, das Fieber muss erst runter.

Er konnte nur flüstern.

Die Stunden mit dem Bruder in seinem Laboratorium auf dem Dachboden waren die schönsten für Else. Es gab eine zischende Dampfmaschine mit kreisenden Rädern, eine Eisenbahn mit einer pfeifenden Lokomotive, die durch einen von Paul selbst gebauten Gotthard-Tunnel fuhr und in deren Waggons die beiden Metas, Elses Wachspuppenzwillinge, im sausenden Fahrtwind hockten. Auf Wandregalen standen Flaschen mit Salzen und Säuren, gelbe Schwefelwürfel und eine leuchtend blaue Flasche mit einem Gespenst darin, vor dem Else sich gruselte. Paul zauberte die verschiedensten Farben aus den Chemikalien. Wenn er sie zusammenkippte, entstanden grüne, gelbe, lilafarbene und rote Brühen, die scharf und giftig rochen und Else fast den Atem nahmen. Eine Münz- und eine Steinsammlung mit einem großen Lapislazuli und einem Bergkristall, der noch im Felsen steckte, bewahrte Paul hier ebenso auf wie seine von ihm hingebungsvoll gepflegten Herbarien, in denen Gräser zitterten und getrocknete

Blumen, Winden, Wicken, Weißdorn und sogar eine Königskerze kleine Wundergärten erstehen ließen.

Zur Barmherzigkeit gehört es, die Pflanzen zu schützen, Elschen, alle Schöpfung ist ein Ausdruck des allmächtigen Gottes, der Himmel und Erde geschaffen hat.

Else wartete, bis ihr Bruder das Nachtgewand angelegt hatte und in sein Bett sank, mit ihren festen braunen Händen strich sie die Bettdecke glatt, rasch ein paar Rosenblätter aus den Gedanken zaubernd, die hellrosa über das Laken dufteten.

Schlaf, mein Pülle, musst jetzt aber gesund werden, hörst du?

Sein Gesicht ganz weiß, schimmernd vom Schweiß, flatternde Atemzüge.

Der Tod schleicht im Hyänenfell
Am Himmelsstreif im Mondeshell.

Mama glitt aus dem Türschatten und fühlte Pauls Stirn, er zuckte, seine Brust rasselte leise.

Mamas heiße Angst.

Komm, mein Elschen, musst jetzt auch schlafen, du lieber Himmel, wirst mir nicht auch noch werden krank, glühst ja wie ein Öfchen.

Schon träumend ließ sie sich ins Bett tragen, der schleichende Tod stand zu Häupten der Hölle, Judenkinder hingen am Weihnachtsabend von den Zweigen der Tannen, baumelten wie Konfekt mit winzigen Händchen, blutbespritzten Füßchen und zerstörten Leibern unter dem Winterhimmel. Wirst heute nicht sprechen den Kindern vom Schrecklichen, Aron. Geseke, Hexengeseke. Judengeseke. Nein, nicht sprechen. Sie bäumt sich auf, schlägt um sich, verdreht die Augäpfel, der Kopf schlägt ins Kissen, in den Blutsee.

Pscht, Elschen, träumst schlecht, jammer doch nicht so, pscht, komm zu Anna.

Die Sturmglocke läutet, Trommelschläger marschieren auf. Hepp, hepp, hepp. Unschuldig vergossenes Blut, unmenschliches Gemetzel. Kein Grab den zarten Kindlein, kein Friede ihren Seelen.

Am Morgen quälte Else peitschende Unruhe, sie fieberte, ihr Hals war rot und zugeschwollen. Immer wieder schnellte sie vom Bett hoch, in das sie Mama, die händeringend neben ihr saß, gezwungen hatte.

Ein fiebriges Kind muss liegen, Ruhe, Ruhe, hat der Doktor gesagt. Und wirst doch nicht schon wieder stricken, Elschen, du lieber Himmel, einen lila und einen silbernen Streifen, was soll denn der Papa anfangen mit so einem Strumpf?

Ich stick noch Sternchen drauf, goldene Himmelssternchen.

Wenn du glaubst, er wird tragen Sternchenstrümpfe, ich weiß nicht, so ein krankes Dummerle.

Baldrian und Brom halfen nicht, verrückt wurde sie, wenn sie nicht wenigstens stricken konnte, durch die Wolle jagen, bis wieder ein von Anna und Martha ins Knäuel gewickeltes Päckchen mit Nippsachen hervorblitzte, vielleicht das noch fehlende Tellerchen zu dem winzigen Service, das sie sich schon zusammengeklappert hatte, zartes Porzellan mit blauen Blümchen.

Wenigstens nicht die Schule, nicht wieder die Schande wie am Tag vor dem Versöhnungstag, als Schornsteinfeger Schwarzer Neger mit qualmender Pfeife und einem ganzen Tross Herren aus Berlin in den Unterricht von Fräulein Buchholz eingefallen war, ausgerechnet als Else gerade in Englisch dran war.

Would you like to write it on the blackboard, Elizabeth?

Wat soll eck? An dä Tafel schrieven vör all den Döppen? Nä, nä, leck mich inne Täsch.

Elizabeth, you're naughty. Come and let the gentlemen see, what you have learned.

Gar nix hab ich learned, fever krieg ich, wenn die alle so starren.

Der Direktor der Städtischen Höheren Töchterschule zu Elberfeld, Richard Schornstein, ein ehrgeiziger und weit über die Stadtgrenzen hinaus bekannter Pädagoge, galt als Pionier der Frauenbildung, weil er einen zehnjährigen Kurs für Mädchen eingeführt hatte, alle anderen Mädchenschulen boten nur vier bis sechs Jahre an. Else empfand dies nicht als Privileg, überhaupt ging sie nicht gerne zur Schule, vor allem dann, wenn irgendwelche Delegationen das vorbildliche Institut in Augenschein nahmen und man sich während der überraschenden Unterrichtsvisiten vorkam wie ein Affe im Zoo.

Martha, dear, can you write the word on the blackboard, please?

Elses Freundin Martha antwortete nicht, sondern starrte verzückt auf einen der Besucher. Er war blond gelockt und jünger als die anderen bratenberockten Herren, hinter seinem Zwicker blitzten dunkle Augen.

Guck mal, Else, Joy Hodgini.

Martha, please!

Marthas Zischen ging in einer Kicherkonvulsion unter, die es auch ihr unmöglich machte, an die Tafel zu gehen. In der Tat sah der Mann dem neuesten Schwarm von Else und Martha, Joy Hodgini, Jockey im Zirkus von Arons Freund Ewald Renz, zum Verwechseln ähnlich. Ein Clownsjockey aus Indien mit gepudertem Gesicht, in den Nacken gestülptem Filzhut und funkelnden Augen, der ihnen aus der Arena Kusshände zugeworfen hatte.

Das Kichern hatte sich nun auch Elses bemächtigt, und die Mädchen beugten sich tief über die bebende Schulbank, trotzdem blieb der Ausbruch nicht verborgen. Schnell nahm Fräulein Buchholz die brave Bertha dran, um sich vor der Delegation mit ihrer Englischklasse nicht noch mehr zu blamieren. Schornstein warf den beiden Mädchen einen bitterbösen Blick zu und verabschiedete sich schnaubend, Joy Hodgini zwinkerte ihnen zu und tänzelte hinter seiner Gruppe her zur Tür hinaus.

Else wurde in scharfem Ton in die Ecke beordert, die Scham loderte, zum Glück nur für fünf Minuten, dann klingelte es zur Pause. Die Hitze nahm nicht ab, im Gegenteil, Else glühte immer mehr und fühlte sich matt. Aber Fräulein Buchholz war erbarmungslos und erwiderte auf Elses Bitte, nach Hause gehen zu dürfen, nur scharf, dass sie wenigstens noch die Rückgabe des Aufsatzes abwarten solle.

Wahrlich kein Ruhmesblatt, Else Schüler, wenn ich nur wüsste, was in dich gefahren ist. Wir haben alles geübt, Einleitung, Hauptteil, Schluss. Dein Schabernack geht zu weit, ich werde deine Eltern einbestellen, so was hat mir noch keine Schülerin geboten.

Fräulein Buchholz wurde immer ärgerlicher, aber in Else tobte wieder das Kichern und sie konnte nicht aufhören zu zappeln und zu feixen.

Friedrich der Große fällt um von einem Stoße.

Friedrich der Große frisst Kartoffeln mit Soße.

Etwas anderes war ihr nicht eingefallen zu dem steifbeinigen König mit der Flöte, jedenfalls nicht unter den strengen Augen des Fräuleins.

Vielleicht hätte sie es nicht hinschreiben sollen.

Ich habe Fieber, Fräulein Buchholz, mir is nich gut.

Dann geh in Gottes Namen und störe nicht weiter, aber bestelle deinen Eltern, dass ein Brief unterwegs ist, und sage deinem Vater auch gleich, dass ich keine Bonbonnieren mehr wünsche.

Der dumrige Papa, der als Kind selbst nie gerne zur Schule gegangen war, weil er nicht still sitzen konnte und immer nur nach den fahrenden Händlern Ausschau hielt, die nach Geseke kamen, um den schönen Töchtern der Stadt Bijouterien, Seidenstoffe, gestickte Pantöffelchen, Samtschleifen mit Agraffen, Haarnetze, Kettchen und anderen Talmi zu offerieren. Wie gerne wäre Aron mit ihnen gereist, statt an die Schulbank gefesselt in der Klasse zu sitzen. Er hatte, was die Schule betraf, Verständnis für seine Tochter und hoffte, die Lehrerin milde stimmen zu können, indem er ihr manchmal, wenn er Else morgens zum Unterricht brachte, mit charmantem Zwinkern eine Zuckertüte auf das Pult legte. Vor ihm musste sie sich nicht fürchten, er würde den Brief der Buchholz einfach weglachen, Tum Tingelingeling. Und die Hüte herausholen und Schule mit ihr und Martha spielen: Else mit Turban, Martha mit der Soldatenmütze, auf Papas Silberhaar die weiße Stubenmädchenhaube, deren Bänder dem unbändig Lachenden um die Ohren flatterten.

Sie ist im Grunde nicht außergewöhnlich dumm. Wie kann man nur so etwas sagen über ein Kind!

Dunkler Zorn blitzte aus Jeannette Schülers spanischen Augen, sie war in der Schule gewesen, um die Lehrerin zu beschwichtigen.

Aber es geht auch so nicht weiter, Elschen, musst brav sein, musst es üben mit dem Stillsitzen, alle Kinder müssen es. Und wirst doch wenigstens Englisch lernen, was soll sonst werden, wenn du mal willst fahren in die Welt? Et si tu parles français, tu seras toujours bienvenue en France. Réponds à maman : Est-ce que tu veux aller en France ?

Oui, maman. Je veux aller à Paris, et aussi à Jérusalem.

Jérusalem, oh, naturellement, ma chère, ins Heilige Land. Bist ein kluges Kind, eigentlich das klügste von allen, Elschen, sie wissen es nur nicht. Aber ich weiß auch nicht weiter, wenn du immer machst so einen Hokuspokus in der Schule, wenn du dem Fräulein nicht folgst. Ich folge ja, ich kann doch auch nichts dafür, wenn Martha so lacht. Ich will lieb sein, Mama, nicht traurig sein, Mama, bittebittebittebitte.

Jeannettes Augen so tief, so verloren in der Welt, schwebend über den Bäumen, über dem Wasser wie die mächtigen Vögel, die die Weite mit aufgespannten Schwingen durchmessen. Schon seit ein paar Tagen war wieder die Melancholie über sie gefallen, die Else und ihre Schwestern fürchteten und die Aron zu verscheuchen versuchte, indem er ihr Bücher, eine Perlenkette oder eine extragroße Bonbonniere mitbrachte. Meistens war es vergeblich, sodass er sich resigniert hinter seine Zeitung zurückzog. Sie ertrug sein Gerede nicht, wenn sie in diesen Zuständen war, und suchte, wann immer ihre Pflichten es erlaubten, Zuflucht in ihrem kleinen, mit Büchern, Nippsachen, Andenken, Gemälden ihrer Kinder – vor allem den wunderlichen Gestalten Elses – überladenen Salon. Dort saß sie in einem roten, chintzbezogenen Sesselchen, nippte an einem Glas Portwein und blätterte gedankenverloren in ihren Bänden mit abgeschriebenen Zitaten, die Verse Heines, Hölderlins und Goethes wie Mantren murmelnd, eine Perlenschnur, die ihr über die Zeit der Schwärze hinweghalf. Nur Else durfte dann in ihrer Nähe sein, auf ihrem Schoß sitzen und mitmurmeln, ganz still, ein Atem mit Mama.

Ein Gewitter knistert in der schweren Luft und zieht sich bleiern über dem Wald zusammen. Die Haustür klappt, Anna und Martha kommen aus der Stadt zurück, glücklicherweise noch vor dem Unwetter, das sich durch fernes Grollen ankündigt.

Du lieber Himmel, Elschen, schon wieder ein Knäuel durch! Wo ist Mama? Nee, ist das drückend. Mama, Mama, wir sind wieder da! Wo bist du denn?

Der Himmel ist dunkelviolett und von Blitzen durchschossen, Donnerschläge kegeln heran.

Niemand weiß, wo sie ist.

Raus ist sie, stammelt Elise, ich dachte, nur eben ein paar Blümchen holen, Jesus Maria, bei dem Höllenwetter.

S'issum Verrücktwerden mit die Frau, bei Gewitter rausrennen un den Kopp ins Getümmel stecken, nee, verdeck ens. Los, los, Kinder, alle suchen, wo is denn dä Moritz, dä soll kommen mit seine Feuerwehr. Alfred, kannst du nach dem Moritz laufen? Aber nich, dass dir der Blitz reinschlägt!

Alfred rennt hinaus mit Schirm und Wettermantel, Else sieht vom Fenster aus die ersten Tropfen auf die staubige Sadowastraße fallen. Wieder Donnerschläge, ein grellweißer Blitz, dann zitronengelb die ganze Welt.

Mama, die sich auf den kleinen Balkon setzt, sobald ein Gewitter naht. Komm ins Luftschiff, Elschen, schau, das Feuerwerk, auf jeder Wolke sitzt ein Engel mit einer Armbrust, schau, wie sie schießen, da, der Zacken, dort fliegt ein Dolch mitten hinein in die wogende Himmelsbrust, schau nur, wie es zugeht, und höre, wie Gott zu uns spricht mit seiner Donnerstimme.

Leuchtende Spanieraugen zwischen den Luftwellen, Seite an Seite ins Schlachtgetümmel mit dem kühnen Napoleon, den Mama anbetet und von dessen Kanapee sie einen blutroten Fetzen zusammen mit dem Goethe-Brief in ihrem Rosenholzkästchen bewahrt.

Franzos mit der roten Hos, die Sturmglocke läutet.

Elise hält die kranke Else fest, damit sie nicht auch hinausrennt in das pladdernde Unwetter, in dem Martha, Anna, Aron und Emilie mit schwarzen Schirmen über verschreckten Gesichtern herumlaufen und Jeannette suchen. Aron weint, seine jämmerlichen Rufe unter den tropfenden Bartspitzen gehen im Tosen des Wetters unter, der Regen durchweicht den Suchtrupp im Nu.

Auf den Turm, Elise, vielleicht sehen wir Mama von dort.

Ehe das Hausmädchen protestieren kann, ist Else die schmale Treppe zum Türmchen hochgesprungen und beugt sich weit aus dem runden Fenster. Am Horizont leuchtet schwefelig ein heller Streifen, in den Baumkronen dunstet und dampft es. Und da hinten auf der Straße, ganz verschwommen, stemmt sich eine Windgestalt gegen die Fluten, patschnass, mit aufgelöstem Zaum, trottet sie den Berg herunter, gebeugt, traurig, die Schlacht ist geschlagen.

Mama! Mama!

Zurück, Else, zurück!

Elises Rufe erreichen sie nicht, durch den Wind fliegt sie Mama entgegen an ihr Herz, ihr weiches nasses Herz.

Else!

Der Brüder dunkle Schreie, ein tröstlicher Chor.

Sie landet in der Markise, die über den Balkon im ersten Stock gespannt ist, ein schwankendes Bett.

Else! Ist das zu fassen? Springt sie einfach aus dem Fenster!

Elschen, was ist, hörst du mich?

Sie wagt kaum, zu den erschrockenen Augenpaaren hochzublinzeln. Aus Alfreds Stimme klingt kalte Wut, aus Moritz' immerhin etwas Besorgnis und Wärme.

Elschen, was ist, bist du wohlauf? Tut dir was weh? Gott sei Dank, sie lebt.

Der Regen lässt nach, von unten ist das laute Weinen Annas zu hören.

Mama, wo bist du gewesen? Wir sterben vor Angst!

Hier ist das Seil, ich lass mich runter und hol dich, hörst du? Beweg dich nicht, ich komm gleich, bin gleich da.

Wie es wippt und schwankt, nach Moos riecht, warm und nass. Mama ist da, alles ist gut, alles, alles ist gut. Lasst mich, lasst mich nur liegen in dem Schwingen. Alfred, brüll nicht so!

So, Moritz kommt schon, sei ruhig, Elschen, wird alles wieder gut. Was ist, was guckst du so, tut dir was weh? Was feixt du, Elschen, warum zuckst du so komisch? Komm, Moritz hilft dir, komm, Elschen, schau, da ist auch schon die Mama.

Chorea minor, rheumatische Hirnerkrankung entzündlichen Ursprungs, man sieht sie häufig bei Mädchen in Elses Alter. Landläufig wird es Veitstanz genannt.

Um Himmels willen, Herr Doktor, nicht noch ein krankes Kind! Da muss man doch was können machen. Sie hätten sie müssen sehen, wie sie sich gebäumt und geworfen hat, Schaum hatte sie vor dem Mund gestern am Abend, es war nicht mit anzusehen.

Das erklärt auch ihre Unruhe und Reizbarkeit in der letzten Zeit, typische Vorboten für den Veitstanz. Lassen Sie sie im Bett, sie braucht Ruhe, Baldrian und was Stärkendes für das Blut. Für den Akutfall gebe ich Ihnen ein bisschen Opium, aber vorsichtig damit! Längstens ein halbes Jahr, dann hat es sich ausgewachsen, Sie müssen sich keine Sorgen machen, Frau Schüler.

Die Nachricht, für lange Zeit nicht in die Schule zu müssen, ließ Else schon weniger zappeln, schließlich strahlte sie angesichts der verlockenden Aussichten.

Berge von Strümpfen stricken, Knäuel auf Knäuel, Mama, Anna und Martha immer da, kein Hepp-hepp-hepp, kein Schornstein, keine französische Konjugation. Vorbei die Grausamkeiten: Was reißt die Schüler die Augen wieder so komisch auf, will was Besonderes sein mit den roten Hosen, was Besseres, die spinnt, die komische Else, die guckt so scheel, wie alle Juden, besitzgierig, charakterlos, unehrlich, meineidig. Kleine Kinder ermorden! Heißes Getuschel mit spritzender Spucke, Jud, Jud, hast Speck gefressen. Geifernde Münder von blonden Jungen mit ausrasierten Nacken, die in Soldatenmontur auf der Aue herumlungern und zackig die Säbel präsentieren.

Lieber im warmen Salon liegen, Else auf der Ottomane, Päulchen auf der Chaiselongue, und zusammen dichten in der Ursprache:

Elbanaff:
Min salihihi wali kinahu
Rahi hatiman
Fi is bahi lahu fassun …

Und vorlesen, immer und immer wieder die schönste von allen Geschichten, bei der Elses Tränen flossen, weshalb Rabbiner Doktor Zacharias Auerbach sie schon einmal vom Religionsunterricht nach Hause geschickt hatte. Pülle las mit samtener Stimme, Martha und Anna stickten, Mama kam herein, aus singenden Fernen rauschten ihre Röcke heran und durchglühten die Krankenlager mit goldenem Sonnenblut.

Seht, der Träumer kommt daher! So kommt nun und laßt uns ihn töten und in eine Grube werfen und sagen, ein böses Tier habe ihn gefressen; so wird man sehen, was seine Träume sind.

Else ertrug die Geschichte von Joseph und seinen Brüdern nur, wenn Mama bei ihr saß und ihr die Hand hielt, damit nicht wieder eine Konvulsion kam. Weinen half, gemeinsam ließen sie die Tränen fließen, bis die Augen leer waren und die Haut durchscheinend wie Seide.

Und Jakob zerriß seine Kleider und legte ein härenes Tuch um seine Lenden und trug Leid um seinen Sohn lange Zeit.

Der seltsame Trost dieser Zeilen.

Abends schüttete ihnen Papa mit freudigem Getöse Zuckerzeug auf die Bettdecken, ließ kleine Blecheisenbahnen um Pauls Lager herumfahren und vor Elses Bett ein Karussell sich drehen, das er mit einem Schlüsselchen aufgezogen hatte. Darauf nickende Elfen und Schelme, Kobolde und schöne Jungfrauen mit artigen Herren, glänzend lackiert, aufleuchtend im Schein der Kerze, die Mama danebenstellte. Dazu bimmelte ein Glöcklein Für Elise. Dadadadadadadadadam, dadadadam, dadadadam, säuselte der Schülerchor, schwang sich durch das offene Fenster ins Kiesgärtchen hinaus, in dem der Flieder duftete.

Durch einen sanften Tod von langem Leiden erlöst. Pülle, mein Pülle mit dem reinen Herzen. Einfach in die Ewigkeit gegangen, aufgefahren gen Himmel, einen Heiligenschein auf den Sonnenhaaren. Nun schaut er Gott, flüsterten Jeannettes zersprungene Lippen, nun trinkt seine Seele das Ewige.

Kein Weinen und Schluchzen in den kalten Februarnächten nach seinem Tod brachte ihn zurück, kein stundenlanges Wispern bis zum Morgengrauen in Marthas Bett, in dem sich die Schwestern drängten.

Drei Seelen breiten
Aus stillem Morgenträumen
Zum Gottland ihre Wehmut aus …

Manchmal kam Mama dazu mit rot geweinten Augen, weil sie auch nicht schlafen konnte, und setzte sich in den Sessel neben dem Bett.

Wie wir immer so schön nach Ronsdorf zum Kaffeetrinken gefahren sind, weißte noch, Anna, wie ihm schlecht geworden ist nach dem zweiten Stück Schwarzwälder Kirsch? Moritz konnte drei verdrücken, das wollte Pülle auch schaffen.

Weißte noch, Martha, wie er immer als Erster vom Bock gesprungen ist, wenn wir mit der Kutsche gefahren sind, und Papa die Handwerksburschen zum Mitfahren eingeladen hat? Er ist zu und zu gut gewesen, unser Päulchen.

Weißte noch, wie er mit Moritz und Alfred im Garten im Indianerzelt geschlafen hat?

Da hat er doch nachts so Angst gekriegt und ist zu Mama ins Bett gekrochen.

Unser Päulchen ist gewesen der beste Mensch, den die Sonne je hat gesehen, der edelste und der schönste, wie eine Blume.

Zauberpäule, Farbenprinz. Und so heilig, er schlug doch so gerne das Kreuz.

Und klug war er, weißte noch, Elschen, wie er sich auskannte im Evangelium und wie er immer mit dir das große Einmaleins gerechnet hat?

Geritten bin ich auf seiner Schulter, immer in den Wald, und immer die Walnüsse geknackt, und der Kuckuck hat nur für meinen Püllepülle gerufen. Bist mein Marienkäferchen, Elschen, hat er gesagt, wenn ich das rot gepunktete Kleid trug.

Und immer die Kaiserketten aus den Vogelbeeren, meterlang, weißte noch, Elschen? Wie ihr immer nach Jerusalem geritten seid?

Das Fleckchen im Wald mit der Morgensonne, das war Jerusalem. Und die Sternschnuppen flogen aus Palästina über das ganze weite Meer herüber, extra für Elschen und unser Päulchen, und gebetet hat er jeden Morgen in seinem Himmelsdom, dass alle Schülers mal besuchen dürfen das Heilige Land. Er war ein König, ein Mönch, der Himmel war sein Dom. Er war reinen Herzens, nun darf er Gott schauen.

Jeannette konnte es nur herausschluchzen, verloschen waren ihre matten Augen. Und Aron so still, kein Lachen, kein Donnern, kein Tum Tingelingeling. Nur ein trauriges Lächeln, als Else, Anna und Martha, die kurz vor der Hochzeit mit Leopold Wormser stand, aus der Stadt kamen, wo sie sich beim Fleischhacker auf der Herzogstraße orientalische Ketten aus schwarzen Glasperlen gekauft hatten, die zu den Trauerfloren an ihren Ärmeln passten. Sie trugen den Schmuck in mehreren Reihen um den Hals geschlungen, es klingelte leise Püllepülle, wenn die Perlen aneinanderschlugen.

Mein Elsken wird ja auch schon en Fräuken, guck ens, richtig erwachsen sieht et aus mit dat schwatte Geglitzer, schwatt wie die Äugsken.

Bin doch schon dreizehn, Papa, bin doch kein Blag mehr.

Dunkle Wunder

Ein weißer Stern singt ein Totenlied
In der Julinacht.
Wie Sterbegeläut in der Julinacht.
Und auf dem Dach die Wolkenhand,
Die streifende feuchte Schattenhand
Sucht nach meiner Mutter.

Ich fühle mein nacktes Leben,
Es stößt sich ab vom Mutterland,
So nackt war nie mein Leben,
So in die Zeit gegeben,
Als ob ich abgeblüht
Hinter des Tages Ende
Versunken
Zwischen weiten Nächten stände,
Von Einsamkeiten gefangen.
Ach Gott! Mein wildes Kindesweh!
… Meine Mutter ist heimgegangen.

Else Lasker-Schüler, Mutter

Else läuft schon den ganzen Nachmittag in ihrem Zimmer auf und ab, hat mehrere Zeichnungen angefangen und wieder zerrissen, auch schreiben geht nicht, die Wörter laufen wie Hühner über das Papier und wollen sich nicht ordnen. Sie könnte vor Wut alles kurz und klein schlagen wegen Aron und Moritz, die sich beim Mittagessen benommen haben wie die elendesten Mucker aus Barmen, von oben herab, selbstgerecht, eingenommen von ihrer eigenen Großartigkeit.

Den ganzen Morgen hat Else gezeichnet und geschrieben, ausprobiert, gestrichen, Blatt um Blatt gefüllt, das dunkle, warme Wunder gespürt, das immer mehr Raum einnimmt, für das sie sich bereithalten muss, das Nahrung und Pflege braucht. Worte bluten und gleißen heraus, Sturzbäche, leuchtende Ströme, dazu der niemals endende Bilderfries.

Vor dem Essen hat sie ihr Werk Mama gezeigt und vorgelesen, alles ist gut, als sie zu Tisch gehen.

Unser Elschen wird sein eine Dichterin, hat bekommen große Gaben vom Ewigen. Sag noch einmal das Traurige, Tiefe, Elschen, das mit der Herbstzeitlose.

Auf Mamas ermunterndes Nicken hin beginnt sie zu sprechen, während Moritz und Aron, schon seit dem frühen Morgen unterwegs in wichtigen Auslandsgeschäften, Obligationen, Wechseln und Kassenanweisungen, die Rouladen zerlegen und in sich hineinschaufeln.

Ich will in das Grenzenlose
Zu mir zurück …

Sie atmet es in den Raum, spricht den hohen Singsang, der die Silben zum Klingen bringt und Mama in Verzückung versetzt.

Moritz redet laut dazwischen, zuerst von Alfreds wunderbarem Ölbildnis, das bei Löwenstein & Kompanie an der Wallstraße im Schaufenster hängt und sogar im Täglichen Anzeiger besprochen wurde, dann von der Hochbahn, die der Stadtrat bauen lassen will, ein Zug, der über die Wupper fliegen soll, sensationelle Sache, nie da gewesen. Schneidet ihr einfach das Wort ab, titscht die Soße mit den Kartoffeln auf, schmatzt, lehnt sich mit hinter die Hosenträger geklemmten Händen zurück, stößt auf, lacht über Arons Einwürfe, beide großspurig, rotgesichtig, die Schoppen verschwinden in einem Zug.

Mama nickt ermunternd.

Weiter, Elschen, sag die schönen Verse.

O, ich sterbe unter Euch!
Da Ihr mich erstickt mit Euch.

Ihre Stimme wird klirrend.

Nu lass mal den Spökenkrams beiseite, Elschen, davon haste keen Kastemännecken em Bütel. Nee, nee, Schwesterherz, wat haste von dem Gesinge, wir müssen dir ’ne gute Partie suchen, du musst unter die Haube. Was ist mit dem Pitter Boom, der ist doch im richtigen Alter und en Spökenkieker ist er auch, wär der nicht was für Elschen, Papa? Da kann sie dichten und ist weich gebettet, die Baums sind doch noch für die nächsten Generationen liquide.

Dä Hugo Baum siedelt nach Berlin über, hat die Fabrik verkauft, wegen Herzklabastern, un dä Pitter geht mit, die ganze Familie. Aber wat soll dat Elsken mit däm Pitter, dä is doch dä gleiche Hans Guck-in-die-Luft, dat gleiche mondsüchtige Kaliber, nä, nä, dat braucht wat Solides, en Bankier oder wenigstens en Doktor.

Heiße Scham, Wut, zerspringen könnte sie, immer der Schacher, wie auf dem Pferdemarkt.

Ihr Peter Baum mit den Maienaugen, der auch einer von den Blauen ist, kein Klotzkopf wie Moritz und Alfred oder der dumrige Polterpapa.

Was soll das Gerede, sind doch noch Kinder.

Mama, gelb und erschöpft, sie muss sich hinlegen.

Die rote Flut brandet auf, die Stimme gellt.

Kannss mich mal im Mondschein begegnen, blöder Moritz, en scheelen Mucker bisse, hass wohl zuviel Kloppe uffs Gehirn gekriegt von deine Boxers, kannsse dir vielleicht mal um deinen eigenen Kram kömmern, leck mich inne Täsch!

Sie schreit und stampft, die Tränen stürzen, sie rennt hinaus und knallt die Tür, riecht im Hinauslaufen den Gestank der Zigarren, die die Männer sich ungerührt ins Gesicht stecken und vor sich herqualmen, trappst noch einmal zurück, reißt die Tür wieder auf und schlägt sie zu, dann noch mal, alles knallt und bebt.

Oben im Zimmer tiefste Reue wegen Mama, aber sie kann nicht wieder hinuntergehen und läuft vor dem Fenster auf und ab mit eingekrachtem Herzen, bis es zu dämmern beginnt. Dann muss sie hinaus, um nicht zu zerspringen. Mama schläft, Anna ist nach Köln gefahren, Aron und Moritz kommen jeden Abend später nach Hause und sind meistens angesäuselt, sodass niemand merkt, wenn sie ausgeht. Sie zieht den Mantelkragen vor das Gesicht und senkt den Kopf, es muss ja nicht jeder gleich sehen, dass Schülers Else abends allein herumspaziert.

Zuerst will sie über das vom Regen schimmernde Kopfsteinpflaster bis zum Wald gehen, wo sich der Himmel mit Schlieren aus blauschwarzen Wolken orangerot über die unbelaubten Baumwipfel spannt und durch ihre filigranen Spitzen das Auge Gottes auf Elberfeld schaut.

Aber dann wendet sie sich talwärts, Dampf aus den Ziegelschornsteinen lockt mit von Purpur durchzogenen Schleiern. Sie läuft die

Briller Straße hinunter und biegt am Wupperufer nach links ab in die dämmrige Aue, eilt bis zum Island, wo die Armen in stinkenden Gassen wohnen und Wasser an der dicken grünen Pumpe holen. Aus zahllosen Branntweinstuben fiedelt und schrammt es, lärmen raue Münder, kreischen Stimmen. Verhärmte Frauen huschen durch die Gasse, Kinder spielen im Rinnstein.

Elses Ziel am Ende des Islandufers ist ein Karussell mit springendem Leopard, hochsteigendem Holzross und einem weißen Elefanten, der den Rüssel schwenkt, Tum Tingelingeling. Die Orgelpfeifen jaulen und stampfen, man hört es schon von Weitem: *Lott es doot, Lott es doot*. Das Karussell dreht sich, kleine Jungen jauchzen auf den Rücken der Panther und Leoparden hinauf und hinab, in Else summt und singt es.

Am Kassenhäuschen blakt eine Öllampe und lässt ein scharfes Männerprofil aufscheinen, eine Haarsträhne fällt darüber. Der Karussellbesitzer schwingt sich auf das drehende Rondell, seine olivgoldenen Armmuskeln streifen Else im Vorbeisausen. Moschusduft, seine Augen saugen sich an ihren glühenden Mandeln über dem hochgeschlagenen Mantelkragen fest, dann springt der Mann ab.

Sie steht bewegungslos, schielt schräg hinüber, brodelndes Rot im Bauch.

Er zischt und weist mit seinem Prinzenkopf in die Finsternis hinter dem Kassenhäuschen, sie tritt vorsichtig näher.

Brüst hat es schon, wie junge Salatköppe.

Een Jroschen, mehr nich für so 'n Jerippe.

Was meint er?

Nach der obszönen Handbewegung, die folgt, weiß sie es, rennt los, an der unter dem aufgehenden Vollmond rosa aufschäumenden Wupper entlang, die riecht wie ein Giftfass. Auf der Aue kommt ihr ein Trupp Sozialdemokraten mit grauen Schirmmützen entgegen. Denn unsre Fahn ist rot, schmettern aufgerissene Münder.

Anna zerfloss regelrecht in ihrem Theatersessel in der ersten Reihe zwischen Else und Aron beim tragischen Abschied von Lucia di Lammermoor und Sir Edgardo, den Franz Lindner mit schmelzender Stimme ganz vorne an der Rampe gab. Der lyrische Tenor war gerade an das neu eröffnete Elberfelder Stadttheater engagiert worden, er entzückte das Publikum und meistens auch die Kritik, die seine sichere Stimmführung und seinen empathischen Vortrag pries und nur gelegentlich Anstoß an seinem Würzburger Dialekt nahm.

Annas Augen leuchteten auf, wenn er die Bühne betrat, und verdunkelten sich, wenn er abging.

Sieht dem Alfred zum Verwechseln ähnlich, guck mal, die gleichen Augen, die Haare, die Nase, jetzt guckt er zu dir, Anna, der guckt zu dir.

Else zischelte, während der Applaus toste, Anna wurde noch eine Spur röter und verdrehte die Augen in Richtung Aron, der frenetisch klatschte und wie immer den Chor der Bravorufer anführte.

Anna wollte eigentlich gleich nach Hause, um Mama beizustehen, der es schlecht ging. Ihr Bauch war aufgetrieben und schmerzte ständig, schon seit einiger Zeit konnte sie nicht mehr mit ins Theater. Aber Aron drängte, noch ein Gläschen im Weidenhof zu trinken, und Else überredete Anna mit dem Hinweis, dass ja vielleicht auch der Lindner da sei. Für Else war das anschließende Ausgehen ohnehin der einzige Grund, mit in die Oper zu gehen, sie machte sich nicht viel aus der bombastischen Musik, dem ziellosen Herumirren der Figuren auf der Bühne und den steifen Posen, nur selten berührten Augenblicke von Poesie und Größe ihr Herz.

Der Weidenhof war die viel spannendere Bühne. Aron spendierte Röderer und die Korken schossen aus den Flaschen, gedrängt saß man im Summen und vielstimmigen Geraune, Gelächter dröhnte, Parfum- und Tabakschwaden wehten über die Tische, Blicke flogen, die Gesichter verschwebten zu einem Bild.

Else und Anna rieben sich auf der Toilette Rouge auf Wangen und Lippen, stäubten hellen Puder über die Nasen und besprenkelten die Dekolletés mit Duftwasser. Nach ihrer Rückkehr in die Schankstube setzten sie sich weit weg von Aron, der in die Runde schwadronierte und ein Glas nach dem anderen hinunterkippte. Annas Augen flogen immer wieder zur Tür, durch die festlich gekleidete Theaterbesucher und befrackte Orchestermitglieder mit Instrumentenkästen hereinströmten, schließlich auch Franz Lindner, dessen Locken feucht glänzten.

Die Schwestern stürzten ihren Sekt hinunter und hielten dem Kellner die leeren Gläser hin.

Hinter dem Sänger schob sich jetzt ein Adonis herein, ein muskulöser Engel mit Bronzehaut, Goldhaaren und strahlend blauen Augen, den Else schon im Chor gesehen hatte. Er strich seine halblangen Strähnen aus dem Gesicht, sein Blick schweifte durch den Saal und blieb an den brennenden Augen hängen, die ihn ins Visier genommen hatten.

Meine Lippen glühn

Und meine Arme breiten sich aus wie Flammen!

Adonis orderte am Tresen etwas zu trinken, öffnete den Hemdkragen und lächelte Else spöttisch zu, die errötend zurückblitzte. Franz Lindner nickte freundlich herüber, worauf Anna kaum noch aufzuschauen wagte.

Pscht, Elschen, guck nicht hin, der guckt so frech, das macht man nicht, pscht, Papa guckt schon.

Else überhörte es und schlängelte sich durch die Menge bis zum Tresen, stellte sich zwischen Lindner und den Bronzeengel und gab dem bierzapfenden Wirt ein Zeichen.

Eine Zigarre für meinen Papa, bitteschön, für den Herrn Schüler.

Else krähte und feixte in die Runde, Anna behielt die Schwester angespannt im Auge, sie wurde distanzlos, wenn sie zu viel trank. Else rückte immer näher an den Blonden, er griff in die Brusttasche seines Hemdes und zog mit graziösem Armschwung einen Zigarillo heraus.

Göttin der Nacht, schwarze Bhowanéh! Darf ich dem schönen Fräulein behilflich sein?

Else strahlte und kräuselte den Mund, mit gespreizten Fingern nahm sie den Zigarillo und berührte dabei seine Hand.

Du mußt mit mir nach Granada ziehn

In die Sonne, aus der meine Gluten stammen …

Sie zischelte in kaum verständlichem Singsang, Anna hätte vor Scham versinken können. Bevor der Blonde zu einer Replik ansetzen konnte, drängte sie sich heran und zog Else am Arm.

Komm, Papa will nach Hause.

Doch Aron lachte und rief gerade nach einer neuen Flasche. Franz Lindner betrachtete die Szene amüsiert.

Wenn ich der schönen Dichterin einen Blumengruß verehren wollte, wohin müsste ich ihn dann senden?

Der Bronzene spreizte sich, Else glühte und lispelte.

Lieber einen Granatapfel, den wollt ich immer schon. Wenn Sie ihn in Gold einwickeln und draufschreiben: Else Schüler, die Zigeunerin von der Sadowastraße, findet mich der Himmelsbote mit den blauen Flügeln, aber Sie müssen eine Locke mit hineinlegen.

Komm, Else!

Anna zog die widerstrebende Schwester fort, Adonis schmunzelte und drehte sich flüsternd zu Franz Lindner um, der eine Verbeugung in Annas Richtung andeutete.

Else war wütend und sprach während der Heimfahrt kein Wort. Zu Hause sah sie nach der unruhig schlummernden Mutter, ging sofort in ihr Zimmer und schloss die Tür. Sie zündete Kerzen an, drapierte eine Spitzengardine um den Rand des Wandspiegels und entkleidete sich bis auf ihr weißes Hemd, das sie zärtlich über ihren kleinen Brüsten straffte.

Auf dem dunklen Schein
Meiner Haut schillern Muscheln auf Schnüre gezogen …

Dann legte sie sich ein malvenfarbenes Tuch um, schwebte, schwang vor und zurück zu einer großen, brausenden Musik.

Meine Seele bebt,
Wie eine Erde bebt und sich aufthut
Dürstend nach Luft! Nach säuselnder Flut!

Der Krankenhausaufenthalt hatte Jeannette keine Besserung gebracht, im Gegenteil, die Übelkeit und die Schmerzen wurden immer schlimmer, sie magerte ab und bekam regelmäßig Opium. Die wenigen Stunden am Tag, in denen sie auf den Beinen war, verbrachte sie in einem Liegestuhl am Rosenrondell im Gärtchen oder in ihrem Lehnsessel am Fenster. Schon lange hatte sie mit ihren Töchtern keinen Spaziergang mehr zum Waldrand gemacht, von wo aus sie früher ihre schönen spanischen Augen so gern über das Tal hatte schweifen lassen.

Schaut, Martha, Anna, Elschen, unser Elberfeld blinkt wie ein Geschmeide am Hals des Morgens.

Nach Pauls Tod war Jeannette nicht mehr richtig froh geworden. Martha lebte mit Franz Wormser und den beiden kleinen Töchtern in Mainz und kam nur selten zu Besuch, Alfred reiste in Afrika herum, Moritz wandelte auf Freiersfüßen und war häufiger bei seiner Verlobten Anna Phillips in Düsseldorf als zu Hause. Jeannette trug die Briefe Alfreds und Marthas an ihrem Herzen, Anna und Else mussten sie ihr immer wieder vorlesen.

Alfred schrieb von seinen Wüstenexpeditionen, die von Beduinen in weißen Turbanen und bunt gestreiften Mänteln geführt wurden, von Kamelritten, unermesslicher Hitze und einer Fata Morgana, die bei einem ganztägigen, steinigen Ritt durch die Wüste mit schwindenden Wasserreserven vor den Reisenden hergegaukelt war.

Solche Bilder, solche Farben wie hier hat kein Europäer jemals geschaut und die blechernen Schalmeien, die sie hier blasen, hat bei uns kein Ohr je gehört, schrieb Alfred.

Nich, dass en Räuberscheich ihn massakrieren tut, das beste wär, er würde sich auch als Scheich verkleiden mit en Turban auf däm Kopp, könnt ja vielleicht als Teppichhändler durch Afrika reisen, unser Alfred, tönte Aron, wenn er am Abend die Briefe las, und platzte vor Stolz. Seitdem es Jeannette so schlecht ging, kam er zum Mittagessen nicht mehr nach Hause, abends trank er und wurde immer lärmiger.

Franz Lindner sandte Premierenbilletts, aber Anna wollte wegen Mama nicht ins Theater, verfasste jedoch lange Briefe an Franz, in die sie gepresste Vergissmeinnicht und Rosenblätter legte. Wenige Male traf sie ihn, verbot Else jedoch kategorisch, zu Hause ein Wort darüber zu verlieren, weil sie vermutete, dass Aron einer Heirat mit einem brotlosen Künstler niemals zustimmen würde.

In den Nächten wisperten sie über Franz und andere Männer, die sie in der Stadt gesehen hatten. Else gefielen die Hübschen, Außergewöhnlichen mit fremdländischen Gesichtern. Die bärbeißigen Mucker und Schacherer aus dem Wuppertal – ihres Zeichens Geschäftsleute, die Aron gelegentlich mit zum Essen brachte in der Hoffnung, es fände sich ein geeigneter Heiratskandidat – fand sie abscheulich. Aron verzweifelte, schließlich war Else zwanzig und Anna sechsundzwanzig geworden, es war höchste Zeit. Außerdem liefen seine Geschäfte nicht besonders und die Krankheit seiner Frau kostete Unsummen. Er konnte sich den gehobenen Lebensstil seiner Töchter kaum noch leisten und fluchte bei jeder Rechnung des Schneiders oder Hutmachers.

Jeannette ermahnte die Mädchen, wenn sie nicht im Opiumschlummer lag, dem Papa zu gehorchen, und nahm ihnen das Versprechen ab, sich nicht gegen einen passenden Bewerber zu sperren. Sie versprachen ihr alles, was sie hören wollte, und wachten Tag und Nacht an ihrem Bett. Ärzte gingen ein und aus, aber alle Spezialisten, die Aron Schüler konsultierte, schüttelten nach ihren Untersuchungen nur traurig die Köpfe, da lasse sich nichts mehr machen, der Iktus sei bereits eingetreten. Anna und Else deklamierten Gedichte von Petőfi, die Jeannette besonders liebte, und immer wieder Goethe und Heine, alle Lieblingsstellen rauf und runter und wieder von vorne. Else legte der Mutter kleine kolorierte Zeichnungen auf die Bettdecke, Schlingpflanzen mit Sternen dazwischen oder geheimnisvolle Botschaften in hebräischer Harfenschrift von Gott, dem Einen, Ewigen. Jeannette hielt sie vorsichtig zwischen den Fingern, sobald sie bei Bewusstsein war, und flüsterte, wirst immer sein mein kluges, schönes Elschen, meine Dichterin, wirst sein die größte von allen.

Jeannette Schüler starb zweiundfünfzigjährig am siebenundzwanzigsten Juli achtzehnhundertneunzig. Nach schwerem Leiden sei sie sanft entschlafen, ließen Aron Schüler und seine untröstlichen Kinder in den Täglichen Anzeiger einrücken.

Frau Doktor

Wie meine Mutter starb, zerbrach der Mond. Noch einmal trennte Er, der Herr, das Wasser von dem Land. Es blitzt! Feurige Worte schreibt der glühende Zickzack auf die finstere Seide des himmlischen Bilderbuchs, ein Menetekel an die Westwand der Welt. Gott rollt durch die Welt!! Sein roter Initiale hat mich getroffen, erleuchtete mich und erlosch im Meer.

Else Lasker-Schüler, Das Meer

Nach Jeannettes Tod wollte Anna sich mit Franz Lindner verloben und beschwor Aron gemeinsam mit Else, die Verbindung möglich zu machen. Franz sei ein fleißiger Mensch und hochbegabter Künstler, ganz sicher werde er immer sein Geld verdienen.

Zur Not arbeitet er eben als Gesangslehrer, drängte Else den Vater, die Hauptsache ist doch die amore, Papa, die ist wichtiger als alles Geld.

Aron wollte die schwerwiegende Entscheidung, ob Anna einen brotlosen Sänger heiraten sollte, nicht alleine treffen, deshalb schrieb er dem reichen Onkel Meier Sonnemann in Frankfurt und bat um sein Votum. Dieser verlangte, dass Franz sich persönlich vorstelle, Anna und Else übten den Auftritt vorher nächtelang in allen Einzelheiten mit ihm ein.

Der Onkel ist streng und bürgerlich, aber er ist klug und liebt die Kunst. Erzähle ihm von deinen großen Partien und dass du hundertfünfzig Aufführungen in einem Jahr singst, vom Tannhäuser bis zum Barbier von Sevilla, und dass die Oper in Würzburg sich für dich interessiert.

Anna flatterte und konnte an nichts anderes mehr denken. Else schrieb dem Onkel vor Franz' Besuch heimlich mehrere Briefe, in denen sie ihm schöntat und betonte, wie sehr Annas Lebensglück von Franz Lindner abhinge. Ob nun Elses Vorhaltungen oder die menschliche Ausstrahlung des Bittstellers den Ausschlag gaben, Sonnemann stimmte zu, nachdem Franz seinen Besuch in Frankfurt absolviert hatte. Aron küsste seine glückstrahlende Tochter auf die Stirn, als er nach einem Telefonat die frohe Botschaft verkünden konnte.

Nach Annas und Franz' Verlobung hatte Aron weiteren Grund zur Freude, denn ein Freund Franz Lindners, der Wundarzt Doktor Jonathan Berthold Barnet Lasker, der sich gerade an der Klotzbahn als praktischer Arzt und Geburtshelfer niedergelassen hatte, war bei der Feier zu Gast gewesen und Else nicht von der Seite gewichen. Lasker war gebildet und hatte einen fortschrittlichen geistigen Horizont, sodass er ihren Ansprüchen genügen konnte. Sie rümpfte auch nicht gleich die Nase über sein Äußeres, sondern fand ihn klug und sympathisch, wie Anna erleichtert registrierte. Für den Arzt sprach auch, dass sein Großvater wie Arons Großvater Rabbiner und sein Vater Kantor gewesen war. Sein Bruder war der englische Schachmeister Emanuel Lasker, der die Weltmeisterschaft anstrebte. Berthold spielte ebenfalls leidenschaftlich und erzählte der beeindruckten Else, er wolle an einem per Brief ausgetragenen Wettkampf zwischen dem Elberfelder und dem Amsterdamer Schachverein teilnehmen.

Lasker seinerseits schien – Anna stellte auch das erleichtert fest – vor Elses Wunderlichkeit nicht zurückzuschrecken, sondern beobachtete sie amüsiert, als sie beim Verlobungskaffee mit ihren typischen Grimassen und rollenden Augen eine absonderliche Geschichte von zwei Affen zum Besten gab, die sie angeblich im Garten auf den Kieswegen hatte herumturnen sehen. Sie erkundigte sich bei Lasker ausführlich nach dem literarischen Leben und der Künstlerszene in Berlin, wo er bisher gelebt hatte, und nach seinen Aktivitäten in Elberfeld, nicht nur als Arzt, sondern auch als Mitbegründer der Freien Literarischen Vereinigung, die endlich die alten Zöpfe der Bergischen Heimatdichter abschneiden und den modernen literarischen Strömungen ein Forum verschaffen wollte. Er lud Else zu einem Vortrag über die Ziele der Modernen ein und betonte, dass in der Vereinigung auch Frauen als Vortragende gerne gesehen seien.

Aron war glücklich, als Else strahlte und mit Anna beratschlagte, was sie anziehen würden, wenn sie am Samstag zusammen mit Lasker in Franzens nächste Premiere gingen.

Bei einem Waldspaziergang stellte Else ihn auf die Probe und rezitierte zwei ihrer Gedichte. Er konnte zunächst gar nicht glauben, dass sie von ihr stammten, sprach von erstaunlicher Qualität und wollte sie gleich zum nächsten Treffen der Vereinigung einladen, aber sie wollte vor den Muckern erst einmal nicht vortragen.

Ich glaube, der kann so 'n Luftikus wie mich vertragen, sagte Else zu Anna, und meistens gefällt er mir auch, nur manchmal sieht er aus wie ein Marder.

Lasker hielt noch vor Annas und Franzens Hochzeit um Elses Hand an. Sie war zwar nicht so überglücklich wie Anna, machte sich aber aufgeregt an die Vorbereitungen für die Verlobung.

Aron kündigte seinen Mietern in der Herzogstraße zweiundvierzig. Damit wurde eine komfortable Wohnung mit sechs Zimmern frei, in der Lasker auch seine Praxis einrichten konnte.

Ein Schwiegersohn, der heilt, und einer, der heult, gab Aron abends im Weidenhof zum Besten und lachte selbst am meisten über das Bonmot. Zentnerlasten fielen ihm von der Seele, dass er seine beiden Jüngsten endlich unter der Haube hatte.

Verzeihen, *das* sollte sie verzeihen? Am Verlobungstag ein Schachturnier spielen und die Braut sitzen lassen, wo hatte man so etwas jemals gehört? Kein Wort hatte er gesagt, als sie zusammen in der Stadt gewesen waren, um die Ringe zu kaufen und die Anzeige aufzugeben, hatte nur über den Empfang am Sonntagvormittag schwadroniert, ihr unentwegt die Hand geküsst und seine Liebe geschworen. Und dann musste sie am Samstag, am selben Tag, an dem die Verlobungsanzeige erschien, im Täglichen Anzeiger lesen, dass aus Anlass des Stiftungsfestes des Elberfelder Schachklubs am Sonntagnachmittag, ihrem Verlobungstag, ein Simultanturnier an dreißig Brettern stattfinde und Doktor Berthold Lasker einer der favorisierten Spieler sei. Sie rief ihn auf der Stelle in der Praxis an und gellte Empörungsschreie in die Sprechmuschel, er knarzte kleinlaut, dass er am Morgen zum Empfang doch an ihrer Seite stehe, nur am Nachmittag sei er gegenüber den Schachbrüdern in der Pflicht, es stünden bedeutende Preisgelder auf dem Spiel.

Verzeih, meine liebste Braut, mein liebstes Elschen, der Verein zählt auf mich, ich kann einfach nicht fehlen.

Und ich? Zähle ich etwa nicht auf dich?

Ich wusste nicht, dass es dir so viel ausmachen würde, schließlich werden wir doch ein Leben lang zusammen sein. Verzeih, mein Liebes, aber die Pflicht geht vor.

Sie knallte den Hörer auf den hölzernen Tischapparat, stampfte und schrie, sie werde die Verlobung lösen, Papa könne die Sache auf der Stelle abblasen, den blöden Empfang und alles andere auch, sie werde einen solchen Mumpitz nicht mitmachen. Das habe sie nicht nötig, und überhaupt könne der Lasker ihr mal im Mondschein begegnen.

Die hochschwangere Anna war gerade erst angekommen, ohne Franz, der in Würzburg singen musste, und wusste nicht, wie sie die tobende Schwester beruhigen sollte. Das Geschrei rief Aron auf den Plan, der zunächst beschwichtigend, dann streng und mit hochgereckten Bartspitzen auf sie einsprach, fuchtelte, drohte, schließlich donnerte, als sie nicht einlenkte, er werde sie aus dem Haus werfen und ihrem Schicksal überantworten, wenn sie nicht mit der Zickerei aufhöre. Er erwarte, dass sie sich füge und ihrer gesellschaftlichen Verantwortung nachkomme, schließlich lägen diverse Verpflichtungen vor. Ob sie der Elberfelder Mischpoke die Genugtuung eines geplatzten Verlöbnisses verschaffen wolle, damit man sich wieder die Mäuler zerreißen könne. Else wimmerte und schniefte, bis Arons Miene sich aufhellte und er ein längliches Lederetui mit dem goldenen Schriftzug Juwelierwaren Krall aus seiner Tasche zog, das er verheißungsvoll vor ihrer Nase hin- und herschwenkte.

Guck ens, sowat Schönes haste noch nich gesehn, aber dat gibt et nur, wenn de heiratest.

Sie wischte die Tränen ab und trat interessiert näher, die Schelme blitzten. Erleichtert öffnete Aron das Kästchen und präsentierte mit einem Armschwung den Inhalt, ein Schimmer auf hellgelbem Seidengrund.

Papa!

Else jubelte, wie hatte sie sich eine dreireihige Perlenkette gewünscht, und das herrliche Rosa.

Anna schluckte, sie wusste, dass Aron finanzielle Probleme hatte, sie selbst hatte nur ein dünnes Goldkettchen zur Hochzeit bekommen. Aber Else gegenüber hatte er immer noch die Spendierhosen an, und Anna vermutete, dass er sich damit seine Ruhe erkaufte vor ihrem ständigen Sehnen, Schwärmen und Drängeln, wie sehr sie sich dieses wünsche und wie heftig jenes, vor ihrem immerwährenden Verlangen, sich zu schmücken und mit kostbaren, ausgefallenen Dingen zu behängen.

Else strahlte und legte die Kette um den Hals, ihre Haut schimmerte unter den Perlen wie olivfarbene Seide. Dann nahm sie eine grüne Feder vom Tisch und steckte sie senkrecht ins Haar.

Guck ens, dä Häuptling von Ägypten.

Nee, Papa, wie Frau Doktor sieht Elschen aus, guck mal, die vornehme Kette. Frau Doktor Elisabeth Lasker, das hört sich doch gut an!

Anna war erleichtert, dass der Sturm abgezogen war. Else ging zum Spiegel und musterte ihre dunkle Gestalt, den Perlenkragen, die gerade Nase, darüber das kurze Haar mit der Feder. Ernst blickte ihr ein Indianer entgegen, Kriegsschmuck glänzte am stolzen Nacken.

Nee, Anna, Else Lasker-Schüler werde ich sein – oder am besten doch gleich Urwaldindianer.

Ganz nah an ihm verbergen, sein Rücken ist breit und sicher, im Kaminlicht aufleuchtender Samt, sein Geruch fast vertraut. Sie umschlingt ihn von hinten, er nimmt ihre Hände und atmet schon tief, stößt die Luft aus, pffhh, pffhh, eine Dampflokomotive. Nicht schlafen, Bert, der Schlaf ist der Tod, nicht schlafen, es kullern doch noch Paradiesäpfel aus meinem Schoß, nicht schlafen in den süßen Nachtgärten, nicht schlafen, wenn dich die sehnende Rose umschlingt. Hast ja noch nicht mal das Brauthemd richtig angeschaut mit den cremefarbenen Spitzen, den rosa Streublümchen, dem Blutfleck, klein ist er, und er gehört dir, Bert, hörst du? Ganz dein ist die brennende kleine Braut, die dir sagen möchte, wie es ihr gefällt.

Pscht, Elschen, darfst es niemals zeigen, wenn du brennst, jedenfalls nicht am Anfang, es verschreckt sie, wenn eine Frau sich lässt gehen in der Sinnlichkeit.

Warum?

Weil es sich nicht ziemt, die Männer wollen es nicht, sie haben Angst, dass die Frauen werden zu Vulkanen.

Warum dürfen Frauen keine Vulkane werden, Mama? Es wäre doch lustig, wenn ich Feuer speien könnte, spucken würde ich, immer und immer wieder.

Die Männer haben Angst zu verbrennen, musst achtsam sein, mein Dummerle, sie haben Angst vor zu viel Hitze, musst es immer lassen ein bisschen abkühlen.

Ich schütte Wasser drauf und dann plätschert es davon, ein hurtiges Bächlein, und ein Kahn bringt mich zum großen Meer, da verbrennt mich die Sonne.

Pscht, was du nur wieder redest.

Lass mich nicht allein in dieser Einsamkeit, Mama, nicht mit diesem Mann, der aussieht wie ein Marder und in der Brautnacht einschläft, statt meinen Leib zu liebkosen.

Männer sind anders, Elschen, wirst es müssen lernen.

Er schmatzt und stöhnt, als ob er von der Liebe träumt, die sie ihm schon vor der Hochzeitsnacht abgerungen hat. Nach dem abendlichen Spaziergang hat sie ihn in die Wohnung in der Herzogstraße gelockt, die auf den Herrn Doktor Lasker und seine Braut wartet. Aron hat alles schon fix und fertig eingerichtet und sogar eine Kiste Schampus im Keller deponiert. Else hat wegen der Lausekälte vorsorglich am Nachmittag den Kamin mit dem Bärenfell davor angezündet.

Wir wollen wach sein wie der Mond, Bert, guck mal, der Röderer ist ganz kalt, so kalt wie mein Herz, fühl mal mein Herz, Bert, mir ist so zittrig, komm, wir wärmen uns auf dem Fell, spielen Gefährten in der Nacht, der Kragen, zieh doch den steifen Kragen aus.

Sie hat ihm die Mahnung weggeküsst, sich bis zur Hochzeitsnacht zu gedulden, das ist doch keine Verrichtung, Bert, und gewartet, bis er sich an ihrem Mund entzündet hat.

Es ist schnell gegangen, sie ist vor Angst ganz steif geworden und schmiegt sich hinterher an ihn, bis die Dampflokomotive zu pusten beginnt. Sie steht auf und läuft barfuß zur Anrichte, wo ihr Brautkränzchen liegt, das sie selbst entworfen hat. Es ist aus kleinen Zweigen und Blüten, sie drückt es auf ihr kurzes Haar, dreht sich vor dem Spiegel, ein dornengekrönter Schatten im verglühenden Kaminlicht.

Aron Schülers Tränen liefen in seine weißen, nach Veilchen duftenden Bartspitzen, mit rotem Gesicht rannte er in der Augusthitze neben dem anfahrenden Zug her, griff sich ans Herz, winkte mit dem leuchtenden Taschentuch durch die Dampfschwaden, schrumpfte zu einem weinenden Zwerglein zusammen. Noch kurz vor dem Abschied hatte er seine Tochter eine Erzgaunerin geschimpft, einen Räuberscheich, der ihm das letzte Hemd vom Leibe ziehe. Das schöne Vertiko mit dem Spiegelaufsatz hatte sie ihm abgeschmeichelt und das Silberzeug, die Leuchter, Mamas ganzen Nippes, der Else in Berlin vor dem Heimweh bewahren sollte. Flugs hatte sie alles in die große Transportkiste gestopft und Aron felsenfest versprochen, dass sie Mamas Nachlass redlich mit Anna teilen werde, die ebenfalls im Begriff war, mit Franz Lindner nach Berlin zu übersiedeln.

Else trocknete die Tränen, als der Zug Fahrt aufnahm, und schloss das Fenster des Erste-Klasse-Abteils. Sie zog ihre Kostümjacke aus und lockerte den Gürtel ihres Rockes, hockte sich im Fakirsitz mit unter dem Leib gekreuzten nackten Beinen auf die Sitzbank und beobachtete aus halb geschlossenen Augen ihren Mann, der ihr gegenübersaß, verdeckt von der aufgeschlagenen Frankfurter Zeitung, unter der seine übereinandergeschlagenen Hosenbeine hervorstanden. Der Onkel aus Frankfurt hatte die Heirat seiner Nichte mit dem seriösen, schachbegeisterten Arzt begrüßt, wohl auch, weil er sich davon ein Verschwinden ihrer ihm bei seinen seltenen Besuchen in Elberfeld unangenehm aufgefallenen Überspanntheit, ihrer Grillen, ihres beständigen Tänzelns, Singens und Grimassierens versprach. Ein ansehnliches Geldgeschenk zur Hochzeit war Ausdruck seiner Zufriedenheit gewesen und hatte dazu beigetragen, dass Berthold Lasker in Berlin-Charlottenburg in der Alexanderstraße ein Institut für chronische Haut- und Beinleiden eröffnen konnte. Er hatte sich auf die ambulante Behandlung der Thrombophlebitis spezialisiert und damit in wissenschaftlichen Kreisen Aufsehen erregt. Sein Elberfelder Intermezzo hatte also gerade ein gutes Jahr gedauert. Genug Zeit, um mir ein feines Bräutchen zu suchen, hatte er zu Else gesagt, so eine schöne, schwarze Dichterin konnte ich doch nur auf den waldigen Hügeln von Elberfeld finden. So zärtlich und blumig sprach er selten mit ihr, meistens hielt er trockene, aber hochgebildete Vorträge über die Medizin, und über philosophische, sprachwissenschaftliche sowie kunstgeschichtliche Themen, es gab kaum etwas, zu dem er nichts beizutragen hatte. Er zeigte seiner Braut auch Gedichte, zu denen sie wenig sagte, heimlich fand sie sie krampfig und gestelzt, ein Rinnsal im Vergleich zu ihren flutenden Strömen.

Unter dem Rollen der Eisenbahnräder träumt sie sich Berlin entgegen mit seinen mondänen Nachtklubs und Kabaretts, die sie besuchen werden, den literarischen Salons, die sich ihr als Ehefrau einer gesellschaftlich geachteten und wissenschaftlich bedeutenden Koryphäe öffnen werden. Sie träumt sich in das Kabarett Wintergarten, das sie bei ihrer ersten gemeinsamen Berlinreise im Frühjahr besucht haben. Das rauschende Treiben im Saal und auf der Bühne mit dem mondbesetzten Vorhang, hinter dem der aufgedunsene Clown hervorhüpft und zu den Trommelwirbeln einen Salto nach dem anderen springt. Spärlich bekleidete Frauen entsteigen einem Brunnenbade, tanzen in Schleiern und lüften sie kokett, rekeln sich auf einem roten, samtenen Diwan zu schwerrhythmigem Schellengeläute und Schalmeigedudel, schwingen die Leiber und huldigen dem Sultan, der mit purpurn umwickeltem Kopf auf dem goldenen Thron sitzt, entschwinden nach einem letzten Flattern in den Dunst der Hinterbühne. Das Licht geht aus. Aufseufzende Männer bleiben zurück, rosig glimmende Frauen. Else funkelt zu Lasker hinüber, der das Opernglas heruntergenommen hat, hinter seiner spiegelnden Brille regt sich nichts.

Lovely sweet Miss schrappt die Banjokapelle, Else beginnt, mit den Beinen zu wippen und den Fingern zu schnippen, auf hohem, kehligem Ton mitzusingen. Der Clown mit der Entennase schlägt mit einem Stab auf die Messingknöpfe eines Schirmständers, immer schneller, wie auch Else schneller und schneller wippt, höher schnippt, kreischender singt.

Der Marder blickt starr geradeaus und winkt dem Kellner. Zahlen! Beim Hinausgehen schaut er so böse, dass sie sich nicht bei ihm einhakt, wo sie doch eigentlich so gerne Arm in Arm geht im aufregenden Berliner Nachtleben. Mit steifem Rücken stolziert er zwei Schritte vor ihr her, sie tut, als gehöre sie nicht dazu, und lässt die Augen schweifen, der glühende Blick eines Grafen, ein Blitzen des Heldentenors, ein erschrockenes Starren aus hellblauen Madonnenaugen antworten ihr.

Später im Hotel macht sie ihm eine Szene, statt sich zu ihm zu legen und ihn zu verführen, wie sie es eigentlich vorgehabt hat.

Bess schlimmer als jeden Mucker, ich dachte, ich heirat en Mann von Welt, ich dachte, du kennst dich in den künstlerischen Gepflogenheiten aus. Wenn ich gerade Spaß kriege, bezahlst de, bess wie dä Alfred, bess en verdammten alten Mucker.

Bist aber manchmal auch ein bisschen exaltiert, Else, manchmal bist du besonders.

Bin eben en Luftikus, na und? Hast es doch gewusst! Rede nur wie Alfred, rede nur wie die ganze Elberfelder Mischpoke. Es geht nicht, dass ich's zurückhalte, das ist, wie wenn du nicht auf den Namen des eigenen Großvaters kommst. *Dieser Zustand ist unsäglich unerträglich, als ob man gähnen muß und kann nicht, als ob man in eine Posaune blasen muß und findet die Öffnung nicht.* Willst du, dass ich so leide, Bert?

Natürlich will ich nicht, dass du leidest, aber du könntest deinem Wesen vielleicht etwas unauffälliger folgen.

Bis zum Morgengrauen liegt sie schlaflos, mit fieberheißer Stirn.

Was ist, Else, träumst du wieder?

Sie schreckte hoch, die Räder rollten, der Marder linste über den Zeitungsrand. Seitdem sie verheiratet waren, gab Lasker sich etwas mehr Mühe, er lernte allmählich, dass sie war, wie sie war, dass sie singen musste aus ihrer Kehlkopfblüte, die sonst verwelkte. Er würde es schon merken, dass seine Liebe nicht verschwendet war, sie liebte ihn doch auch, wollte eine Familie, eine Insel mit ihm sein, aus einem Stück, wie früher mit Mama und Papa und den Geschwistern, wollte ihm eine gute Hausfrau sein und ihm alles kochen, was er mochte, Markklößchensuppe, Schweinsbraten mit Mirabellenkompott à la liebselige Mama und Nusstorte zum Nachmittag, dazu Filterkaffee aus der silbernen Maschine.

Spinnst wieder was zurecht, Else?

Weeßt doch, dat eck so bin, seh doch däm Robinson ähnlich on föhl meck manchmal wie 'n Pavian oder 'n Jaguar im Dschungel. Dafür kann ich doch nicht, ich kann doch nichts dafür, dass mein Urgroßvater ein hinterindischer Scheich war und meine Onkel und Tanten von Siam und Montenegrien stammen.

Bert?

Ja?

Lass mich bei dir sein, ich will nicht an deinem Rücken lehnen wie an einem blinden Fenster.

Die Zeitung wurde umgeschlagen, die Anzugbeine wechselten den Stand. Die Sterblichkeitsrate bei Diphtherie konnte auf vierundzwanzig Prozent gesenkt werden, tönte es dumpf, Behrings Serum schlägt tatsächlich an. Er soll einen Ruf nach Marburg bekommen.

Liebst du dein Frauchen, deine schwarze Bhowanéh?

Nur ein schnödes Ja drang hinter den Blättern hervor, die noch nicht einmal zitterten, dann abermals ein Standbeinwechsel. Sie ballte die Hände und sah zum Fenster hinaus, hinter dem das Gleisgewirr des Dortmunder Hauptbahnhofs auftauchte. Der Zug hielt unter lautem Pfeifen, Menschen eilten über den Perron, ein Zeitungsverkäufer schwenkte die Schlagzeilen: Eisenbahnerstreik in Chicago blutig niedergeschlagen.

Lasker legte die Zeitung zusammen und zog das Fenster herunter, er winkte einem Kaffeeverkäufer und orderte zwei Becher.

Hilfst du mir, Bert, dass ich Dichterin werden kann, wenn wir in Berlin sind?

Das brauch ich gar nicht, bist doch schon eine. Aber Malunterricht wirst du bekommen, habe schon an meinen Freund Goldberg gedacht, er kommt jetzt aus Paris zurück, du weißt, er ist ein Meister.

Er hielt ihr den Kaffee hin, während sie sich zurücklehnte und ihren Mann wie durch ein umgedrehtes Opernglas sah, winzig klein, mit blitzender Brille auf seiner Erkernase. Else konnte sich nicht vorstellen, dass sie manchmal im Morgengrauen beieinanderlagen und sich liebten wie zärtliche Schakale.

Berlin!

Die Palmenblätter schnellen wie Vipernzungen
In die Kelche der roten Gladiolen,
Und die Mondsichel lacht
Wie ein Faunsaug' verstohlen.

Die Welt hält das Leben umschlungen
Im Strahl des Saturn
Und durch das Träumen der Nacht
Sprüht es purpurn.

Jüx! Wollen uns im Schilfrohr
Mit Binsen aneinander binden
Und mit der Morgenröte Frühlicht
Den Süden unserer Liebe ergründen!

Else Lasker-Schüler, Syrinxliedchen

Spitznase, Spießbürger, Hagestolz! So 'n Konfirmand will mir Vorschriften machen! Mit mir nicht, Monsieur Golbert, nicht mit mir!

Vor Zorn lodernd warf Else die Zeichenkohle auf den Boden und rannte hinaus, die Tür knallte. Simson Goldberg blieb zurück und äugte seufzend durch seinen Zwicker zu dem sich streckenden, weißbärtigen Mann mit großen Ohren, der ihnen Modell gesessen hatte.

Muss ich mich schon wieder beschimpfen lassen, das geht doch nie länger als zwei Tage gut.

Der Alte grinste und zwinkerte listig.

Spätestens in fünf Minuten ist sie wieder da.

Goldberg konnte nie sicher sein, wie lange es dauerte. Einmal waren er und Else aus nichtigem Anlass drei Monate lang verkracht gewesen, um sich dann bei einem zufälligen Treffen am U-Bahn-Eingang Nollendorfplatz glückselig wieder zu versöhnen. Danach wurde sie etwas vorsichtiger, weil sie, wie sie ihm sogleich gestand, unendlich unter der Trennung gelitten hatte.

Der bekannte und geachtete Kunstmaler und Rabbi Simson Goldberg unterrichtete Frau Doktor Else Lasker seit zwei Jahren und kannte ihre Launen und seltsamen, geradezu somnambulen Zustände, die sich durch Zusammenziehen der schwarzen Brauen und zorniges Augenrollen, durch fortwährendes Stöhnen und Herausstoßen von zusammenhanglosen Worten ankündigten. Dann warf sie Zeichenstift oder Malpinsel fort, stürzte von der Staffelei an den Tisch und schrieb, als ginge es um ihr Leben. An solchen Tagen brach sie Streitigkeiten vom Zaun, schimpfte Goldberg aus heiterem Himmel einen Gouverneur, wenn er ihr Aufgaben stellte, oder einen talmudtrunkenen Erzjuden, wenn er seine Frühstücksmatze aus dem Papier wickelte. Heute war es über seiner Forderung, sie möge noch mehrmals übungshalber den aparten Ohrschwung des Modells kopieren, zum Eklat gekommen.

Ein Kratzen war an der Tür zu hören, bevor sie sich langsam wieder auftat und tränenumflorte Schelmenaugen durch den Spalt blitzten.

Nich böse sein, Simson, nich dem Doktor weitersagen, der guckt denn wieder so.

Sie machte Marderaugen und forschte in Goldbergs Gesicht, in dem schon wieder ein Lächeln erschien.

Ich hab doch früher den Veitstanz gehabt, Polka tanzen, hat mein Papa dazu gesagt.

Schwatzend tänzelte sie zur Staffelei und krähte, für heute habe sie genug gemalt, Simson solle nur schnell zu seiner wunderschönen Agnes heimkehren und ihr beistehen in den Umständen. Wie es ihr denn gehe, ob sie immer noch von der Übelkeit geplagt sei?

Goldberg lächelte versöhnt.

Es könnten zwei werden, hat der Arzt gesagt, sie ist ganz aus dem Häuschen.

Du lieber Himmel, zwei süße Köttelchen und vier Blauguckerchen, oh, Simson, die ganze Freude doppelt, wie ich Agnes beneide, meine liebsten, besten Grüße an sie.

Else frohlockte und strahlte, sie nahm innigen Anteil an Agnes Goldbergs Schwangerschaft und betonte immer wieder, wie dringend sie sich selbst auch ein Kind wünsche. Bei ihren extremen Stimmungsschwankungen konnte ihr Lehrer sich allerdings kaum vorstellen, dass ihre Verantwortung und Reife dafür ausreichten. Sie war ja selbst ein Kind, manchmal zog sie bei gemeinsamen Spaziergängen einfach die

Schuhe aus und sprang barfuß in die Pfützen oder sie fabulierte beim Zeichnen abstruse Geschichten von den Typen, die sie am vorherigen Abend bei Lokalbesuchen beobachtet hatte.

Wie dä Großmogul von Philippopel, däm hing die Zunge auf dä Unterlippe und denn hat ihn 'ne Wespe reingestochen, so, nee, guck mal, sooo.

Sie klappte die Unterlippe herunter und formte mit der Zunge einen Wulst, kullerte mit den Augen und hörte nicht auf, Faxen zu machen, bis sie sich prustend die Bäuche hielten.

Diese Momente wurden allerdings immer seltener. Else war oft bedrückt, ihr Verhältnis zu Lasker schien sich mehr und mehr zu trüben. Oft bekam Goldberg heftige Ausbrüche mit, in denen sie sich darüber beklagte, dass ihr Ehemann mehr Interesse an seinen Beinleidenden und seiner Bandagetechnik zeige als an seiner Frau, dass sie absterbe und verkümmere an seiner Seite wie eine Primel, dass er ihr jede Freude vergälle. Auch fand Goldberg auf dem Arbeitstisch Gedichtfragmente, die Bände sprachen.

Bist wie der graue, sonnenlose Tag,
Der sündig sich auf junge Rosen legt.
Mir war, wie ich an Deiner Seite lag,
Als ob mein Herze sich nicht mehr bewegt.

Vor einigen Wochen war Elses Schwester Martha Wormser, die plante, nach Chicago auszuwandern, mit ihrer Familie zu einem Abschiedsbesuch in Berlin gewesen, bei einem gemeinsamen Abendessen mit den Lindners war mancher gute Tropfen durch die Kehlen geflossen. Dabei war Goldberg Zeuge eines hitzigen Gesprächs zwischen den Schwestern geworden und hatte die betroffenen Gesichter Annas und Marthas gesehen, als Else sich hochfahrend in die Brust warf, man könne ein Kind auch alleine durchbringen.

Mit ihren vier Nichten – den sechs- und achtjährigen Töchtern Marthas, Alice und Margret, und Annas Mädchen Edda und Erika, die noch im Krabbelalter waren – war sie durch das Atelier getollt, hatte die Kleinen geherzt und mit Hüten und Haarbändern geschmückt, mit ihnen Verstecken zwischen den Blumentöpfen gespielt und Plumm Pascha auf dem Perserteppich. Tante Else hatte die Kinder als weißer Elefant unter lauten Trompetenstößen auf sich reiten lassen, dabei hatten sie all die Arrangements aus Bildern, Figürchen, Schachteln, Döschen und bunt flitterndem Krimskrams, mit denen das Atelier vollgestopft war, durcheinandergeworfen. Später waren sie, Else allen voran, unter Zischen und Schreien als wilde Urwaldschlangen über den Boden gerobbt.

Wie wollte sie ein Kind erziehen mit ihren kaum fasslichen Zuständen, sie, die am Morgen die hellgrüne Musik gemalt hatte, die ein einsamer Geselle mitten in der vorhergehenden Nacht auf der Friedrichstraße auf seiner blechernen Flöte geblasen hatte, sie, die sich beim Malen hin- und hergewiegt und die schrillen Töne herausgekreischt hatte, lauter und lauter, bis Goldberg sich unter Protest die Ohren zugehalten hatte.

Wenn es ganz schlimm wurde, half nur Hinausgehen. Goldberg führte seine Schülerin an der Spree entlang, durch Wiesen und Wälder am nahen Stadtrand, in die Völkerschauen, zu denen ganz Berlin strömte. Draußen ließ Else sich schnell ablenken und ergötzte sich an den Bildern der Großstadt, an der Luft, den Wolken, den Bäumen, Gräsern, Kamillen, Taubnesseln, Brombeeren, Vogelfedern, die sie am Weg fanden und mit denen sie sich die Taschen vollstopften. Später im Unterricht musste Else sie abzeichnen, und Goldberg dozierte über die außerordentliche Schönheit der Naturerscheinungen, zu denen auch der menschliche Körper gehöre, ein Tempel Gottes, egal, ob er in feenhafter Morgenfrische oder morsch und faltig daherkomme.

Am Tag zuvor hatte er einen hungrigen Stadtstreicher am Spreeufer aufgelesen, einen müden Weltenwanderer, den Else porträtierte, während er seinen Rausch ausschlief. Auf ihrer Zeichnung schlummerte er nun als Beduinenprinz im Schatten einer Palme, mit edlem Profil, müde hingegossen im weich fließenden Umhang, darüber, schraffiert, ein mildes, kreidiges Blau. Goldberg schob das Blatt vorsichtig in eine Mappe, er wollte es seinem Lehrer Max Liebermann zeigen, der lebhaft Anteil an der künstlerischen Entwicklung der außergewöhnlichen Frau Lasker nahm.

Simson?

Sie zirpte und seufzte, als er in der Tür stand, ihr Haar, das sie seit einiger Zeit wachsen ließ, sprang aus der Spange und fiel ihr in die Augen. Sie flötete mit spitzem Mund und griff sich ans Herz.

Manchmal poltert's so innendrin, da bricht mir alles entzwei. Nich böse sein, Simson, bitte, bitte, bitte, nich böse sein.

Nun waren beide Eltern im Himmel. Else konnte es nicht fassen, nicht denken. Bei ihrem letzten Telefongespräch vor wenigen Tagen hatte Aron kurzatmig und empört von einem neuerlichen, von vielen Elberfeldern begeistert aufgenommenen Auftritt des Adolf Stöcker auf dem Laurentiusplatz berichtet, seines Zeichens Hofprediger und bekennender Antisemit. Wie dä gehetzt hat, Elsken, kannste dir nich vorstellen, dä Schuft, die Kinder Israels bis aufs Blut bekämpfen, un alle hamse Hurra gebrüllt.

Die schweren Zeiten hatten Papas strömendes Herz gebrochen, sein krachendes, sprudelndes Vaterherz, dessen Freude die Türen aus den Angeln reißen konnte. Die meisten seiner Häuser hatte er verloren, nur das Elternhaus in der Sadowastraße und das Haus in der Herzogstraße waren geblieben. Moritz hatte er schon zu Lebzeiten die Bank vermacht, die Mädchen konnten sich, wenn überhaupt, nur eine kleine Summe erhoffen.

Wie betäubt saß Else mit Anna im Zug nach Elberfeld. Vom Bahnhof aus fuhren sie direkt zur Synagoge, dann zum Friedhof Weißenburgstraße. Das Kaddisch wehte in den blauen Märzhimmel, aus dem Schelmenaugen funkelten und schöne Spanieraugen, umrahmt von sanftem Pülle-Lächeln. Möge der große Name, dessen Begehren das Universum gebar, in der Schöpfung widerhallen. Moritz' und Alfreds steife Rücken, Annas warmer Arm, der Else hielt, ein Atem, ein blindes, weinendes Leid am Grab mit den halbrunden Steinen, endlose Traurigkeit, fallende Sandtropfen.

Aufbruch

Aber einmal an einem Herbstabend, Du leertest mit den Jünglingen schäumendes Gold aus Himmeln – ich lag abseits hinter den Gärten im freien Wiesenschoß. Und die Stürme riefen wie Wildvögel, und meine Seele riß alles Lahme von sich, und ich schnellte hin, über Dein Haupt, über die Meere Deiner Ehrfurcht, durch die Rosenreiche Deiner Milde, bis ich rastete auf Deines Herzens Gipfel. Du Gottrinker, so war ich einmal der Trank Deiner Trunkenheit.

Else Lasker-Schüler, Das Peter-Hille-Buch

Atemlos Nietzsche vor der Nase, immer und immer wieder, jedes Wort brannte sich ein. *Einen tanzenden Stern gebären.* Hinaus zu den Freunden, den Gleichgesinnten, den Gefährten ihres Herzens, hinaus in die Luft, in die Sonne, in die geheimnisvollen Gärten der Nacht. Entfliehen dem unablässigen Gesang, der ihre Lenden wiegte und ihre Stirn zittern machte, dem Marderblick, den dunklen Häuptern der Vorfahren, die ihr an dämmerigen Nachmittagen erschienen. Hinaus in die Gärten mit den großen Blumen, in den blauen Tempel, in dem das tausendjährige Herz zuckte, das rote, blutende Herz. *Machmêde macheii.* Schlingpflanzen überzogen die milchweißen Papierbögen, hinter denen Mondsicheln schimmerten.

Vor dem Spiegel probierte Else den aparten Hut auf, den sie für Anna gekauft hatte, nobel, schwarzes Stroh mit lila Blumen. Sie würde ihn am Abend selbst tragen und damit sogar im Café Nollendorf Aufsehen erregen, wo weiß Gott genug auffallende Pflanzen herumsaßen. Ein bisschen mehr in die Stirn, die Jungfer im Grünen. Reizend. Und zwei, drei Ketten übereinander, die klirrten, als sie sich vor dem Spiegel drehte, sparsam die Nase puderte, vorsichtig in die Wangen kniff. Dreißig im nächsten Jahr, man sah es nicht, die Figur noch mädchenhaft. Höchstens dreiundzwanzig. Und früh am Morgen ein Gefühl wie dreizehn, vor allem wenn sie sich abends mit dem Kreis von Künstlern und Literaten traf, in den die Gefährten aus Elberfeld, Julie und Peter Baum, sie eingeführt hatten. Diese Menschen waren eine Befreiung für Else, ihre großen, tiefen Seelen sahen das Zukünftige, wärmten ihr das Herz und machten es weit, bei ihnen fühlte sie sich zu Hause und angenommen, fast wie am Tisch der liebseligen Mama. Sie nannten sich Die Kommenden und wurden angeführt von den Brüdern Heinrich und Julius Hart, gottgeweihten, trotzigen Idealisten. Jeden Donnerstag war Treffpunkt im Café Nollendorf und immer häufiger auch samstags bei den Brüdern, die in einem scheußlichen Kasten in der Luisenstraße an der Stadtbahn hausten. Dort saß man gedrängt um den Tisch, lachte, wenn das Zimmer von der vorbeirumpelnden Bahn erschüttert wurde, rauchte, trank Rotwein, später Absinth, debattierte, focht mit funkelnden Worten, glühte von Herz zu Herz. Hier rezitierte Else, atmete ihre Gedichte in offene Herzen, fand entzückten, tiefen Widerhall.

Und hier traf sie den heiligen Peter Hille mit den samtenen Augen, den unbehausten, viel gereisten Weltenwanderer, den klugen Vaganten und Zigeuner, der sie erweckte und erhob, ihr Licht entzündete. Er glaubte an die Wiedergeburt der Seele und ruhte im Nirwana, er war ein Wunder, ein Erzengel in der letzten Inkarnation. Wie Else hatte er seine Wurzeln im Westfalenland, seitdem sie ihn kannte, duftete ihr Herz und sie ging an seiner Seite.

Der schwarze Schwan Israels, eine Sappho, der die Welt entzweigegangen ist. Ihr Dichtgeist ist schwarzer Diamant … Nichts war mehr wie vorher seit dem Bannstrahl seiner Worte. Hinaus, sich ans Leben verströmen, das pulsierte, das jetzt erst richtig begann. Niemals mit sich geizen, der singenden, springenden Liebe folgen, die ein Kind ist und spielen will. Also sprach Zarathustra.

Inzwischen war sie froh, wenn Lasker abends Vorträge halten musste und sie nicht begleitete, es war im Café viel unbeschwerter ohne ihn. Gerne beobachtete Else die Männer und genoss das Spiel, das sich daraus entwickelte. Manche waren erschrocken und wandten sich abrupt ab, aber die Jungen mochten es, die zarten, blonden, gerade erwachten, denen erst der Bart zu sprießen begann. Ertrinken konnte man in ihren Augen, Sternschnuppen sprangen heraus, Zähne schimmerten perlmuttern, aus ihrer Haut dünstete Balsam.

Die Haare öffnen oder ineinanderschlagen? Die weiße Spitzenbluse mit der Silberbrosche würde sie tragen, gerade erst erstanden, nicht eben billig. Kauf es, hatte Bert gesagt, kauf dir, was du willst, Else. Aber lass mich sonst in Ruhe mit deinen Ausbrüchen, deinen Launen, deinem Geschrei, deinem ewigen Ichwillichwillichichich. Kauf dir was Schönes und geh mir aus den Augen. Das hatte er nicht gesagt, aber gemeint.

Aus dem Schmerz hinaus in die Morgenröte, das Gebirge hinab, das Feuer in die Täler tragen.

Niemand sah, wie sie sich tief in der Nacht heimlich in ihr Atelier schlichen, nachdem sie die Letzten im Café Nollendorf gewesen waren und der todmüde Wirt sie hinausgeworfen hatte. Elses Hand bebte vor unterdrücktem Kichern und sie musste lange herumfingern, bevor sie das Schloss der schweren Haustür öffnen konnte. Von oben rumste es, als sie wieder so schrecklich lachen musste über die vielen Zettel, die er aus einem löcherigen Sack kramte. Tüten waren es und ausgefranste Belege, auf denen er seine Verse in flüchtigen Bleistifthieroglyphen notiert hatte, manche so verschmiert, dass er sie beim Vorlesen noch einmal neu erfinden musste. Prustend bildeten sie immer neue Reime, ersannen nie da gewesene Worte, Psalmen vom grünen Absinth. Else fiel in immer neue Lachkonvulsionen, bis von oben durch die dünne Holzdecke mehrmals Ruhe! gebrüllt wurde.

Spießer! Totgeborene!

Meine wilde, schwarze Taube, die ich mit mir nahm …

Bin doch nur ein himmelblaues Kindlein, Petrus.

Du mein herrlicher Schicksalsbackfisch mit den verdammnislodernden Sonnenaugen! Ich durchtränkte meinen Geist mit deinen stygischen Qualendämpfen, darin sich wahrlich verzogene Sonnen der ewigen Seligkeit brechen, um reifes Urteil auszuschwingen.

Nä, nä, ok wenn se mingen Flügeladjudant sind, verährten Sankt Petrus, dat es denn doch en bötschken to veel der Ähre, nä, nä, da wird man ja rot wie en Radieschen.

Sie kicherten, tuschelten und tändelten, tranken bis zum Morgengrauen, bis er seine Jacke auszog, unter der er nichts trug, als eng bekritzelte Papiermanschetten, die mit einer Schnur an seinem Hals befestigt waren. Sie fiepste vor Entzücken, dann sein drahtiges Barthaar an ihrer Brust, sein Geruch Herbstmoos.

Myrddhin und Vivyan, flüsterte er neben ihr auf dem roten Samtpolster ihres Diwans, bevor er sich wegdrehte, zusammengerollt entschlummerte und sie vorsichtig die Decke über seinen tausendjährigen Kinderkörper breitete. Sie fröstelte und presste ihr klopfendes Herz an seinen Rücken, sah in der aufsteigenden Wärme einen schwarzen Adler auf dem Bett des Doktor Lasker sitzen, wusste, dass es die Inkarnation ihres Urgroßvaters, des Oberrabbiners von Westfalen, war. Schuld bäumte sie, Worte entfuhren ihr im Halbschlaf, Onkel Sonnemann drohte zornlodernd. Kobolde beklopften mit Hämmerchen den Rücken des Mannes, an den sie sich schmiegte, und die Nacht verdunkelte ihre Wege.

Sie hatte eigentlich gehen wollen, weil sie alle betrunken waren und die Stimmung im verqualmten Café immer stumpfer wurde. Peter und Hugo Baum waren auch schon fort, Leistikow und von Liliencron würfelten mit den Harts, Johannes Schlaf fiel zwischen die Tische und lallte mit roten Augen. Peter Hille huldigte am Nebentisch ein ganzer Hofstaat von Rot- und Blondgelockten, eine jünger als die andere, er winkte nur generös herüber, tat, als sei nie etwas gewesen, nippte an seinem Glas, lächelte selbstgefällig in die Runde.

Nebbig, dann eben nach Hause.

Der Junge fiel ihr sofort auf, als er die Cafétür aufstieß, weil seine Schönheit so ungewöhnlich war, so unschuldig, so jung, ein Prinz mit Tautropfen auf der hohen Stirn und glänzendem Haar. Sein Blick blieb an ihrem hängen und leuchtete auf, sie lächelte verschämt und kräuselte den Mund, sah fort, dann wieder zu ihm, schlängelte sich durch die Menge auf die Toilette. Als sie zurückkam, versperrte er ihr mit ausgebreiteten Armen den Weg. Sie gingen zum Tresen und bestellten Wein, tranken sich schüchtern zu, Else lispelte, sie nenne sich Tino von Bagdad, und er sei doch Alcibiades de Rouan, der griechische Prinz, wenn sie sich nicht täusche?

Als der Morgen rötlichgrau heraufzog, standen sie in Elses Atelier und zitterten voreinander, durch ihre durchsichtigen schlanken Körper fuhr ein Singen, in ihre Schläfen sickerte ein Blutstropfen und dehnte sich wie ein fließender Reif um ihre Stirn. Else wiegte sich in einem imaginären Tanz … *chabaa* … *baa* …, bis Alcibiades sie auf den Diwan bettete.

Meine Lippen träumen von deinem flatternden Taubenmund,

flüsterte sie und überhörte den starken Berliner Akzent in seiner ungelenken Antwort. Er ging, als die Herbstsonne über die Dächer stieg, in unruhigem Schlummer griff sie immer wieder neben sich in die grauenvolle Leere, die er zurückgelassen hatte.

Sie wartete jeden Abend im Café auf Alcibiades oder Apollydes, wie sie ihn auch nannte, der zwei-, dreimal in der Woche dorthin kam. Sie gingen in Elses Atelier, rauchten Haschisch und liebten sich ekstatisch, aber immer ging er bei Tagesanbruch und überließ sie ihren einsamen, erschöpften Morgenträumen. Wenn sie aufstand, begann sie sofort zu schreiben, türmte fiebrig Gedichte und Märchenfragmente übereinander, die sie später Die Nächte der Tino von Bagdad nennen würde.

Manchmal, wenn Alcibiades nicht ins Café kam, nahm sie auch den blutjungen Johannes Holzmann mit, den Herausgeber der Zeitschrift Kampf und der Blätter für Freiheit und Menschenrechte. Holzmann hatte das Porträt Peter Hilles, in dem er die Dichterin als schwarzen Schwan bezeichnete, gedruckt, außerdem verehrte er Else und war begierig darauf, Gedichte von ihr zu veröffentlichen. Weil er so hübsch war, nannte sie ihn Senna Hoy. Er war ein Freund Erich Mühsams, ein glühender Revolutionär und Anarchist und hörte auch während der Liebe nicht auf, vom Klassenkampf zu sprechen, zornige Litaneien vom Elend des Proletariats aus seinen aufgeworfenen Lippen zu stürzen, von der Drangsal der Prostituierten, den Menschenrechten, dem Kampf gegen die Zensur und den Obrigkeitsstaat.

Alle Vögel üben sich
Auf deinen Lippen …
Deine Worte sind aus Lied geformt …

Sie flötete ihm die Zeilen ins Ohr, wenn sie in der schwarzen Nacht neben ihm lag.

Singen hängt überall an dir –
Wie du wohl träumen magst?

Elses Wut auf Lasker ließ nach, zudem war er wesentlich aufmerksamer, seitdem sie nur noch gelegentlich zu Hause schlief. Er erkundigte sich nach ihrer Arbeit, aber sie zeigte ihm nur die Märchen, die Gedichte sollte er erst sehen, wenn sie veröffentlicht waren. Sie schämte sich und fürchtete, Lasker zu kränken.

Du! Sende mir nicht länger den Duft,
Den brennenden Balsam
Deiner süßen Gärten zur Nacht!
Auf meinen Wangen blutet die Scham
Und um mich zittert die Sommerluft.

Doktor Jacobowski bat Else um eine Auswahl ihrer Verse für seine Kunst- und Literaturzeitschrift Die Gesellschaft, und sie trug ihm, gekleidet in ein blaues Festkleid, persönlich die schönsten in die Redaktion, sorgsam abgeschrieben und in einen Umschlag gebettet.

Je näher der Winter kam, desto schaler wurden die Treffen mit Alcibiades. Ihre Körper hatten sich ausgekostet, wenn sie ihm Gedichte vorsprach, wurden seine Augen stumpf und er stand abrupt auf. Nachdem er ein paar Mal ausgeblieben war, ging auch sie nicht mehr ins Café, sondern malte und schrieb abends in ihrem Atelier oder besuchte Anna, die neben den Cafégefährten die Einzige war, die von ihren Affären wusste. Manchmal, wenn sie sich sehr einsam fühlte, schlief sie bei Lasker, aber sie gerieten immer wieder in so heftige Kräche, dass sie erwog, ihn endgültig zu verlassen und sich in einem Pensionszimmer einzumieten. Kurz vor Weihnachten blieb ihre Blutung zum zweiten Mal aus und morgendliche Übelkeit setzte ein, Anna sagte, die Zeichen seien untrüglich. Der Doktor bestätigte es nach einer gründlichen Untersuchung.

Ein Kind, *ihr* Kind, endlich. Allein im Atelier strich sie sich über den Leib und schluchzte überwältigt. Erlösen würde es sie aus der Furie Blut, ein Sonnenkind würde es werden wie ihr Lieblingsbruder Pülle, seinen Namen würde ihr kleiner Junge tragen. Niemals mehr würde sie allein sein, zwei Seelen lagen geborgen unter ihren Fittichen.

Nie war so lenzensüß mein Blut,
Als dich mein Odem tränkte,
Die Quellen Edens müssen so geduftet haben
Bis Dich der Muttersturm
Aus süßem Dunkel
Von meinen Herzwegen pflückte …

Wer ist der Vater?

Bist mein Ehemann, Bert, der Ehemann ist der Vater.

Wer ist der Vater?

Wenn du mich so anbrüllst, sage ich gar nichts mehr.

Du musst es mir sagen, ich lass mir doch keinen Bastard unterschieben!

Mein Kind ist kein Bastard, es ist ein Königskind. Hast mich alleingelassen all die Jahre, Bert, hast kein Lächeln mehr für mich gehabt, hast meine Seele totgetreten. Weeßt doch, dat eck zu dä Affen in ’n Urwald gehör un keen richtiges Mensch bin.

Zum letzten Mal: Wer ist der Vater?

Affen wissen so was manchmal nicht, ich weiß es nicht, wirklich nicht, ich weiß nur, dass ich die Mutter bin. Ich wünsche mir, dass du ihm deinen Namen gibst, damit er geschützt ist vor dem Mob. Bleib bei mir und lass mich frei, Bert, tu mir diese letzte Liebe.

Mein Geld wirst du ja wohl auch haben wollen.

Deine Piepen kannste dich an die Backe schmieren, leck mich inne Täsch. Ich komm auch ohne zurecht, und wenn ich Ananas pflücken geh in Honolulu!

Neue Gemeinschaften

Ich weiß nicht daß meine Hände so verschiedene Dinge tragen, in der rechten halte ich Sonnenblumen in der linken eine Peitsche …

Else Lasker-Schüler an Julius Hart

Die Flügel des wachsenden Lebens trugen Else durch den Frühling, sie war bester Laune und traf sich oft mit den Freunden von den Kommenden. Sie sah gut aus, aß viel und wurde immer runder, es gebe einen Jungen, sagten die Leute. Und sie schrieb, klapperte Redaktionen von literarischen Zeitschriften ab, besuchte Theateraufführungen und Konzerte, unternahm mit Lasker Fahrten in den Grunewald.

Kurz vor der Entbindung Ende August kam es, als er sie wieder wegen der Vaterschaftsfrage drängte, erneut zu einem heftigen Eklat, in dessen Verlauf sie sich endgültig von ihm und allen anderen Spießern und Totgeborenen lossagte und flammte, sie brauche niemanden, sie werde ihr Kind allein gebären und aufziehen, der Himmel sei ihr Zeuge und werde ihr beistehen. Dann schritt sie in weitem Russenkittel mit stolzem Bauch davon, und Lasker sah sie erst wieder, als sie Anfang September mit dem Kinderwagen vor seiner Praxistür stand, um ihm glühend vor Stolz und Freude den Winzling Päuli in einem spitzenbesetzten Kittel vorzuführen, ein goldenes Püppchen, das ihr wie aus dem Gesicht geschnitten war und dessen Züge keinerlei Rückschlüsse auf den Vater zuließen.

Es sei eine Demonstrationsgeburt gewesen, flötete sie auf Laskers Nachfrage, zusammen mit zwanzig Portiersfrauen habe sie gelegen, ausnehmend freundliche Professoren und Studenten in der Königlichen Frauenklinik in der Artilleriestraße hätten ihr beigestanden.

Dann, seufzte er mit einem gerührten Blick auf den Kleinen, werde er ihn wohl auf dem Standesamt anmelden müssen, seinen Sohn.

Oh, mein lieber Bert, wie schön! Jean Paul Alfred Arthur Lasker, das soll sein Name sein.

Wie sie strahlte, seine fremde dunkle Taube, wie sie gurrte.

Der Mond fiel ins Wasser, am Gürtel der heulenden dürren Hippe hing ein trauriges Herz, rot wie die kullernden Tränen, die Hände verloren im Röhricht. Lyrische Missgeburt. Wem sollte so etwas gefallen? Keine amore, nichts. So ein strohköpfiges Gestell, so ein verhungertes Zicklein konnte man nicht lieben.

Hatte wogendes Nachthaar …

Hatte Hände muschelrotweiß …

Sie sprang vom Zeichentisch auf, weil Päulilein schon wieder jammervoll schrie, wie eine Sirene gellte er, mit roten Zahnbacken und den Fäusten im sabbernden Mäulchen. Und natürlich die Windel voll, das wunde, rohe Affenpopöchen. Die dumme Kuh von Kinderfrau hatte sich, obwohl sie gerade erst angefangen hatte, krankgemeldet und angedeutet, dass sie nicht bleiben werde. Else brauchte dringend Ersatz, sie musste eine Anzeige in das Tageblatt einrücken. Anna, die sonst bei Päuli einsprang, war auch krank, sie hatte Fieber und beständig Leibschmerzen und schaffte es kaum mit Edd und Erikklein. Je größer der Junge wurde, desto mehr Ansprüche stellte er und desto häufiger hinderte er seine Mutter an der Arbeit. Dabei war nichts wichtiger, als Geld zu verdienen. Sie brauchte neue Vorderzähne und traute sich kaum, Lasker um die zweihundert Mark zu bitten, er ließ sie spüren, dass es ihm nicht mehr passte. Wenn sie nur die Zeit hätte, alles herauszudichten, was ihr den Kopf fast sprengte, konnte sie bald selbst genug verdienen. Ihre Sachen waren gut, großartig, sagte Doktor Jacobowski, sie würden sich verkaufen. Allerdings war es ja nicht nur das Dichten, die Manuskripte mussten für den Druck vorbereitet, Korrekturen angebracht, Abschriften angefertigt, Briefe an Verlage und Zeitungsredaktionen geschrieben werden. Wenn der Himmel ihr nur eine gute Kinderfrau schickte, wenigstens bis nachmittags. Abends konnte sie Päuli im Kinderwagen mit zu den Redaktionen nehmen, dann kamen sie beide an die Luft.

Zusätzlich drückten Else die Sorgen um Anna, die gar nicht mehr richtig gesund wurde, und sie hätte gerne etwas zu den hohen Arztrechnungen beigesteuert, die Franz Lindner kaum noch bezahlen konnte. Aber sie wollte Lasker nicht auch noch darum bitten. Die Sorgen türmten sich himmelhoch, es gab wohl kaum einen Menschen, der trauriger und einsamer war als sie.

Päulis heißer kleiner Mund suchte ihre Brust, die Tränen liefen, als schmerzhaft die Milch einschoss. Sie versank mit nassen Wangen in seinem gierigen Saugen und Schmatzen, seinen ruhiger werdenden Atemzügen, seinem Geruch, seiner Milchhaut, wurde eins mit ihm.

Als würden sie die bösen Gespenster aus der Menge auserwählen. Zuerst der Eklat an dem Klubabend der Kommenden, der Angriff des unseligen Würstchens Heinrich Houben, dieses philiströsen Kleingeistes, der Jacobowskis Abwesenheit zu einer Attacke genutzt und es sichtlich auf eine Beleidigung angelegt hatte mit seinem ironischen Grinsen. *Frau Else Lasker-Schüler will auf Wunsch, wie man so sagt, vortragen.* Allein der Ton. Wenn ihr Bruder Moritz dort gewesen wäre, hätte er ihm die Faust gezeigt. Dabei hatten Doktor Rudolf Steiner und einige andere sie ausdrücklich aufgefordert zu lesen. Glücklicherweise hatten sich Steiner und Peter Baum bedingungslos auf ihre Seite geschlagen und stehenden Fußes mit ihr die Lokalität verlassen. Weitere waren gefolgt. Sie hatte auch nie Zweifel daran hegen müssen, dass Jacobowski voll zu ihr stand, dies hatte er durch die Austrittsaufforderung an Houben und, als dieser sich weigerte, die Neugründung der Kommenden bewiesen.

Dann Jacobowskis plötzlicher Tod, gerade dreißig, Gehirnhautentzündung aus heiterem Himmel. In der Nacht, nachdem Peter Baum ihr die Nachricht überbracht hatte, träumte sie, Jacobowski sei gar nicht richtig gestorben, so wie ihre Nichte Edda, die vor zwei Jahren bei der gleichen Krankheit scheintot gewesen war, plötzlich starr und ohne Puls, Anna war fast kollabiert. Der Arzt hatte schon den Totenschein ausstellen wollen, als eine Krankenschwester Eddchen durch Massagen und das Einflößen von Champagner wieder zum Leben erweckte.

Zu allem Überfluss dann auch noch die Sache mit Anna Costenoble. Wie hatte sie sich nur dazu hinreißen lassen können. Besser hätte sie Schneider und die anderen Intriganten aus dem Kreis der Kommenden geohrfeigt, die versuchten, sie als Verrückte abzustempeln. Sie hatten die Costenoble, eigentlich eine tief empfindende, künstlerisch bedeutsame Malerin, offensichtlich aufgehetzt. Aber Madame hatte es auch nicht anders gewollt. Man nannte die Dichterin Frau Doktor

Lasker-Schüler nicht ungestraft eine Betrügerin, die Ohrfeige war unvermeidlich und gerecht gewesen.

Immer wieder diese Herablassung, diese Ignoranz und Überheblichkeit. Dabei wollte sie doch zu ihnen gehören, war doch eigentlich ein Mensch voller Liebe und Vertrauen.

Gerhart Hauptmann lässt den Brief sinken und schüttelt den Kopf über das wirre Geschreibsel. Was interessiert ihn dieser kleine, bäurische Mensch mit den Schweinsäuglein unter dem wuchernden Kopfhaar, mit dem die Lasker bei ihm zum Tee gewesen ist? Warum nur soll er diesem Apostel unbedingt schreiben, dass er ihm gewogen sei? Gewiss, Peter Hille hat Wichtiges über Hauptmanns Werk geschrieben, aber das tun andere schließlich auch. Und er kann sich doch nicht um jeden Rezensenten persönlich kümmern. Keineswegs bezwecke sie eine Bettelei, schreibt die Lasker, ja, was denn sonst? Genügen nicht die hundert Mark, die er schon geschickt hat, soll er nachlegen? Warum schreibt sie, immerhin Gattin eines renommierten Arztes, dass sie einsam sei und ihrem Angebeteten Geld geben würde, wenn sie nur könnte? Sie ist distanzlos und trägt das Herz auf der Zunge, wenngleich ihre Gedichte beachtlich sind, Paläste der Einbildung, in denen sie herumschwirrt, eine schillernde Libelle. Wie sie den selbst ernannten Propheten anhimmelt in seinem kaftanartigen Paletot, den er direkt auf dem Leibe trägt, wie sie um ihn herumwieselt, ihm schöntut. König von Tabropane, Kaiser der sieben schwimmenden Silberinseln, Harun al Raschid, Aufseher der hängenden Gärten von Semiramis ... Ihre Geschwätzigkeit, ihre Namen für den zugewachsenen Zausel, die wechseln wie die Launen, die von ihrem zugegebenermaßen edlen, fein geschnittenen Gesicht direkt abzulesen sind, Grimassen zwischen schmeichlerischer Milde und trotzigem Zorn.

Der Meister sinnt eine Weile, dann erhellt sich seine Miene und er macht schnell eine Notiz. Vielleicht kann er die beiden in einem seiner nächsten Romane verwenden. Peter Hullenkamp, das wäre ein Name für ihn, und sie, die stets ihre Herkunft aus dem Rheinland betont, würde er Annette von Rhyn nennen.

Sie scharten sich um ihn wie die Hühner um den Hahn, Helene Sarner wich ihm überhaupt nicht mehr von der Seite, seitdem sie in seinem Stück Töchter Jerusalems mitspielen sollte. Am Ufer des Müggelsees feierten sie die Sonnenwende, Freunde aus dem Kreis der Friedrichshagener, der Kommenden, der Neuen Gemeinschaft und des kürzlich gegründeten Giordano-Bruno-Bundes. Demnächst wollten sie alle gemeinsam in ein großes Haus am Schlachtensee ziehen, ein ehemaliges Sanatorium mit dreißig Zimmern, das die Harts gekauft hatten. Eine Zeit lang hatte Else überlegt, ob sie sich mit Päuli dem Projekt anschließen sollte, den Gedanken aber verworfen, weil ihr dort zu viele Wanderfledermäuse herumliefen – Naturapostel in griechischen Gewändern und Sandalen, denen schlechte Poesie von den Lippen quoll. Außerdem waren die Mieten beachtlich und sie hätte mindestens zwei Zimmer gebraucht. Hinzu kam, dass die Gleichfließenden ihrem Namen nicht immer gerecht wurden. In jeder Ecke lauerten Intrigen und Eifersüchteleien à la Constenoble und Konsorten. Vor allem die Damen mit eigenen literarischen Ambitionen taten sich trotz freiheitlicher Lippenbekenntnisse schwer mit Elses Dichtertum und ihrem auffallenden Gebaren. Besonders gehässig wurden sie, wenn Männer ins Spiel kamen. Von Anfang an war Elses Beziehung zu Peter Hille, dem unumstrittenen Häuptling der Gruppe, besonders innig und vertraut gewesen. Keiner der Möchtegernliteratinnen hatte er sich so vorbehaltlos offenbart, keiner vor aller Augen seinen Waldschratkopf in den Schoß gebettet. Die Zahl der Neiderinnen war immer groß gewesen, und nun hatten sie endlich ihr Ziel erreicht. Der von seinem Harem umschwirrte Petrus entrückte immer mehr, sein Blick schweifte ab, wenn Else ihn suchte, das Abendrot, das der unbewegte See widerspiegelte, verlor sich in seinen stumpfen Pupillen. Verlassen würde sie den Erdältesten, die Berge hinunterstürzen mit zerzausten Haaren, das Herz voran.

Gewitterwolken zogen auf, eine göttliche Sonnenwend-Kulisse mit fernem Theaterdonner, vor der die Brüder Hart feierlich rezitierten. Von der Schönheit der Natur, der Wahrheit des Lebens, dem Wesen des Menschen. Singende Goldströme. *Ewig Dieselben, ewig anders, nie geboren und unsterblich, – in ewigen Verwandlungen, stets neu gestaltet, schreiten wir durch alle Räume und Zeiten, durch ewig neue und andere Welten dahin, – zugleich unser Schöpfer und unser Geschöpf.*

Tino suchte Zuflucht bei den anderen Jerusalemitern, bei Antinous, Grimmer von Geyerbogen und der schönen Najade, vielleicht konnte sie sich auch Goldwarth nähern, dem unbändigen Musikanten, von dem Petrus ihr zugeraunt hatte, er trage eine Rüstung und könne ihren Stürmen trotzen. Er war jung, dieser Goldwarth, und energisch, gerade zweiundzwanzig, hübsch, von trotzigem Mut, Lisztpreisträger, Konservatoriumsdirektor, seine sehnsüchtige Geige jubelte zum Himmel.

Die Prinzessin von Bagdad streift ihre roten Schühchen über die Füße und rafft ihr purpurnes Kleid, um sich zu Peter, Hugo und Julie Baum zu setzen, die gerade angekommen sind. Sie wendet Hille demonstrativ den Rücken zu, während Julie-Najade lebhaft von ihrer letzten Ausstellung erzählt, bei der sie drei Landschaften und zwei Porträts verkauft hat. Hugo-Grimmer prostet über Elses Schulter hinweg seinem Freund Petrus zu, Peter-Antinous reicht ihr mit strahlenden Maienaugen den Kelch mit rotem Wein, den sie hinunterstürzt, dann gleich noch einen zweiten. Es durchströmt sie, und sie lädt Antinous lispelnd ein zu einem Spaziergang zwischen den Bäumen, deren Spitzen rosa leuchten. Sie schmiegt sich an seinen warmen Leib, Süße steigt auf, sein vertrauter Geruch nach Elberfeld, nach Papa und der seligen Mama.

Könnste mich nich jut sein, Pitter, ollet Mensch? Könnste ding olle Amanda Wallbrecker nich wacker en bötschken beistehen in dän Liebesschmerzen?

Er löst vorsichtig seinen Arm und küsst sie zart auf die Wangen, die Augenlider, die Mundwinkel. Die Knie werden ihr weich und sie will in seine Arme sinken, aber er führt sie zum Seeufer zurück, wo die Männer ein Feuer angezündet haben und der Nachthimmel gewitterschwanger dräut.

Besser nicht, Elschen, flüstert er mit überquellenden Saphiraugen an ihrem Ohr, wär zu schade um uns, solltest doch eigentlich die Geliebte eines Kalifen sein mit deiner braunen Knabenstirn.

Sie dreht sich böse zur Seite, glaubt, heiß zu erfrieren im düsteren Nadelwald, und trinkt mehr Wein, als ihr guttut. Das Feuer knackt, die Flammen lecken über Goldwarths junges, schönes Gesicht, schalkhafte Augen streifen sie mehrmals in der Dämmerung.

Herwarth

Ach, ich habe diese Nacht so sonderbar geträumt! Ich lag auf einer Bahre mitten auf einem Platz. Ich lag gehüllt in einem weiten, stillen Tuch, wie in einem Meer – und war tot. Manchmal tratst du zu mir, Herwarth, und hobst das Meer von meinem Angesicht und wiesest auf meine Stirn. Und es verhöhnten sie so viele Menschen, wie ich Tage gelebt hatte.

Else Lasker-Schüler, Mein Herz

Waldl nennt mich dieser größenwahnsinnige Fatzke. Noch nie sei ihm an einem erotischen Abend so kalt gewesen! Pha, der hat's nötig!

Herwarth Walden riss den Zeitungsausschnitt mit der Kritik Alfred Kerrs über den zweiten Abend des Teloplasma-Cabarets für Höhenkunst in kleine Fetzen, stopfte sie in den Mund und verschluckte sie mit tanzendem Adamsapfel.

Das siebenköpfige Direktorium des Cabarets, bestehend aus Peter Baum, Peter Hille, Else Lasker-Schüler, Kurt Neander, Otto Petri, Samuel Lublinski und Georg Levin, der sich, seitdem seine Affäre mit Else begonnen hatte, ihrem Wunsch gemäß Herwarth Walden nannte, beschloss, das Theaterprojekt zu beenden. Offensichtlich war das Berliner Publikum noch nicht reif für experimentelle Gesamtkunstwerke. Außerdem herrschte tiefste Ebbe in der Kasse, sodass weitere Vorstellungen nicht finanziert werden konnten. Doktor Lasker und Peter Baum, die einiges in das Unternehmen gesteckt hatten und Rückzahlung erwarteten, würden sich noch etwas gedulden müssen.

Das Cabaret für Höhenkunst war von Anfang an ein Debakel gewesen, nicht nur in finanzieller Hinsicht. Schon der erste Tragische Abend hatte mit einem Missklang geendet, weil der Schauspieler Richard Valentin, der als Vortragender engagiert worden war, Gedichte von Lasker-Schüler, Hille und Dehmel sowie Novalis' Atlantis-Märchen durch einen übermäßig pathetischen Vortrag und Grimassenschneiden zu einer Persiflage verhunzt hatte. Vor dem zweiten Abend, der dem Thema Liebe gewidmet war, waren Walden und Lublinski zur Polizei zitiert worden, weil der Vortrag von Elses Gedichten Orgie,

Nervus erotis und Elegie verboten werden sollte. Aus sittenpolizeilichen Gründen, wieherte Walden, hat man so was schon gehört? Und aus der Ballade müssen wir das Wort Blutschande rausstreichen, ich lach mich kaputt!

Else war im Grunde genommen froh, dass es zu Ende war. Sie hatte genug mit Lesungen zu tun, denn die Einladungen häuften sich, und mit ihrer neuen Liebe, dazu Päuli, der beschäftigt und untergebracht werden musste. Außerdem bereitete sie ihren ersten Gedichtband Styx mit zweiundsechzig Gedichten vor, den Axel Juncker herausbringen wollte. *Meinen teuren Eltern zur Weihe*, schrieb sie nach den Korrekturen auf das erste Manuskriptblatt und gab als Geburtsjahr kurz entschlossen achtzehnhundertsechsundsiebzig an. Was sagten schon Zahlen, sie hatte einen jungen Freund, sie sah jung aus, sie hatte das ewig junge Herz einer Dichterin.

Herwarth sprühte vor Ideen, wem sie das Buch zur Rezension und zu Lesungen anbieten konnten. Er war sicher, dass es ein Erfolg werden würde, und schwärmte, Elses Gedichte seien das Erotischste, was jemals geschrieben worden sei, und erotische Literatur verkaufe sich grandios, die Dolorosa und Marie Madeleine gingen trotz wesentlich dürftigerer Qualität bereits in die zweite Auflage.

Den Winter über litt Else unter einer schmerzhaften, fiebrigen Unterleibsentzündung, Lasker verordnete Opium und schickte sie ins Sanatorium Birkenweiher. Anna, die Päulchen versorgte, kam häufig mit den Kindern, Herwarth hatte begonnen, Elses Gedichte zu vertonen, und sang sie ihr bei seinen täglichen Besuchen vor. Andante animato, eins, zwei, drei, vier, tupfte er die Vortakte in die Luft: *Dann kam die Nacht mit deinem Traum …*, dolce piano. Ein wenig dünn kam sein lyrischer Tenor heraus, aber Else war außer sich vor Entzücken. An einem strahlenden Wintertag legte er ihr dann mit einer Verbeugung Styx auf die Bettdecke, ihr erstes richtiges, fertiges, gebundenes Buch. Fidus hatte das Titelblatt gezeichnet, ein springender Knabe vor dem Glanz der aufgehenden Sonne.

Bei dreihundert Exemplaren gibt es hundert Mark, wirst sehen, Else, das läuft wie geschmiert. Der Styx kommt in Fahrt, da sind wir in Nullkommanix alle Schulden los.

Hektik, vierzig Karten an Freunde und Rezensenten, täglich Briefe an den Verleger Axel Juncker: Bitte Freiexemplare an alle literarischen Könige Europas senden! Die Dichterin hat sich fotografieren lassen und das Foto an alle Buchhandlungen geschickt. Nun hängt sie in den Schaufenstern, sie geht gerne mit Herwarth daran vorbei.

Guck ens, so 'ne seriöse Visage, wie wenn eck en Haufen Kastemännecken em Bütel hätt.

Und alles auf eigene Kosten, Juncker unternimmt gar nichts. Stattdessen Rosen zu Weihnachten, immerhin. Tausendfältiger Dank, Sire! Dann der Briefkasten voller Rezensionen, jedes Mal schlägt das Herz über dem Kopf zusammen. Bisweilen regelrechte Hinrichtungen, aber manches auch so wunderschön. Der gute Samuel Lublinski, das alte Knollengewächs, bezeichnet sie in der Zeitschrift Ost und West als Enkelin jener uralten Sänger, die einst die Psalmen und das Buch Hiob gedichtet hätten. Und Alfred Regener vom Literarischen Echo, eine der ersten Zeitschriften, schreibt gar, sie habe ihren Zenit schon erreicht und könne sich gar nicht mehr steigern.

Allerdings reißen auch die Spießer und Dilettanten die Mäuler auf. Einem großen Wollen stehe ein kleines Können gegenüber, schreibt einer, ein anderer findet ihren Stil exaltiert und ihr erotisches Empfinden zigeunerhaft.

Die müssen es ja wissen, leck mich inne Täsch! Geharnischte Briefe wird sie diesen Kleingeistern schreiben, die keine Ahnung von nichts haben und ihre Finger von der Kunst lassen sollen, nebbig. Sich den größeren Geistern zuwenden, sagt Herwarth, das Einzige, was hilft. Vielleicht Hauptmann loben für den Fuhrmann Henschel, seine Seele hochmütig, frei wie die großen Erzengel. Vielleicht wird es ihn ja freuen, Herwarths wunderbare Kompositionen zum Armen Heinrich zu hören. Und Richard Dehmel schreiben, dessen Gedichte Herwarth ebenfalls vertont, eine Musik von erstem Rhythmus, wie auch Demels Dichtungen sind. *Nun bin ich aber wieder frei, habe mein Leben der Kunst ganz gegeben und da bitte ich Sie, mich nicht ganz zu übersehen. … Halten Sie mich bitte nicht für eine Schwärmerin mit romantisch verglotzten Augen und mit einer schwimmenden Seele. … Wanderte durch die Welt, wie ich Ihnen schrieb Jahre, Jahre durch die Wüste – und nahm auch diese Farbe an, diese müde, heiße Farbe …*

In Verehrung, dunkler Kiefernfürst, Ihr wildester Jünger.

Jetzt, wo er im Grab lag, schrieben sie alle über Peter Hille, das zappelnde Meerwunder an Erfolglosigkeit, wie er sich selbst bezeichnet hatte. Nun war er dahin zurückgegangen, wo er hergekommen war, zum heiteren Tod, zu der silberdunklen Linie zwischen Himmel und Erde, die er ihr oft gezeigt hatte, wenn sie gemeinsam in ihre Fernen geblickt hatten. Dorthin, hatte er gesagt, werde ich zurückkehren und es wird nichts als Freude sein. Was für ein tröstlicher Gedanke, dass er eines Tages wiederkommen würde, wie er es manchmal prophezeit hatte, um goldene Smaragde und die Feuer aus seinen Sphären auf die Erde zu bringen.

Im Bahnhof Zehlendorf war er nachts auf dem Rückweg von einer Zecherei im Weinhaus Dalbelli nach Schlachtensee von einer Bank gefallen, im Schlaf, hieß es. Man fand ihn mit einer Kopfverletzung und brachte ihn ins Krankenhaus Lichterfelde, er bekam eine Wundrose und öffnete seine Augen, die samtenen Hügel, nicht mehr. Nur manchmal sahen Else und die anderen Gefährten, die seine letzten Tage begleiteten, sie blau aufschimmern unter den müden Lidern.

Ein Denkmal würde sie dem Titanen setzen, ein Buch über seine Herrlichkeit schreiben, das schon lange in ihr schlummerte.

Lass uns in den Wald gehen, Herwarth, schau nur, der grimmige Sturm, wie er die Kronen der Erzväter durchschüttelt, komm, Kastanien sammeln mit Paulemännecken.

Alles Thüringen da draußen, Else, du weißt, ich hasse Landschaft. Außerdem noch drei Schüler heute, ein Dutzend Manuskripte und mindestens hundertfünfzig Briefe.

Bist für die Natur verloren, Herwarth, lieber Mokka trinken und alles einpaffen, bis dir schwummrig wird.

Zigaretten müssen wir sowieso bald streichen, es ist keine müde Mark mehr in der Kasse.

Schau, wie Pülleken dich getroffen hat, wie du da im Sessel liegst und qualmst wie ein Schornstein. Der Triumphator, hat er gesagt. Der Junge ist ein Genie, der Stift schwimmt nur so über das Papier. Er wird mal ein ganz Großer.

Dann kann er wenigstens sein Geld selbst verdienen.

Was soll das heißen, was willst du damit sagen, Herwarth?

Dass wir nicht wissen, woher wir die nächste Miete nehmen sollen, das will ich damit sagen. Aber Prinz Pascha im neuen Matrosenanzug, in jeder Tasche Zuckerzeug, und dann noch eine Dampfmaschine. War das nötig?

Ich bin es nicht gewöhnt en miniature, Herwarth, hab von meinen liebwerten Eltern auch alles bekommen, alles, alles, so schöne Jettsteine und ein Karussell und immer grüne und gelbe und lila Bonbons, und mein heiliger, jüngster Bruder hat auch eine Dampfmaschine gehabt und eine Eisenbahn und ein ganzes Chemielabor und überhaupt ist der Pülle Mohamed Pascha mit dem Elefantenorden und der Krokodilzahnkette. Du gönnst es ihm nicht, das ist es.

Wir sind pleite, geht das nicht in deinen Kopf?

Aber wir gründen doch den Verein für Kunst und verkaufen das nächste Buch, Herwarth, der Deckel golfblau, darauf in Silberschrift: Der siebente Tag. Das läuft, das wird ganz groß, noch nie sind solche Verse da gewesen, solche Sprache, gewaltige Sachen, die Aufsehen machen werden. Ich schreibe gleich an Juncker, soll ich zweihundert Mark fordern?

Wenig genug, aber lieber eine dünne Taube in der Hand als eine gefüllte im Traum. Und wann der Verein für Kunst was abwerfen wird, weiß allein der Himmel. Was will dieses undankbare Volk denn noch, Mahler, Schönberg, Strauss, Dehmel, Rilke, Corinth, Döblin, Lasker-Schüler, alles, das Beste vom Besten auf dem Silbertablett serviert, aber keiner will einen Heller dafür rausrücken.

Ich ziehe für dich in den Bauernkrieg, Herwarth, ich schieße mit vergifteten Pfeilen! Wirst sehen, der Liederabend wird einschlagen, genau wie die arabische Sache. Ich schreib doch immer auf meinem weißen Esel liegend in der Wüste. Alles erstklassig, vom Feinsten, so was hat die Welt noch nicht gesehen. London, Paris, Brüssel, wir verkaufen das überallhin, die Leute schreien nach solchen Sachen.

Kunst fordert Liebe, nicht die Geilheit der Massen.

Mach nicht so ’n strenges Gesicht, Herwarth, das macht mir Angst. Ich lauf doch über vor Liebe, die Leute werden Freude haben an meinem Spiel.

Aber Kunst sollte sich niemals prostituieren.

Wie du nur wieder bist. Weißt du noch, im Café am Kurfürstendamm, wie ich Wein getrunken hab aus deinem Glas und du mir seidene Strümpfe kaufen wolltest für meine schlanken Fesseln und eine weiße Feder für meinen Strohhut?

Ich muss arbeiten.

Ich hab vom Himmel geträumt, Herwarth, er blühte ganz zart in mir, ein blaues Verwundern. Hörst du, Herwarth, hörst du meinen Traum?

Und ich hab geträumt, dass wir hungrige, bettelnde Jidden waren.

Sprich nicht so über dein Volk, Herwarth, mein Herz rast, wenn du so sprichst. Sag mir was Schönes. Ich bin doch eine, die am Abendrot sterben kann, die das Licht der Seele blau erhalten soll.

Blau, blau, blau, lass mich in Ruhe, sauge Honig, von wem du willst, ich muss jetzt arbeiten.

Ich werde innen wie ein Keller, wenn du so redest, Herwarth, eiskalt werde ich und ohne Duft, tu mir das nicht immer an!

Es wurde höchste Zeit, dass Paul in das Landerziehungsheim Schloss Drebkau kam, ein zwischen Wäldern und Wiesen gelegenes Ritterschloss, das von der gütigen, fortschrittlichen Pädagogin Frida Winckelmann geleitet wurde. Die Kinder bekamen gesunde Kost, lernten mit Freude und konnten sich frei entfalten.

Paul ging ungern zur Schule und machte morgens oft so lange Theater, bis Else ihn zu Hause ließ. Wer hätte besser als seine Mutter verstehen können, dass es ihm zu langweilig war, im dumpfen Klassenzimmer Zahlen, Buchstaben und trockene Weisheiten in sich hineinstopfen zu lassen, bis sein kleines Herz schließlich ganz verdorrt war.

Die wenigen Stunden, die er mit dem Kindermädchen unterwegs oder bei Anna war, reichten Else nicht aus, um das Nötigste fertigzubringen, und wenn er zu Hause war, war er die reine Nervensäge. Früher hatte sie ihn ins Kino mitnehmen können, wo sie, eine Bonbontüte zwischen den Knien, stundenlang in die Schlachten und Liebesschmachtfetzen eingetaucht waren, zu denen der Klavierspieler donnernde Märsche und perlende Arpeggien aus seinem schwarzen

Schrank lockte. Am schönsten waren die orientalischen Bilderbögen, bei denen sie sich aneinanderklammerten, wenn Sultan Ali Brom den abgeschlagenen Kopf des Feindes auf einem Tablett präsentierte, und gemeinsam tief seufzten, wenn die schöne Leila hinter dem Schleier hervortanzte. Jetzt wollte Pülle nicht mehr mit, quengelte, dass er lieber in den Park und Fahrrad fahren wolle, und wenn sie dort waren, fiel ihm etwas anderes ein. Else schrieb am Peter-Hille-Buch und wollte ihrem Sohn manchmal die Passagen von dem kleinen Pull vorlesen, der mit seinem Pfropfengewehr auf die weißen und roten Papierdrachen schoss, aber er wollte es nicht hören, lachte laut dazwischen oder lief hinaus. Völlig ungebärdig wurde er, wenn sie ihn mit ins Café des Westens nahm. Er rannte zwischen den Tischen herum und stahl sich einfach etwas von fremden Tellern, es half kein Mahnen und Schelten. Die meisten Gäste nahmen es mit Humor, aber Tilla Durieux, die alles überragende Schauspielerin, Ballonfliegerin und frisch angetraute Gattin des Verlegerfürsten Paul Cassirer, spießte, hoch aufgerichtet im weißen Eboli-Kragen, zuerst Paul, dann seine Mutter mit Argusaugen auf. Manchmal geriet Else in solche Streitigkeiten mit ihrem Sohn, dass sie sich schlugen und danach weinten, es konnte so nicht weitergehen.

Annas Zustand verschlechterte sich, sie hofften auf Herwarths Vater Doktor Levin, der neue Behandlungsmethoden ausprobieren wollte. Auch Else ging es oft nicht gut, sie war schwach und voller Angst, ihr Herz raste oder humpelte wie das einer Greisin. Es wurde besser, wenn sie Briefe schrieb und die arabische Sache ausmalte, die ihr ununterbrochen im Kopf herumging und von der sie wusste, dass sie ihr den finanziellen Durchbruch bringen würde. Drei oder vier Erzählungen, schön düster auf Arabisch oder Syrisch vorgetragen. ... *wir reiten auf grauen Tierriesen nach den Vorhöfen, dort werden die Verräter des Landes enthauptet* ... Eine Sensation würde es, die Leute würden in Scharen strömen.

Das Nietzsche-Desaster setzte Herwarth so zu, dass sein schönes Goldwarth-Gesicht ganz spitz und verbittert wurde, er alterte in dieser Zeit um Jahre. Der Verein für Kunst wollte im Nietzsche-Archiv in Weimar, wo Elisabeth Nietzsche-Förster in der Villa Silberblick unter der Tempelkuppel Henry van de Veldes den Nachlass ihres Bruders verwaltete, zu des Meisters fünftem Todestag eine Gedenkfeier ausrichten. Außerdem plante Herwarth eine Zeitschrift mit dem Namen Stimme der Runde, die den Ruhm Nietzsches in der Welt verbreiten sollte. Für beide Projekte wurden umfangreiche Vorarbeiten geleistet, und das Ehepaar Walden reiste Ende Oktober neunzehnhundertfünf erwartungsvoll nach Weimar. Hier fanden sie bestätigt, was schon Nietzsches ehemaliger Assistent Rudolf Steiner über das Gebaren der Nachlassverwalterin des größten aller Poeten und Propheten gesagt hatte: Intrigantentum und vollständige Inkompetenz hinsichtlich der Lehren ihres Bruders. Der feierliche Rezitationsabend missfiel Elisabeth, die Zeitschrift auch, außerdem erschienen einige wichtige und zahlungskräftige Gäste nicht, mit denen sie fest gerechnet hatten.

Zu Hause fügte Else dem Peter-Hille-Buch, an dem sie besessen arbeitete, voller Zorn einen weiteren Abschnitt hinzu: *Aber als ich durch das goldne Tor in die Stätte kam, schwollen mir süßliche Eitelkeiten entgegen, statt herber, eingesteinter Lüfte tausendjähriger Königsgräber – über ihre Säume schleichen Katzen wie lichtverlorene Schlummer. Und mich überkam Ekel und Zorn, da ich des Propheten Katzin sah; sie kauerte auf seinem toten Herzen, behaglich, wie auf einem Seidenkissen ...*

Sie trinkt und irrt oft erst im Morgengrauen dicht an den Häuserwänden entlang nach Hause. Herwarth dreht sich noch nicht einmal im Bett herum, wenn sie neben ihn kriecht. Er riecht säuerlich, sein Humor ist dahin, Oskar Kokoschka hat ihn gemalt wie einen verbitterten alten Professor. Und er steigt jeder blonden Locke nach, die durch das Café trudelt, hat gar Emmy Hennings, dieser billigen Kokotte mit mäßigem Talent, die mit Heym und van Hoddis herumzieht und jeden umgurrt, den sie noch nicht gehabt hat, ein Lied gewidmet. Manchmal fliegen nachts im Café, wenn Else mit der Schauspielerin Kete Parsenow unterwegs ist, vor Wut die Fetzen.

Gestern wie ich durch die Straßen ging, sah ich zwei kleine Knaben der eine war ein Zwerg und hatte einen Buckel und der andere war viel jünger und größer und der küßte seinen Bruder auf den Mund und dann seinen Buckel – und dann fraßen sie von der Straße ein altes Stückchen Fleisch und ein altes Stück Brot wie kleine verkommene Hunde. Beim

Anblick dieser schmerzlichsten Zärtlichkeit, großer König von Egypten ist mein letzter Tropfen erstorben, schreibt sie an Karl Wolfskehl, den wunderbarsten von allen Dichtern und Ramsenith von Ägypten.

In einer schlaflosen Nacht voller Not und Verbitterung kommt ihr die rettende Erleuchtung: Sie erhebt sich zu Jussuf, dem Prinzen von Theben, der das Banner in seine bunte Thebenstadt pflanzt, den Nacken stählt, seinem Volk voranzieht in die Schlacht.

Und sie denkt sich das Spiel aus, stürzt Briefe heraus an den lieben, gelehrten, blauäugigen Mr. Professore Jethro Bithell aus London, der so ehrerbietig um Beiträge für seine Sammlung Contemporary German Poetry gebeten hat und die Gedichte Tino von Bagdads so überaus lobt. Dem sie alle ihre Bücher schickt und rät, nie zu heiraten, damit er nicht Sklave einer Bürgerin werde, dem sie von dem schimmernden Fluss in Bagdad schreiben kann und den dreitägigen Festen in der Heiligen Stadt, den Dörfern um Theben, von der arabischen Sache, von dem goldenen Palmenbaumschatten, der abends an ihre Haustür klopfe. Ihm kann sie wieder und wieder alles gestehen, ihr Innerstes hervorbluten aus ihrem verwundeten, zerrissenen, verhungerten Herzen, das sich anfühlt, als wüchsen Dornensträucher darin, als quölle ein roter Brunnen heraus, die Seele zerpflückt von einer grausamen Taube: *I have been ill but that is a malady from a bird – eine malady eine Flatterkrankheit without a Ziel.* Rasende Angst mache sie zum Amokläufer, der durch die Straßen eile, Kostbarkeiten aus den Bürgerhäusern raube und dem lieben english boy bringe. Sie sei Jussuf aus Ägypten, der den lammblutenden Rock trage und nachts den königlichen Turban, der sich in eine Grube werfen und verdorren oder in Gedanken als Vogel in die Welt fliegen wolle, seine Schläfen seien Höhlen, darin man Roulette spiele.

Ihre Ankunft in London kündigt die Prinzessin an, ein goldenes Kleid werde sie tragen, Geschmeide und ein Band aus dunklen Amethysten für das königliche Fußgelenk, Federgurt, Federarmringe, Fußfederring und fünf wilde Ketten, tätowierte Sterne auf der Stirn und hennagefärbte Nägel. Sie sei wie ein Junge, in Berlin halte man sie oft für eine Russin, schamloser als die Berliner Puppen, schamlos wie die Freudenmädchen im Café mit ihren weiß gepuderten Gesichtern und ihren Himbeerlippen, von denen ein Rausch ausgehe. Und dass sie plötzlich unbemerkt in Mister Bithells Zimmer in London kommen und vielleicht vierzehn Tage bleiben werde, die Nächte durchwachen und auf seinem Schoß schlafen wolle, sein Zimmer eine Oase, ein Zelt nach der Schlacht in der Wüste. Sie würden einander nur Schönes sagen und süße Sahne und goldenen Honig zusammen essen, auf Teppichen liegen, sich in einem Tempel trauen lassen und unter einer Lampe aus blauem Glas sitzen. Sie werde einen Muschelgürtel tragen und dringend einen Dudelsack brauchen, deshalb möge er Preislisten aus London senden. Sie habe sich fünfmal an einem Tag verliebt und wolle ihn, Bithell, einmal bis zur Bewusstlosigkeit küssen.

Daraufhin schickt er ihr kommentarlos eine spießige Verlobungsanzeige von sich und irgendeiner Lady, ja, was glaubt er denn, wer sie ist? *Willst du Bürger werden, Earl of England …? Wie nennst du die Liebe? … Hast Du je daran gezweifelt, daß ich Bandit bin im allerhöchsten Schmerz, im tollsten, tollkühnsten Sinne?*

Der Dalai Lama

Ich habe in der Wüste mit den Beduinen manchen Hengst geraubt – und ich würde Ihnen gerne einen schenken. Die arabischen Schimmel sind tanzende Vögel, verzauberte Prinzen, wiehernde Märchen. Ich muß ganz laut weinen, ich glaube Sie hören das – ich möchte nämlich wieder das Rauschen meines Herzens hören, das hört man ja nur, wenn es vor Freude springt, ich möchte wieder in die Wüste zu den Königen die auf Raub ausgehen. Waren Sie schon auf einer Straußenjagd? Sie müssen die Tiere mal laufen sehen, und wenn die Sonne ihnen noch nacheilt, sehen sie aus wie Goldwolken auf der Erde. Sie glauben mir doch wenn ich Ihnen sage, daß ich 25 Strauße in Bagdad besaß ... Wenn Sie wieder nach dieser fremden, kühlen Stadt aus Ziegelstein kommen, werde ich Ihnen alles zeigen.

Else Lasker-Schüler an Karl Kraus

Meschugge ist Trumpf!

Schon wieder so einer mit strammer Bürstenfrisur und gewichstem Spießerbart. Erhob sich polternd von seinem Stuhl und bellte höhnisch in den Saal, dann im Stechschritt hinaus.

Else schämte sich, weil ausgerechnet heute er, der Herrliche, ins Neopathetische Cabaret zur Lesung ihres gerade fertiggestellten Stückes Die Wupper gekommen war. In den hinteren Reihen hatte sie ihn entdeckt und ihm mit klopfendem Herzen zugewunken. Er tat so viel für sie, hatte einen Leseabend in Wien veranstaltet, dessen Erlös der Dichterin und Peter Altenberg zugefallen war, immerhin dreihundert Kronen, außerdem bat er sie um Beiträge für Die Fackel und hatte Herwarth angeboten, das Berliner Büro seines renommierten Blattes zu übernehmen und umfangreiche Kooperationen mit der Wochenschrift Der Sturm zu pflegen, die Herwarth gründen wollte. Das milderte die finanziellen Sorgen der Waldens zumindest ein wenig.

Karl Kraus kannte die Spießer und antisemitischen Barbaren, auch er hatte unter ihren Schmähungen zu leiden. Ignoranten, die bei den Gedichten der Lasker-Schüler von minderen Knittelversen sprachen oder die feinen, zarten Gestalten Oskar Kokoschkas Hottentotten im Oberhemd nannten.

Im Gegensatz zu Else verstand es Karl Kraus, solche Anwürfe an seinem eisigen Blick abprallen zu lassen, mit dem er auch den polternden Spießerbart im Neopathetischen Cabaret nur flüchtig streifte. Seine grübelnden Finger dort im Schatten, sein kaiserliches Profil, erhoben über den grinsenden Mob. Else dagegen schäumte, sie sollten doch alle verschwinden, raus, raus, auch die blonde Gans, die in der Ecke einen Kicheranfall erlitt. Es handelte sich hier um Kunst, die schon lange im Herzensgewölbe der Dichterin gegoren war, in bangen Nächten filtriert und niedergeschrieben.

Wer meinen Vortrag nicht hören möchte, verlasse das Lokal! Bitte!!

Vernichtender Blick, die Stimme ein Peitschenhieb, die Haut Elfenbein. Nun blieben sie stumm, manche nickten verlegen zustimmend. Also weitermachen, nebbig.

Bleich, erschöpft, gezeichnet von monatelangen fiebrigen Unterleibsentzündungen, sang die Dichterin im warmen Schein einer Kerze von den Geschöpfen ihrer Heimatgestade, ließ das Lieschen Puderbach auf dem Dachfirst balancieren, die lüsterne Mutter Pius aus den Karten lesen, den Großvater Wallbrecker, der sich nach jungem Fleisch sehnte, Tum Tingelingeling trällern. Sie erweckte die reiche Familie Sonntag mit dem schwindsüchtigen Eduard zum Leben, den todgeweihten Heinrich, dem das Lieschen wollüstige Träume machte. Und der Dichterin Lieblingsfigur Carl Pius, der eigentlich Pastor werden wollte und den die Liebe zu der nackten Marta Sonntag aufzehrte. Am nebligen Ufer des schwarzen Flusses irrten und wankten sie zwischen Jahrmarktsbuden umher, und aus den Winkeln der Nacht, wo auch die Riesendame Rosa und die Messerstecher ihr Unwesen trieben, schimmerten drei Herumtreiber hervor: Lange Anna, Pendelfrederech und der gläserne Amadeus, die eigentlichen Helden des Stückes. In den Fieberschüben hatten sie sich auf die Herzensbühne der Dichterin gedrängt, umschwirrt von allerlei Geistern, Nachtfaltern und Leuchtkäferchen. Schreitende Lyrik, wandelnde Töne, durchflutet vom schwärzesten Fluss der Welt, an dessen Ufern man sehen lernt, welche Menschen leuchten. Die Dichterin sehnte sich danach, das Stück auf der Bühne zu sehen, und wollte am liebsten selbst den Amadeus mit dem gläsernen Herzen spielen. Der geniale Regisseur Konstantin Stanislawski müsste ihrer Wupper seinen Odem einhauchen und sie schweifen lassen, ihr mit seinen wunderbaren Schauspielern Leben und Perspektive geben.

Rudolf Blümner hatte begeistert in der Zeitschrift Theater über Die Wupper geschrieben, Erich Oesterheld wollte sie verlegen und an die ersten Häuser bringen. Es würde laufen, Tausende von Zuschauern würden der Dichterin Else Lasker-Schüler endlich den Tribut zollen, der ihr gebührte und sie von den drückendsten Sorgen befreien würde.

Und wie gefiel es ihm, dessen eisblaue Augen im Dunklen lagen?

Will se schon vertreiben, de Nachtgespenster, krähte Großvatter Wallbrecker in den Dunst des Neopathetischen Cabarets, und die filigranen Finger des Höchsten spielten wohlgefällig an seiner Nase.

Das … Gedicht gehört für mich zu den entzückendsten und ergreifendsten, die ich je gelesen habe, und wenige von Goethe abwärts gibt es, in denen so wie in diesem Tibetteppich Sinn und Klang, Wort und Bild, Sprache und Seele verwoben sind. Oh, dass er ihr Werk in seinen Olymp erhob, die Dichterin in der Fackel so hoch und milde adelte, der Ätzende, Messerscharfe, der vor keinem Biss, keinem Hieb zurückschreckte. Seine Freude, als sie ihn in ihrem Essay Karl Kraus einen Bischof genannt, seinen Denkerlinien auf der Stirn, die Kokoschka so herrlich gezeichnet hatte, ein Ehrenmal gesetzt hatte. *Und immer empfangen seine Augen wie des Priesterdichters Augen gastlich den Träumenden. Immer schenken Karl Kraus' Augen Audienz.*

Weltaufgang, hatte er nach der Veröffentlichung telegrafiert, *vielen Dank herrlich!* Else nannte ihn Herzog, Kardinal, manchmal auch, wenn er streng und kühl und sein Katzengesicht undurchdringlich wurde, Minister oder Dalai-Lama. *Allerleifurcht.*

Wenn er in Berlin war, gingen sie zusammen aus und wanderten am Abend, der Himmel war taubenblau, in die Kneipe in der Mommsenstraße, tranken weißen Burgunder und Goldwasser. Er hielt ihr das fein geschliffene Glas an die Lippen, als sei sie ein Kind, küsste ihre Haare und pries ihren Lavendelduft. Welche Zärtlichkeit darin lag, wie sie schwelgten in gemeinsamer Seligkeit.

Süßer Lamasohn auf Moschuspflanzenthron,
Wie lange küßt dein Mund den meinen wohl …

Eines ihrer Lieblingsthemen, wenn sie die halbe Nacht im Café des Westens saßen, war die Schauspielerin Kete Parsenow, die Königin, die Venus von Siam, für die Karl Kraus leidenschaftlich entbrannt war. Sie hatte Augen wie fein gebogene Dolche, Else nannte sie die Jungfrau unter den Schauspielerinnen, einer weißen Steppenhündin gleich mit ihrer elfenbeinernen Haut, ihrem singenden Gesicht, dessen Sicheln zu Monden wurden, wenn sie böse war.

Rosenöl fließt unter deiner Haut,
Vom Gegold deiner Haare
Nippen Träume …

Wie sanft er lächelte, wie sich sein Mund bewegte, wenn Else mit kräuselnden Lippen fabulierte, wie er immer wieder zu der schwingenden Caféhaustür äugte, ob die Königin, die ihr Kommen vage angekündigt hatte, nicht endlich hereinschwebte und sich in seinen Spötteraugen spiegelte. Er hing an Elses Lippen, um alles über die Venus zu erfahren, jedes Detail ihrer Kleidung, jeden Klatsch, ihre Aufenthaltsorte, ihre Begleitungen.

Elses Vertrauen zu Karl Kraus war grenzenlos, bei ihm konnte sie sich ausströmen, singen, schwadronieren und schweifen, er hörte amüsiert zu und ergötzte sich an ihren Geschichten, die sie zu Beiträgen für die Fackel und den Sturm verarbeitete. Sie fabulierte von der armen Künstlerin, die zum Dichten Ananas brauche und Löcher in den Strümpfen habe, an deren hungrigen Magen die trockenen Erbsen klopften, und von den Sternenvorgängen, die die Leiden der Menschen verursachten, von dem Mond, den jeder in sich trage.

Man steht in Verwandtschaft mit dem Großgehenden da oben.

Mit wem, bitte?

Den wirste doch kennen, Bischof, ausgerechnet du, bist doch mindestens sein Großwesir.

Hm, hm, gesehen hab ich ihn noch nicht.

Der sei wie die Dichtungen, ungestaltet und ungerahmt, flötete sie, die könne man auch nicht in die Hand nehmen und doch seien sie da.

Musst mal ein Stück Mond essen, dann fühlst du ihn.

Das werde ich heute Nacht versuchen, herrlichste Prinzessin von Bagdad, ich küsse die Ringe an Ihren Zehen.

Aber da schweifte sein Blick schon wieder zur Tür, hinter der sich ein goldenes Kleid wiegte, und Else wusste, dass er nur diese biegsame Fischin mit den kleinen, schluchzenden Schreien, den ruhelosen feinen Händen küssen wollte, den Nagel des allerkleinsten ihrer Zehen würde er nicht eintauschen gegen tausend Prinzessinnenringe.

Überhaupt waren seine Launen auch manchmal schwierig, zum Beispiel verübelte Else ihm seine kompromisslose Schmähung Heinrich Heines, und wenn sie zu sehr kräuselte, schwärmte und fiepste, zog er die Brauen zusammen und seine Augen erstarrten.

Literatur heißt nicht sich auskotzen und unentwegt von sich selber reden.

Hast einen Zynismusschädel, Bischof, könnt ihn dir manchmal zu Zucker zerreiben.

Sie trotzte und keifte, aber heimlich schwitzte sie und bekam Herzjagen, niemand konnte ihr solche Furcht einflößen wie Karl Kraus. *Von seiner Gerechtigkeit bekommt der Salon Frost ...*

Herwarth, der den Meister ebenso verehrte wie Else, verzweifelte bei jeder neuen Ausgabe der Fackel an Karl Kraus' Wutausbrüchen und peniblen Korrekturwünschen, wenn sich Druckfehler eingeschlichen hatten. Mehr als einmal wurde Herwarth von einem donnernden Anruf aus Wien aufgescheucht und musste in die Caféhäuser laufen, um an den druckfrischen Heften mit Radiergummi und Stift Korrekturen vorzunehmen.

Ein seltsames, mit Zeitungsstapeln bepacktes und laut schwadronierendes Trüppchen sorgte im August neunzehnhundertzehn in den Villenvierteln von Bonn, Elberfeld und Hagen für Aufsehen: die Dichterin in Pluderhosen, mit Zigarettenspitze, klingelnden Armringen, einem Turban auf dem langen schwarzen Haar und riesigen Ohrgehängen; der Maler Oskar Kokoschka mit dem unvermeidlichen Käppi, verschlissenem Gehrock und Stehkragen sowie Herwarth Walden mit gelben Schnabelschuhen und Eulenaugen hinter einer dicken Brille. Ihre Mission war ein Reklamefeldzug für den Sturm, der auch im Westen bekannt gemacht werden sollte. Sie steckten Freiexemplare in die Briefkästen oder verteilten sie an Passanten. Else war die Aktion im Grunde genommen peinlich, sie überspielte es jedoch durch lautes

Sprechen und Gestikulieren, und je mehr Passanten stehen blieben und höhnten und lachten, umso auffälliger produzierte sie sich. Einmal mussten Herwarth und Kokoschka dazwischengehen, als ihr ein Student in vollem Wichs die Zigarettenspitze entreißen wollte.

Zweites Ziel ihrer Reise war die Kokoschka-Ausstellung, die der Hagener Sammler Karl Ernst Osthaus von der Berliner Galerie Cassirer übernommen hatte und nun in seinem Folkwang-Museum präsentierte. Kokoschka war stolz und glücklich, weil Osthaus sein Bildnis der Duchesse de Montesquieu-Rohan für achthundert Mark gekauft hatte, ein kleines Vermögen.

Sie fuhren nach Elberfeld, um mit der Schwebebahn zu fahren und die Stätten von Elses Kindheit zu besuchen. Aber die Dichterin stellte enttäuscht fest, dass sie niemanden mehr kannte und feindselige Blicke der Mucker und Spießer auf sich zog. Das einzig Schöne war ein Besuch bei dem Dichter Paul Zech, den Else hoch schätzte. Er versprach, bei der nächsten Gelegenheit eine Lesung in der prächtigen Stadthalle auszurichten, und trug Else an, einen Beitrag in seiner geplanten Anthologie von bergischen Autoren zu veröffentlichen, was sie nach reiflicher Überlegung jedoch ablehnte: Nicht in Gemeinschaft mit mittelmäßigen Heimatpoeten, schrieb sie Paul Zech nach ihrer Rückkehr, in Kunstdingen müsse man wahr bleiben.

In der Stadt Bagdad ließ der Emir von Afghanistan Wälle schaufeln, überall lagen Leichen, und die Luft war schaurig. Die Prinzessin verbündete sich mit den Lieblingstöchtern des Emirs Schalôme, Lilâme und Singâle, der lange Bart ihres Vaters wehte Melodien aus der Stadt herauf, Händleraugen blitzten und sprühten.

Bess doch en Räuberscheich, Elsken, bess en richtigen Erzgauner, verdeck ens.

Draußen lockte der Frühling, der Tag konnte ersprießlich werden. Die Prinzessin legte die Feder zur Seite und zog ihr letztes an den Säumen schon verschlissenes Feierkleid an, um in die Stadt zu fahren und sich mit Kete Parsenow im Kaufhaus des Westens zu treffen.

Beim Verlassen des Hauses überreichte ihr der Postbote zwei neue Abonnements für den Sturm, was zu ihrer Hochstimmung beitrug. Außerdem hatte sie Bargeld für eine Lesung bekommen, die Vorzeichen standen also günstig für einen Raubzug in die bunte Stadt Theben. Sie fuhr mit der S-Bahn zu dem glitzernden Konsumtempel am Kurfürstendamm, den sie so gerne mit der Königin durchstreifte, um die neuesten Hüte und Kostüme zu probieren. Else schaute ihr sehnsüchtig zu, wenn sie einen Stapel Seidenwäsche durchmusterte und orderte, was ihr gefiel.

Heute aber war der Tag der Prinzessin, sie brauchte Hofstaat und Festgeschmeide, und so inspizierten sie zuerst die Schmuckabteilung. Eine Uhrkette aus lila Glasperlen, ein Jettgürtel und ein kolossaler Saphir aus blauem Glas waren die stolze Beute, die sie unter lautem Lachen und Schäkern von der Dame an der Kasse in Besitz nahmen. Mit angelegten Kronjuwelen widerstand Else, als sie in den Erfrischungsraum einschwebten, der Anmutung, sich neben der geschmeidigen Venus klein und hässlich zu fühlen, minderwertig, ein Staubkorn.

Schau, die Fürstin zu Wied mit ihrer Hofdame.

Ein glücklicher Tag. Pauline zu Wied, Tochter des Königs von Württemberg, galt als Kunstförderin, seit Längerem schon hatte Else sich gewünscht, ihr vorgestellt zu werden.

Zweimal Champagner, bitte!

Die Venus wedelte mit Elfenfingern.

Sie schaut her, ich glaube, sie erkennt uns.

Else stürzte den Champagner hinunter, dabei ließ sie die Fürstin und ihre Begleiterin, die ihnen den Rücken zukehrte, nicht aus den Augen. Die Venus kicherte.

Helle von Soutzo heißt die Hofdame, nette Person. Und die Fürstin bildet sich ein, sie sei Künstlerin, sie malt, seit einiger Zeit allerdings nur noch Pferde und Hunde. Ich musste mal zu einer Ausstellungseröffnung, grausig.

Die Prinzessin beschloss, ebenfalls zu glänzen, und zauberte sich ein Krönchen auf den Kopf, dann schwenkte sie ihren Kelch in Richtung der Ebenbürtigen, die verunsichert zur Seite blickte.

Sehr zum Wohle, allergnädigste Majestät, die Prinzessin von Bagdad hätt nix einzuwenden gegen ein königliches Gastmahl.

Die Prinzessinnenstimme eine blecherne Trompete, aus Kete Parsenows Kehle hingegen brach Glöckchengeklingel. Die Majestät geriet in Aufregung und flüsterte mit der Hofdame, die sich nun schüchtern näherte.

Frau Lasker-Schüler? Frau Parsenow? Ihre Königliche Hoheit würde sich geehrt fühlen … zwei so große Künstlerinnen …

Die Prinzessin erglühte und zog die sich sträubende Venus mit an den Nachbartisch, wo Helle von Soutzo eifrig zwei Sesselchen zurechtrückte und die Fürstin ihnen Schillerlocken von ihrem Kuchentablett anbot. Dazu machte sie Komplimente über die hervorragende Darstellungskunst der Schauspielerin und das über die Maßen geniale Werk und den wundersamen Vortrag der Dichterin, orderte eine weitere Runde Champagner und fragte nach den neuesten Plänen. Vergnügt schmausend breitete Else die arabische Sache aus, die doch schon so weit gediehen sei und eine einträgliche Grundlage für ihre weitere Arbeit werden könne. Manchmal han eck nämlich keene Kartoffel mehr em Hus, gackerte sie und ignorierte die Handzeichen der peinlich berührten Kete Parsenow. Ganz groß werde man es aufziehen, versicherte sie den staunenden Fürstinnenaugen, bei der Brüsseler Weltausstellung werde man es zeigen, erste Häuser in Paris und London würden es aufführen, wenn nur eine glanzvolle Premiere in Berlin zustande komme. Sie dudle auf dem Dudelsack und blase die Posaune, flöte und trommele und spreche ausschließlich syrisch, das Ding werde ziehen, das gefalle den Leuten, bedeutende Agenten hätten bereits Interesse gezeigt. Else präsentierte stolz ein Reklamefoto, das sie kürzlich hatte aufnehmen lassen, es zeigte sie als Flötenspieler mit Taftanzug und Muschelgürtel. Aus Der Fakir und Ached Bey werde sie sprechen, säuselte sie, deutete gurrend den Klagegesang der wilden Weiber an, markierte mit flatternden Armen den Tanz der Derwische.

Die Fürstin war so überwältigt, dass sie nicht nur versprach, baldmöglichst einen arabischen Abend vor Hofgesellschaft im Hotel Esplanade auszurichten, vielleicht gemeinsam mit dem Baron und der Baronin von Reibnitz, sondern auch, die Dichterin Frau Lasker-Schüler nach Neuwied einzuladen, wo man einen herrlichen Saal und ein aufgeschlossenes Publikum vorfinde. Sie erkundigte sich nach dem Sohn und tauschte vielsagende Blicke mit ihrer Hofdame, als Else von seiner außergewöhnlichen Begabung schwärmte und kummervoll hinzusetzte, dass seine Erziehung teuer sei und der Junge außerordentlich ins Kraut schieße, alle halbe Jahre benötige er eine neue Montur. Sie habe schon überlegt – dabei sprangen die Schelme –, ob sie sich nicht als Liebesbriefstellerin oder Wahrsagerin verdingen solle.

Helle von Soutzo, deren flinker Blick zwischen den beiden Künstlerinnen hin- und hergeflogen war, nahm Else beiseite und flüsterte rosenwangig, die Fürstin fühle sich geehrt, wenn sie Frau Lasker-Schüler einmal ihren Schneider zur Verfügung stellen dürfe, ein Frühjahrskostüm, eine gute Jacke vielleicht und einen Anzug für den Herrn Sohn, ob ihr damit gedient sei? Man werde auch über weitere Auftrittsmöglichkeiten nachdenken, doch leider habe man nur beschränkten Einfluss. Else küsste die Hofdame herzhaft auf die Wangen und versank in einem Knicks vor der Hoheit, dabei hielt sie sich den Saphir wie ein Krönchen über den Scheitel.

Ich bin die Prinzessin von Bagdad und wandle in der Großmondzeit durch helle Rosengärten um heimliche Brunnen. Der aufgeblühte Mondstern duftet zwischen Wolkenschwarz – ich lege mich schlummer in seinem Schoß.

Beim Abschied konnte sie nur noch kichern vor lauter Champagnerbläschen, und der fassungslose Blick der Fürstin folgte den beiden exotischen Vögeln, die sich im Geschwirr des Kaufhauses verloren.

Mein Herz

Herwarth, gestern abend war mein Herz granatrot, ich konnte die Farbe im Mund vernehmen, kosten. Mein Herz war das Abendrot und ging unter. Draußen kann es in der trüben Winterstimmung nicht mehr geschehn; ich starb am Abendrot.

Else Lasker-Schüler, Mein Herz

Nun ging er fort, für immer, Else wusste, dass Herwarths Reise mit Kurtchen Neimann nach Norwegen der Auftakt zum endgültigen Ende war. Ihre Ehe hatte ihren Sinn verloren, sie hatten keine Freude mehr und stritten nur noch miteinander. Und Herwarth hatte Fahnenflucht begangen, den Kampf für die Kunst schmählich verraten, war nur noch auf Geschäfte aus. Das sah auch Karl Kraus so, der in einem Telegramm Herwarths polemischen Stil gegeißelt und die weitere Zusammenarbeit aufgekündigt hatte.

Else beschloss, ganz in das Pensionszimmer im Grunewald überzusiedeln, in das sie sich häufig zum Schreiben zurückgezogen hatte, fort aus dem Dunstkreis des Cafés. Sie wollte keine feste Wohnung mehr, sie brauchte nur ein Bett, einen Tisch zum Schreiben, einen zweiten für die Nippsachen, einen Schmuckkasten, einen Kleiderkoffer, alles andere war Ballast.

Nach Herwarths Abreise begann sie, Briefe an ihn und Kurtchen zu schreiben, die vom täglichen Treiben, Lieben und Leiden auf der Drehbühne des Cafés und in ihrem Inneren handelten. Eigentlich hatte sie den beiden die Briefe nachschicken wollen, aber nun gefielen sie ihr immer besser und sie zeigte sie der Sturm-Redaktion. Die druckte sie begeistert als Briefe nach Norwegen und verlangte nach mehr. Bald riss man sich im Café um die nächsten Ausgaben und verschlang gierig, was sich im Café und in der Waldenschen Ehe so alles tat, auch, als Herwarth und Kurtchen nach zwei Wochen wieder zurück waren.

Weil es so gut ankam, fügte Else kleine Zeichnungen von den Getreuen hinzu, Peter Baum als Hase mit Taschentuchohren, die er gegen seine Zahnschmerzen zu tragen pflegte, Oskar Kokoschka, in sich gekehrt, mit Käppi auf dem Stachelkopf. *Auch dem historischen Stil habe ich Schlittschuh angeschnallt, und ihn so mit fortgerissen, es kam mir nicht darauf an. Ich schrieb also den größten Teil meiner Briefe mit dem großen Zeh …* Einfach hingeschleudert, ganz neue Form. Man konnte ein schönes Bilderbuch daraus machen, vielleicht einen Liebesroman mit tatsächlich existierenden Menschen. Auch Herwarth schien angetan, erstklassig, sie solle damit weitermachen. Sonst sagte er nichts, kein privates Wort, es schien ihm nichts auszumachen, dass sie die Trümmer ihrer Ehe so hemmungslos ausbreitete.

Pikiert reagierte allerdings der Dalai Lama, der sich bei Herwarth beschwerte und verlangte, man möge sein Privatleben da heraushalten. Sie liebe es, die Leute nach ihrer Sehnsucht zu kleiden, damit ein Spiel zustande komme, schleuderte sie ihm entgegen, endlich Frühling in der Dichtung. Selbstverständlich werde sie keinen der Briefe zurückziehen, allein der Kunstfreiheit wegen, und schon gar nicht, um ihm zu gefallen.

Was er nur wieder hatte. Schon bei seinem letzten Besuch in Berlin war er heikel gewesen, hatte ihr wenig Beachtung geschenkt und seine Aufmerksamkeit demonstrativ auf die seidenbestrumpften Beine eines jungen Porzellangänschens gerichtet. Genau wie der abweisende Kokoschka, der, obwohl sie ihn so mochte, auf ihre Schwärmereien überhaupt nicht einging und sie auch nicht malen wollte. Dabei hatte sie ihn mehrmals – halb im Scherz – darum gebeten. Und der Holzkopf Georg Heym hatte sie Harfen-Jule genannt.

Dafür hatte Schmidt-Rottluff sie gemalt, in einem Zelt sitzend und lesend, Stirn und Lider golden, ganz von Blau umgeben, bunt, wuchtig und ernst, gefährlich, urschrecklich, der Mund rot wie eine Dickichtbeere, die Nase nach Osten weisend. *Ein Mandrill, der Schlachtengesänge dichtet. … und ich stamme doch von der Ananas ab.*

Der Postbote brachte fast täglich Absagen von Verlagen, denen die Dichterin ihre Essays und einen weiteren Gedichtband angeboten hatte, und bei jedem Brief wuchs ihre Angst. Herwarth konnte ihr kein Geld geben, er hatte selbst nichts, und so war sie allein für alles verantwortlich, die Miete und das tägliche Brot, ganz zu schweigen von Päulchens Schulgeld. Außerdem wünschte er sich dringend eine Dampflokomotive, er hatte ihr alle Typen, die infrage kamen, am

Telefon aufgezählt. Vielleicht konnte sie die Fürstin über die liebliche Hofdame, die gelegentlich zum Tee vorbeikam, noch einmal um einen Zuschuss bitten.

Sie würde Paul von der Schule nehmen müssen, wenn sich kein Ausweg fand. Vielleicht war es sowieso besser, denn sie war der sich häufenden Klagen aus Schloss Drebkau müde. Die fortschrittlichen Pädagogen schienen den Jungen nicht zu mögen, dauernd Extrawürste, hatte man ihr stirnrunzelnd bedeutet. Sie wurden seiner Begabung nicht gerecht, er erlitt das gleiche Schultrauma wie seine Mutter. Eines Abends stand er gar mit seinem Freund Axel von Behr vor ihrer Tür, dreizehn Stunden waren sie gelaufen, weil sie die Triezerei des Anstaltsleiters Kampmann nicht mehr ausgehalten hatten. Zur Strafe für harmlose Jungenstreiche hatte er sie zwei Stunden Teller spülen lassen oder sie gezwungen, stundenlang im Bett zu liegen. Nur mit Mühe waren die Jungen zu bewegen, in die Anstalt zurückzukehren.

Sollte sie Paul von der Schule nehmen und zu sich ins enge Pensionszimmer holen? Wie sollte das gehen mit dem langen Lulatsch? Außerdem brauchte er Ausbildung und Förderung, die sie ihm nicht geben konnte. Sie würde der Odenwaldschule schreiben, die einen exzellenten Ruf unter den Reformschulen genoss, vielleicht würde man den Jungen gegen ein, zwei Essays, die sie im Sturm veröffentlichen konnte, auch eine Weile umsonst nehmen.

Zu allem Überfluss fürchtete sie auch noch, es sich mit Max Reinhard verdorben zu haben, der Interesse bekundet hatte, am Deutschen Theater Die Wupper aufzuführen. Sie hatte in den Briefen nach Norwegen seine Jedermann-Inszenierung zerrissen, sie ein seltsames Allerlei genannt, ein Berliner Hännesken, ein langweiliges Riesenkasperle zur Erbauung der Reichen. Kein gutes Haar hatte sie daran gelassen und noch Pfui Teufel! obendrauf gesetzt. Und dreist hinzugefügt: Die Wupper, deren Geschöpfe nach Leben drängten, sei nun eine Geisel in Reinhardts Händen. Aber er möge sie ihr ruhig durch seine Sekretäre zurücksenden lassen, dann werde sie eben ihre Dichtung der Wahrheit opfern, allem Ehrgeiz zum Trotz. *Der Prinz von Theben wirft die letzte Fessel von sich.*

Wenigstens hatte Herwarth den Prozess um das Gedicht Leise sagen gewonnen, eine Farce, ein Stück aus dem Tollhaus. Die Rheinisch-

Westfälische Zeitung in Essen hatte das Gedicht aus dem Sturm unautorisiert nachgedruckt und als Gehirnerweichung diskriminiert. Walden hatte auf Verletzung des Urheberrechts geklagt und war von einem Amtsrichter namens Braun zweimal abgeschmettert worden – als Beispiel unfreiwilliger Komik könne das Gedicht frei abgedruckt werden. Erst in der dritten Instanz bekam er recht und erstritt ein Honorar von zwanzig Mark, ein müder Triumph, mit dem Else höhnisch lachend eine Runde im Café schmiss.

Kurz nachdem Herwarth aus Norwegen zurück war, tauchte eine blonde Schwedin mit hochatmender Brust im Café auf und hängte sich vertraut an ihn. Sein ausweichender Blick signalisierte, dass damit der Schlusspunkt gesetzt war.

Elses Herz stolperte nun beständig, manchmal war es aufs Doppelte vergrößert, manchmal purpurblau, manchmal hatte sie das Gefühl, es versinke in einem Wassertrichter. … *o, der Augenblick, wenn meine Stadt Theben-Bagdad einsinkt.* Herzangst, die Nacht der tiefsten Not. Wenn sie eine Biene gewesen wäre, hätte sie sich Honig machen können, aber sie war Dichterin und konnte sich nur ihre Papierfetzen ins Maul stopfen. Und von den letzten Pfennigen neues Papier kaufen, Zuflucht nehmen zur Stadt Theben und sie aus der Schreibmaschine hervorklappern, den Nacken zum Prinzennacken stählen, sich in Gold kleiden mit funkelnden Haaren und perlenbesetzten Fingern, sich beraten mit dem Sultan Mschattre Zimt, das Genick eines Elefantenkalbes zerbeißen, sich in den Palast tragen lassen und dem teuren Volk eine Verfassung geben. Oßmann und Ketofi Temanu, die schwarzen Diener, trugen das Selbstbildnis des Prinzen auf einer Fahne durch die Straßen seiner Stadt. Jussuf- Prinz, Kornverweser.

Anna ist bei den Himmlischen, Anna, Anna pocht es, das Herz ein pulsierender Knoten. Sie spricht aus dem Himmel süß mit ihnen in den Nächten, in denen sie weinen und einander halten, Else, Franz, Eddchen und Erikklein, weht Trost herüber aus dem Reich der Bläue, den himmlischen Beeten, dem ewigen Licht.

Fern verglomm Todesleuchten
In ihren schönen Augen.
Die waren zwei Sternenbilder,
In die Kinder blickten.

Gott, wie schwarz die Nacht war!
Keine Sonne vermag mehr
Ein Lächeln zu finden
In meinem Angesicht.

Doktor Benn

Du freust Dich über meine ›neue Liebe‹ – Du sagst das so leicht hin und ahnst nicht, daß Du eher mit mir weinen müßtest – denn – sie ist schon verloschen in seinem Herzen, wie ein bengalisches Feuer, ein brennendes Rad – es fuhr mal eben über mich. Ich erliege ohne Groll dieser schweren Brandwunde.

Else Lasker-Schüler, Der Malik

Nä, nä, Pool, wat för Dönekes vertellst de meck da, verdeck ens, eck ben so stervensmööd, eck kann över nömmes mehr lachen.

In unserem Elberfeld hängt doch sogar die Straßenbahn von den Schienen runter, warum sollen da nicht die Pferde rechnen und buchstabieren können? Karl Krall hat gerade eine große Abhandlung darüber veröffentlicht, alles wissenschaftlich.

Während der Zugfahrt versuchte Paul Zech vergeblich, die blasse Dichterin aufzuheitern, die er zu einer Lesung auf Einladung des Literarischen Vereins nach Elberfeld begleitete. Eigentlich traf die Geschichte von den klugen Pferden Hans, Muhamed und Zarif, die der Elberfelder Juwelier Karl Krall mit sensationellem Erfolg im Rechnen und Buchstabieren unterrichtet hatte, Elses Geschmack auf den Punkt. Aber zurzeit konnte sie sich über nichts freuen, war matt und abgespannt und hatte eigentlich gar nicht fahren wollen – zumal sie befürchtete, dass es wieder so kommen könnte wie vor Kurzem bei einer Lesung in Dresden, als man sie bei den arabischen Rezitationen ausgelacht und die Hälfte des Auditoriums den Saal verlassen hatte. Vor vier Jahren hatte es schon einmal eine Einladung in ihre Heimatstadt gegeben, die sie aber entschieden zurückgewiesen hatte, weil ein gewisser Herr Grünewald-Bonn in einem Brief mit herablassendem, militärischem Ton angeordnet hatte, wo sie zu erscheinen und vorzutragen habe. Wer ist diese Null, die mich mit einem Dienstmädchen verwechselt, hatte die Dichterin sich empört, ich spreche nicht vor Banausen und noch weniger vor Provinzmilitaristen. Nun hatte aber der Vorsitzende der Literarischen Gesellschaft von Elberfeld Friedrich Kerst sie persönlich gebeten, und sie hatte, wenn auch widerwillig, gegen ein Honorar von zweihundert Mark zugesagt. Einen Monat

Schulgeld für Päulchen konnte sie nicht einfach ausschlagen. Paul Zech, der seit einem halben Jahr in Berlin lebte, hatte sich angeboten, sie zu begleiten, und sie hatte überlegt, ob sie im Turban mit prinzlichem Zaum und Kriegsbemalung lesen sollte, sich dann aber mit Rücksicht auf die Mucker für einen gemäßigten Auftritt in Schwarz entschieden. Ihre Kurzhaarfrisur, die sie sich gerade in Berlin hatte schneiden lassen und die ihr schon in der Bahn misstrauische Spießerblicke eintrug, würde in Elberfeld genug Aufsehen erregen.

Der Zug rollte langsam durch die Fabrikschlote von Barmen und Unterbarmen, Nieselregen hatte eingesetzt. Else schaute bewegt hinaus.

Wie hasse doch so schön geschreven, Pool, sach mich noch mal dat herrliche Gedicht von unsere Heimatstadt.

Zechs Kristallaugen funkelten aus seinem breiten Schädel, er hob die Brust.

Schwarze Stadt an schwarzem Gewässer steilaufgebaut –
grünbeliderte Fenster funkeln;
aus dem gespenstischen Schieferdachdunkeln
schnelln Schornsteine von Dampf und Dunst umbraut.

Die Dichterin hob gebieterisch die Hand, richtete sich auf und sang, während sie in den Elberfelder Bahnhof einliefen, mit splitternder Stimme:

Schweiß kittet die Fugen fest,
Schweiß aus vielerlei Blutsaft gegoren.
Frommsein enteitert dem greisen Gebrest.
Mancher hat hier sein Herz verludert, verloren;
Kinder gezeugt mit schwachen Fraun …
Doch die Kirchen und Krämer stehn hart, wie aus Erz gehaun.

Schrevst dinge Verse mit dä Axt, Pool, man kann se in dä Hand nehmen, bess en düsteren Beter.

Der Abend im verdunkelten Kaisersaal der Stadthalle verlief schlimmer als befürchtet. Als Paul Zech Else Lasker-Schüler, den Prinzen von Theben, ankündigte und sie ihr golddurchwirktes indisches Tuch und ihre anderen Utensilien auf dem Lesepult ausbreitete, ging schon ein Raunen und Kichern durch den nur halb besetzten Saal. Sie versuchte es zu ignorieren und begann, einige der Hebräischen Balladen zu rezitieren, die gerade im Verlag A. R. Meyer erschienen waren und von denen vor allem Mein Volk Aufsehen erregte.

Der Fels wird morsch,
Dem ich entspringe
Und meine Gotteslieder singe ...

Sie rief und klagte, ließ die Juden schauerlich gen Ost schreien, die Strophen im Dunkel des Saales verwehen. Dann sang sie mit metallener Stimme, untermalt von Kamelglöckchen und arabischen Lauten, die Mär vom Verkauf Josephs, diese vollendete Ballade, die zu ihren liebsten gehörte. Scharren, Lachen, Kopfschütteln, nachdem sie mit einem Triller auf ihrer kleinen Blechflöte geendet hatte, zögernder, spärlicher Applaus, einige ältere Paare, die aufstanden, dann ein Grüppchen, hinten wanderten ganze Reihen ab. Lautes Lachen, Rumoren, Türenschlagen.

Ich bitte um Ruhe, ich lese hier das Allerfeinste vor.

So geht das nicht weiter, ich bin das anders gewöhnt.

Feuerspeiende Augen.

Unerhört, Frechheit, Dummheit, eine Dichterin von Weltruf, schämen sollten sie sich! Paul Zech war aufgesprungen und rief in den Saal, einige klatschten Beifall. Friedrich Kerst schien unter seinen Stuhl kriechen zu wollen. Die Dichterin funkelte ins Publikum und warf ihre Haarsträhne zurück, eine Rabenschwinge.

Wünschen Sie, daß ich weiterlese?

Paul Zech klatschte wild, andere fielen ein, dann wurde es ganz still. Konzentriert lauschte der verbliebene Rest dem Fakir und ließ den ersten Akt der Wupper an sich vorüberziehen. Nach dem dünnen, aber enthusiastischen Applaus wollte die Dichterin sich bei Kerst über das Niveau seiner Vereinsmitglieder beschweren, doch er murmelte etwas von sehr hochstehender Kunst, wich ihrem Blick aus und plauderte verkrampft launig in die Runde. Sie verzichtete auf seine Einladung zu einem Glas Wein und ließ sich von Paul Zech ins Hotel Kaiserhof bringen, wo sie um Papier bat und einen geharnischten Brief hinschleuderte.

Dem liter. Verein des Herrn Kerst mangelt es an Seele ... dem liter. Verein des Herrn Kerst fehlt es am ersten – an Takt, dem liter. Verein des Herrn Kerst fehlt es am allergeringsten – an Gastfreundschaft. Herr Kerst der Vater des liter. Vereins macht sich schnell aus dem Staub wird ihm die Sache zu – hoch – (wie er sagt). Herrn Kerst rate ich seinen liter. Verein als Filiale seiner Schule umzuwandeln und bei seiner Fibel zu bleiben und seine erwachsenen, unerzogenen Kinder zu erziehen zu Menschen bevor er sie in die ›Literatur‹ einführt. Ich habe in den Hauptstädten der Welt solch einen Beifall geerntet, daß ich diese Katastrophe wie eine Groteske betrachten würde, hätte sie sich nicht in meiner Heimat begeben, die ich in meiner Erinnerung verherrlichte. Ich machte meiner Heimat mein Schauspiel Wupper zum Geschenk. Ihre Bewohner sollen sich ferner ihre Dilettanten herholen lassen von ihrem leitenden Volksschullehrer; denn zu Spießern gehören nun einmal Dilettanten.

Die Dichterin adressierte dies nicht an den Angesprochenen persönlich, sondern an die Redaktion des Täglichen Anzeigers mit der Bitte um Abdruck. Auf der Rückfahrt nach Berlin las sie Paul Zech prustend die Abschrift vor, dann versank sie wieder in der Melancholie, die der Freund kannte und die, so fand er, in beängstigendem Maße zunahm.

Sie müsse immer weinen, klagte sie, manchmal laufe sie wie sterbend herum, sie blute zu Tode, die Angst um das tägliche Brot und die Erziehung des Jungen fresse sie fast auf. Zech riet ihr, sich an Richard Dehmel zu wenden, damit er bei der Kleiststiftung ein gutes Wort für sie einlege, und auch sonst nach Mäzenen und Verlagen zu suchen, die bereit wären, ihr ein regelmäßiges Salär zu geben.

Die Leute wollen mich gar nicht, die verlachen mich nur, ich bin nur der dumme August, den braucht doch keiner.

Bist die größte Dichterin unter der Sonne, Elschen, bist ein helles Wunder.

Sach noch mal, wie de so schön geschreven hast im Saturn, Pool, dat mit de Schwengung, dat hat meck so gefallen.

Wie ein ehrfurchtsvolles Stammeln fließen die Worte dahin. Inbrünstig und geläutert. Urworte in kristallisiertester Reinheit. Die orgelnde Musik des Rhythmusses schneidet tief in die Fasern der Seele und löst alle irdische Schwere auf. Sie ist die Versinnlichung des Wortes bis zur alleräußersten Schwingung.

Else lehnte mit schmerzlich verzogenen Lippen in den Waggonpolstern, das Gesicht von Haarsträhnen bedeckt. Tränen sickerten in ihre Mundwinkel, neben denen Zech feine, tiefe Linien bemerkte, die ihm vorher nie aufgefallen waren.

Oh, Frühling im November, oh! Goldenes Haar, Bubenhände. Will in seinem Leib liegen, mit seinen Fingern spielen. Nie da gewesen, ein Blitzeinschlag, ganz unvermutet. Nach Wien schreiben, dass sie den Minister wechseln wird. Giselheer, ein Barbar, ein Nibelunge.

Der zweiundzwanzigjährige Pathologe und Soldat Gottfried Benn hat mit dem Gedichtband Morgue Aufsehen erregt und taucht eines Abends im Café auf. Die Dichterin schmilzt unter seinem Stahlblick augenblicklich dahin. Einer, der Tote aufschneidet und Haut abschält, das Leiden besingt wie sonst niemand – seine Gedichte wilde Todesträume, schaurige Wunder. Er kommt noch am selben Abend mit zu ihr in die elende Absteige in der Katharinenstraße, die wie ein langer, banger Sarg ist, und sie verführen einander in Elses schmalem Bett. Er ist gierig und nicht zu sättigen, hat Milchhaut, Leopardengeruch. Sie vergräbt sich in ihm, säuselt, schwirrt, summt.

Muss fort, habe gleich Dienst.

Sie klammert sich an ihn, er wird grob und angelt nach seinem Hemd.

Gehst wieder Bäuche aufschneiden, Astern suchen in den toten Leibern? Bleib bei mir, Giselheer, bist doch jetzt der Verbündete vom Prinzen.

Sie maunzt, er springt federnd auf und zieht sich an, die Uhr zeigt kurz vor fünf.

Muss mich beeilen, drei Sektionen heute Morgen, wenn nicht in der Nacht noch welche dazugekommen sind.

Vielleicht solche Rumtreiber wie wir? Kannst mich auch aufschneiden und mein Herz rausholen, hast es schon blutig gemacht, Barbar, lässt mich vor deiner Seele betteln.

Sie verstummt und starrt fassungslos auf die Zimmertür, die ohne Abschied hinter ihm zugefallen ist.

Die Dichterin entfaltete emsige Geschäftigkeit, schrieb Bittbriefe an verschiedene Stiftungen und Mäzene wegen des Schulgeldes für Paul und entzog dem freundlichen und engagierten, aber finanzschwachen Münchner Verleger Heinrich F. S. Bachmair, der Mein Herz verlegt hatte, die Rechte für den Band Gesichte, um sie dem bedeutenden Leipziger Verleger Kurt Wolff für tausend Mark anzubieten. Außerdem schlug sie Wolff vor, ihr fünf Jahre lang monatlich hundertfünfzig Mark zu geben für die Rechte an allem, was sie in dieser Zeit schreiben würde. Sie könne zwei, drei Bände pro Jahr liefern, es liege noch viel Gold in ihren Schluchten. Karl Kraus unterbreitete sie die Idee, zusammen mit der Fackel eine Zeitschrift mit dem Titel Wilde Juden herauszugeben, für die sie gegen regelmäßiges Geld über jüdische Kultur schreiben könnte. Mehrere Vorstöße in diese Richtung, unter anderem auch beim Berliner Tageblatt, in dem sie häufig veröffentlichte, liefen ins Leere, sodass sie weiter von der Hand in den Mund lebte und nie wusste, wie es weitergehen konnte. Sie las in Wien, Hagen und Köln und kaufte, sobald sie ihr Honorar bekommen hatte, Spielsachen für Päulchen, brachte ihren Hofstaat auf Vordermann und übernahm im Café die Rechnung für die Künstler, die noch ärmer waren als sie. So herrschte schnell wieder Ebbe in der Kasse. *… wollen Sie mir hundert Mark leihen?*, fragte sie Karl Kraus. *Und sind Sie nicht verstimmt ob meiner hundsgemeinen Bettelei?* Ein Kriminalroman, den sie aller Welt zur Verbesserung ihrer Finanzlage ankündigte, blieb ungeschrieben. Anfang neunzehnhundertdreizehn entwarf sie eine Annonce für die Fackel, Else Lasker-Schüler suche tausend Mark zugunsten der Erziehung ihres Sohnes. Karl Kraus veröffentlichte sie zusammen mit einem von vielen prominenten Künstlern unterzeichneten Spendenaufruf, unter ihnen Selma Lagerlöf und Arnold Schönberg. In der Folge erschienen widerwärtige Schmähartikel in der bürgerlichen Presse.

Mit Ida Dehmel geriet Else in eine heftige Fehde, weil diese ihr angeboten hatte, ihre Gedichte in einem regelmäßig vom Frauenbund zur Ehrung rheinischer Dichter herausgegebenen Jahrbuch gegen ein Honorar von eintausendachthundert Mark zu drucken. Elses anfängliche Euphorie stürzte jäh zusammen, als Ida Dehmel ausschließlich Erstdrucke verlangte und den Betrag nach unten korrigierte. Die

Dichterin forderte empört ihre Manuskripte zurück, nicht ohne der zweiten Frau des Meisters, der wegen ihr gerade die von Else hochgeschätzte Paula Dehmel und seine drei Kinder verlassen hatte, ihre Geringschätzung entgegenzuschleudern. Eine brutale Ente sei Ida Dehmel, die im Grunde nichts von Kunst verstehe, schrieb die Dichterin an Jethro Bithell.

Sie arbeitete wie besessen, bis sie Krämpfe in der Hand bekam und auf die Schreibmaschine ausweichen musste.

Die Affäre mit Gottfried Benn stürzte sie in grauenhafte Wechselbäder. An manchen Abenden im Café beachtete er sie überhaupt nicht, dann wieder wich er nicht von ihrer Seite, floss über vor Charme und Liebenswürdigkeit, verbrachte die Nacht bei ihr und sie spielten Tiger und Jaguar im Dschungel. Aber sie lernte schnell, dass sie für diese Nähe mit großer Kälte und noch größerer Distanz bezahlen musste, und füllte die Krater zwischen ihren Begegnungen mit Gedichten. Insgesamt siebzehn schrieb sie für Giselheer, den Heiden, und stellte ihnen die Strophe voran:

Der hehre König Giselheer
Stieß mit seinem Lanzenspeer
Mitten in mein Herz.

Sie zeichnete ihn mit langem, geradem Nacken und Habichtsnase, veröffentlichte den Essay Doktor Benn und einige der Giselheer-Gedichte. Er antwortete auf dem gleichen Weg, leuchtenden Pfeilen gleich kreuzten sich ihre Gedichte in den Feuilletons.

Aber wisse:
Ich lebe Tiertage. Ich bin eine Wasserstunde.
Des Abends schläfert mein Lid wie Wald und Himmel.
Meine Liebe weiß nur wenig Worte:

Es ist so schön an deinem Blut.

An meiner Wimper hängt ein Stern,
Es ist so hell
Wie soll ich schlafen –

Und möchte mit dir spielen.
– Ich habe keine Heimat –
Wir spielen König und Prinz.

Mein königlicher Becher!
Meine schweifende Hyäne!
Komm in meine Höhle. Wir wollen helle Haut sein.
Bis der Zedernschatten über die kleine Eidechse lief:
Du – Glück –

Ich hab in deinem Antlitz
Meinen Sternenhimmel ausgeträumt.

Alle meine bunten Kosenamen
Gab ich dir,

Und legte die Hand
Unter deinen Schritt,

Als ob ich dafür
Ins Jenseits käme.

Ich treibe Tierliebe.
In der ersten Nacht ist alles entschieden.
Man faßt mit den Zähnen, wonach man sich sehnt.
Hyänen, Tiger, Geier sind meine Wappen. –

Über dein Gesicht schleichen die Dschungeln.
O, wie du bist!

Deine Tigeraugen sind süß geworden
In der Sonne.

Ich trag dich immer herum
Zwischen meinen Zähnen.

Nun fährst du über Wasser. Selbst so segelhaft.
Blondhäutig. Kühles Spiel.
Doch bitterrot, das Blut darin ist tot,
Ein Spalt voll Schreie ist dein Mund.
Du, daß wir nicht an einem Ufer landen!
Du machst mir Liebe: blutigelhaft:
Ich will von dir. –

Ich kann nicht mehr sein
Ohne das Skalpspiel.

Rote Küsse malen deine Messer
Auf meine Brust –
Bis mein Haar an deinem Gürtel flattert.

Ein gemeinsamer Ausflug nach Hiddensee im Herbst neunzehnhundertdreizehn rettete die Liebe nicht mehr, denn Benn lernte dort Edith Osterloh kennen und heiratete sie kurz darauf. Die Dichterin eiferte im Nachspiel:

Ich raube in den Nächten
Die Rosen deines Mundes,
Daß keine Weibin Trinken findet.

Die dich umarmt,
Stiehlt mir von meinen Schauern,
Die ich um deine Glieder malte.

Ich bin dein Wegrand.
Die dich streift,
Stürzt ab.

Fühlst du mein Lebtum
Überall
Wie ferner Saum?

Benns Antwort war eindeutig:

Keiner wird mein Wegrand sein.
Laß deine Blüten nur verblühen.
Mein Weg flutet und geht allein.

In ihrer tiefen Verletzung brach die Unterleibsentzündung wieder aus und Else konsultierte den Freund Doktor Alfred Döblin, der ihr Opium gegen die Schmerzen verordnete, sie allerdings Stein und Bein schwören ließ, es sparsam und nur im äußersten Notfall einzunehmen. In den kurzen Räuschen gesellte sie dem Hofstaat von Theben Tränen- und Lachweiber hinzu und den Häuptling Tschandragupta, dem das Blut schwarz aus den Poren rann.

Sobald sie wieder einigermaßen auf den Beinen stehen konnte, schleppte sie sich ins Café, um zu sehen, wer da war, und um mit Päulchen zu telefonieren, der nach einem vielversprechenden Anfang nun auch in der Odenwaldschule unglücklich war. Dabei hatte sie alles so sorgsam vorbereitet, hatte den Schulleiter Direktor Paul Geheeb und seine Frau Edith in seitenlangen Briefen auf Pauls Sensibilität, sein Zärtlichkeitsbedürfnis, seine Schüchternheit und Unbeholfenheit, seine Gutherzigkeit, seine Empfindsamkeit hingewiesen. Obwohl er nichts auf den Rippen hatte und so leicht fror, zwang man ihn, morgens am Luftbad teilzunehmen, und verübelte ihm, dass er auf dem Schulgelände Bäume abgeschlagen hatte, um eine Hütte zu bauen. Dabei war es doch nichts als ein Dummejungenstreich gewesen. Schlimm war zugegebenermaßen die Sache mit dem Luftgewehr, das er mit dem Weihnachtsgeld von Herwarth Walden gekauft und heimlich mit in die Schule genommen hatte, um Vögel von den Bäumen zu schießen. Aber musste man ihn deshalb gleich von dem Pfingstausflug ausschließen? Der Druck wurde so groß, dass Paul anfing zu stottern, wie Else bei einem Wochenendbesuch entsetzt feststellte. Von wegen Reformpädagogik, man hatte schlichtweg kein Verständnis und versündigte sich an ihrem künstlerischen Kind, das doch die schönsten Zeichnungen anfertigte und diese regelmäßig seiner Mutter schickte.

Dann der Schlag, die Rache Paul Geheebs für ihre Ehrlichkeit. Der Junge sei verwöhnt, schrieb der Schulleiter, und habe wohl zu häufig die Schule gewechselt. Trotz sorgfältiger pädagogischer Einzelbehandlung habe man nicht die erwünschten Resultate erzielen können, denn Pauls geistige Begabung befinde sich unter dem normalen Durchschnitt und er sei den normalen Anforderungen einer Schule nicht gewachsen. Geheeb riet der Dichterin, Paul in eine kleinere Anstalt zu geben, die auf solche Kinder spezialisiert sei. Um allem die Krone aufzusetzen, lag dem Brief, obwohl das Schulgeld längst bezahlt war, eine Rechnung für logopädische Behandlungen bei. Der Prinz schäumte und schrieb an Geheebs Frau: *Mein Sohn stammt nicht von Mördern oder Dieben wie Herr Geheeb ihm mal vorwarf noch ist mein Kind ein brutales Kind. … Schweigen Sie mir mit Ihrer Schule. … Ich bin nicht fähig Ihnen die Rechnung jetzt zu zahlen, ich besitze nichts, nicht einen Stuhl. Überings habe ich keinen Auftrag gegeben meinem Kind das Stottern, das er sich in Ihrer Schule geholt hat oder ähnlich da oben abzucurieren, zumal es nichts nützte … Mein Kind ahnte nicht, daß man Bäume nicht fällen dürfe. Aber Ihr Mann hat meines Kindes Seele gefällt. Verstanden!*

Dabei wurde Paul ein so ansehnlicher junger Mann, stramm wie ein Leutnant, groß und breitschultrig, und die köstlichsten Karikaturen flossen ihm nur so aus dem Stift. Else fuhr mit ihm nach München, sie spekulierte darauf, Paul in ein, zwei Jahren bei der Zeitschrift Brenner unterbringen zu können, und schickte Arbeitsproben an den Redaktionsleiter Ludwig von Ficker, den verehrten Landvogt von Innsbruck und Freund ihres Dichterkollegen Georg Trakl, bei dem ihr Sohn in den besten Händen sein würde. Dort würde er eine seinen Talenten angemessene, sensible Führung finden und man würde auf seine Besonderheiten eingehen können.

Ein Lichtblick schien sich abzuzeichnen, als in der Gartenstadt Hellerau bei Dresden, die von Lebensreformern gegründet worden war, ein Schulheim eröffnet wurde, in dem eine praktische Ausbildung in Kunst und Handwerk zum Lehrplan gehörte. Else meldete Paul umgehend an und schrieb für das Berliner Tageblatt einen enthusiastischen Artikel über das Institut, wo die Kinder wie Schmetterlinge, die Türen zitronenfarben und die Schulstunden nicht anstrengend seien.

Ruben und Mareia

Else Lasker-Schülers Kunst ist sehr verwandt mit der ihres Freundes, des blauen Reiters Franz Marc. Fabelhaft gefärbt sind alle ihre Gedanken und schleichen wie bunte Tiere. Zuweilen treten sie aus dem Wald in die Lichtung: wie zarte rote Rehe. Sie äsen ruhig und heben verwundert die schlanken Hälse, wenn jemand durchs Dickicht bricht. Sie laufen nie davon. Sie geben sich ganz preis in ihrer Körperlichkeit. Else Lasker-Schüler trägt ihr Herz an einer goldenen Kette um den Hals. Sie ist ohne Scham: jeder darf es betrachten. (Aber sie fühlt nicht, wenn wer es betrachtet. Und es ist ihr gleichgültig.) Sie liebt nur sich, weiß nur von sich. Die Objekte ihres Herzens … sind Bleisoldaten, mit denen sie spielt. Aber sie leidet an diesen Bleisoldaten; und wenn sie von ihnen spricht, bluten die Worte aus ihr heraus.

Klabund, 1913

Mareia war eine blonde Löwin mit ihrem Goldhaar, das ihr bis zu den Kniekehlen hinunterfiel, herzenswarm, gütig, hilfsbereit, ein Marienkind, allein ihr Lachen gab Kraft. Und Franz erst, der blaue Reiter, groß und warm, mit empfindsamen Händen, die immer etwas zum Spielen brauchten. Franz Marc hatte Elses Gedicht Versöhnung für den Sturm illustriert, expressiv, zart und gewaltig zugleich, so wie er selbst auch war mit seinen tiefen Augen. Nach einem Briefwechsel lernte Else das Paar im Café des Westens kennen. Franz Marc und Maria Franck hatten zunächst mit Herwarth Walden und seiner neuen, blond gelockten Frau Nell an einem Tisch gesessen, die sich jedoch schnell verabschiedeten, als Else hereinkam.

Die Dichterin schloss Franz und Maria sofort in ihr Herz, vor allem, als Maria ihr Entsetzen über die blonde Frau Walden zum Ausdruck brachte, die ja wohl eine veritable Gans sei, und in lautes Lachen ausbrach, weil Else mit spitzer Lippe und Schelmenaugen bemerkte: Ach, Sie meinen die Spießerin, die gerade wieder in ihren Frisiersalon auf dem Lande gefahren ist?

Else schüttete ihr Herz über die Unsäglichkeiten aus, die Walden und die Lockendame ihr zugemutet hatten, nahm nach mehreren

Gläsern Wein Franz und die liebliche Mareia in ihren Hofstaat auf und ernannte Franz feierlich zum Halbbruder Jussufs, des Prinzen von Theben. Beim Abschied lud das Paar die Dichterin in seine ländliche Idylle Sindelsdorf bei München ein, ein ruhiges Paradies, in dem sie sich bestens erholen könne, und Else versprach, so bald wie möglich zu kommen.

Jussuf begann, Briefe an seinen Halbbruder Ruben, den blauen Reiter, zu schreiben, die Paul Zech im Saturn veröffentlichte. Der Prinz beklagte seine Einsamkeit und berichtete Neuigkeiten vom Hofe und von Giselheer, dessen Liebe schon verloschen sei wie ein bengalisches Feuer. Er schrieb vom Vogel Angst, der immer in ihm flattere und nicht aufsteigen könne, von seinen blutrünstigen Kämpfen, der Kaiserproklamation und der Krönungsrede, mit der er sein Herz unter seine Untertanen werfen wollte, damit sie es pochen hörten und sich in seinem Glanz spiegeln konnten. Er nannte sich Spielkaiser, Abigail I., Abigail der Wildstämmige und erhob sich schließlich zum Malik von Theben.

Mareia antwortete mit den zärtlichsten Grüßen, Franz mit den schönsten gemalten Postkarten, die er dem Prinzen Jussuf verehrte: *Der blaue Reiter präsentiert Eurer Hoheit sein blaues Pferd.* Ruben malte Panther, Zitronenochsen und Feuerbüffel, heilige Kälbchen, ein Schlachtpferd, turnende Affen, Fuchs und Gazelle, einen Elefanten, einen Steinbock und immer wieder äsende, spielende, tanzende Pferde, wiehernde Erzengel, Offenbarungen, die in den herrlichsten Farben von Elses Tisch leuchteten. Sie revanchierte sich mit Zeichnungen des Prinzen in allen Stimmungen: würdig im Sternenmantel mit hoher Mütze, arabischen Hieroglyphen und hoch aufragenden Federbüscheln; kämpferisch mit gespreizten Beinen und starkem Nacken, kriegerisch, elegisch, räuberisch, schließlich erhängt an einem Baum.

Kurz nach Silvester fuhr Else nach Sindelsdorf und wusste schon bei der Ankunft, als sie die beiden Lieben so traulich im Schnee unter der einzigen Laterne des Dörfchens stehen sah – Mareia, einen dicken Wollschal um das Goldhaar gebunden, Franz mit hoher Russenmütze und martialischen Stiefeln –, dass es keine gute Idee gewesen war, mitten im Winter aufs dunkle Land zu fahren und das von unzähligen Lichtern erleuchtete Berlin zu verlassen.

Abends in der gemütlichen Küche wurde ihr nicht warm, obwohl Franz emsig das Herdfeuer schürte und Else in Felle einhüllte. Mareia kochte Hühnchen in Rotwein und brannte darauf, als Franz sich nach dem Essen in sein Dachbodenatelier zurückzog, im Detail das Drama von Franzens und ihrer Liebe auszubreiten, das in Berlin eines der beliebtesten Klatschthemen war.

Wir sind nämlich noch gar nicht verheiratet, wir tun nur so, gestand sie der erstaunten Else, wir können gar nicht heiraten, die Schnür ist es schuld mit ihren Rachegelüsten. Die Gemeinheit dieser Frau ist ohne Beispiel, wo Franz ihr doch den größten Gefallen getan hat, den man einem Menschen tun kann. Und das arme Würmchen bleibt dabei auf der Strecke, der kleine Klaus lebt immer noch bei Pflegeeltern.

Die ganze Tragödie stürzte aus Maria Franck, der behüteten und mit reichlichen Zuwendungen ausgestatteten Bankierstochter aus Berlin, die fortwährend mit ihren Pfunden zu kämpfen hatte und nicht wirklich hübsch, dafür aber mit Kunstverstand, Freundlichkeit, Klugheit, erotischer Ausstrahlung und großer Hingabebereitschaft gesegnet war, die sie, seitdem sie Franz Marc kennengelernt hatte, nur noch ihm schenken wollte, dem Größten, Begnadeten, dem Maler der blauen Stuten und schweifenden Hündinnen, dem Regenten der Farben, dem jungen, empfindsamen Heißsporn mit den unvergleichlichen Händen und der tiefen Größe und Liebenswürdigkeit, dessen einziger Fehler darin bestand, mehrere Frauen gleichzeitig zu lieben, die allesamt älter als er, aber sonst sehr unterschiedlich waren. Wie Annette Simon, die grazile Gattin eines Sanskritforschers, von der Maria einmal, nachdem sie eine Weile in Berlin gewesen war, einen Goldkäferschuh auf dem Arbeitstisch ihres Franzlaffs entdeckt hatte, oder die dunkle, kesse Marie Schnür, mit der Maria manchmal gemeinsam Modell für Franzens Aktstudien gesessen und die das ganze Unglück überhaupt erst eingebrockt hatte, indem sie Franz überredete, ihn zu heiraten, damit er ihr Kind legalisiere, das sie von dem Kunstprofessor Angelo Jank erwartete, dem auch Maria einmal zugetan gewesen war, natürlich vor Franz, vor dieser allumfassenden Leidenschaft, der sie ihr Leben opfern würde, die zu groß war, um sie auf dem Altar kleinlicher, törichter Eifersüchteleien und bürgerlicher Besitzansprüche zu opfern. Zumal er sich immer mehr ihr allein zuwandte, immer klarer wusste, dass er nur an ihrer Seite seine Kraft so recht entfalten konnte, an ihren Brüsten, deren Köstlichkeit er nicht müde wurde zu preisen, und die Schnür zu hassen begann für den Keil, den sie zwischen ihn und seine eigentliche, wirkliche, einzige, rechtmäßige Ehefrau trieb durch ihre widerwärtige, bei dem Scheidungsverfahren vor Gericht von Rachegefühlen geleitete Beschuldigung, ihr Ehemann habe Ehebruch mit Maria Franck begangen, mit dem von ihr eiskalt kalkulierten Resultat, dass damit qua Gesetz eine Heirat zwischen Ehebrecher und Ehebrecherin unmöglich wurde, ein Zustand, der jetzt fünf Jahre währte und zu dessen Beendigung Franz und Maria mehrmals vergeblich um juristischen Dispens nachgesucht hatten.

Nun sei es auch schon egal, endete Maria mit überquellenden Augen, ob verheiratet oder nicht, Franzens Liebe sei ihr allemal sicher, dutzendfach habe er es auf Knien beteuert, auch ihre Körperfülle und Schwerfälligkeit nehme er inzwischen in Kauf, außerdem werde sie im Sommer gewiss abnehmen, und überhaupt könne ihn niemand je wieder von ihrer Seite reißen, jetzt, wo er auch Annette Simon endgültig abgeschworen und in der Sindelsdorfer Ruhe seinen künstlerischen Rhythmus gefunden habe, der sich in großer, nie geahnter Produktivität niederschlage.

Else war erschöpft von der Suada und der schluchzenden, auseinanderfließenden Mareia, die nun nach oben horchte, wo Franz sich regte und herunterrief, er werde schon mal das Bett anwärmen, es sei auch Platz für drei, worauf Maria verlegen lachte und ängstlich in Elses Gesicht zu ergründen versuchte, wie sie den Scherz wohl aufgenommen hatte.

Ihr Bett auf dem Sofa war ein Grab, Else stopfte sich die Finger in die Ohren, um die Stille nicht hören zu müssen und das schwere Atmen, Seufzen, Gurren von oben, die knackenden Bettfedern, den Flügelschlag der Raben, die über das Schneefeld vor dem Fenster strichen. Heftige Unruhe überfiel sie, pochende, glühende Angst. Sie sah Rubens Gesicht an der Decke: *Langhaariges, lichtes Fell um Deine Schulter – fern schweifen Deine braunen Augen und Deine Hand greift nach dem ersten Morgenstreif des Himmels, sich einen Hirtenstock zu schnitzen. Du Großhirte unter den Fürsten, Du Emir, Du Messias aller Tiere der bräutlichen Haine, der finsteren Urwälder. Du blauer*

Rosselenker, Du goldbrauner Schakal, der sich die Gazell holt vom Fels. Du lehrtest Mich das Wort vom keuschen Totschlag. Du bist Ruben, der noch unberührte Mensch der Bibel.

Am nächsten Tag schneite es, Else fieberte, blieb auf dem Sofa liegen und stimmte ein Klagelied über ihre Erschöpfung, die Spießer, die Ignoranz, den Geiz der Verleger an.

Maria kochte Tee, beschwichtigte und schlug vor, Else könne doch in München bei dem russischen Arzt Max Epstein, dessen Frau Elisabeth Malerin war und zum Kreis des Blauen Reiters gehörte, eine Kur für die Nerven machen.

Er soll eine Wundermedizin haben, frohlockte Maria, die bringt dich wieder auf die Beine, man hört nur das Beste.

Wir besuchen dich in München und gehen zusammen in die Galerien und ins Simpli. Wirst sehn, mein Lieb, dort geht es dir bald besser.

Franz lächelte tröstlich und rückte mit der Idee heraus, in seiner Münchner Galerie Tannhauser eine Versteigerung von Kunstwerken zugunsten Elses zu organisieren, damit sie sich keine Sorgen mehr um Pauls Schulgeld machen müsse.

Ihre Laune stieg, Franz und Maria brachten sie in die Stadt, und sie mietete sich in der Pension Modern in der Theresienstraße ein, die sie von früheren Besuchen kannte. Erleichtert, dem Landleben entronnen zu sein, besuchte sie gleich das geliebte Café Bauer, die Münchner Entsprechung zum Café des Westens. Literaturbegeisterte Jünglinge schlürften hier ihren Kaffee oder ihr Weißbier und huldigten der berühmten Dichterin mit artigen Verbeugungen, die Hübschesten lud sie an ihren Tisch ein.

Abends ging sie in den Simplicissimus, wo sich das Münchner Künstlervolk traf und Kati Kobus herrschte, von Else zur Herzogin des Rausches getauft. Ihre Stimmung sank wieder, als sie angeschlagen sah, dass später Emmy Hennings Couplets von Frank Wedekind singen würde. Ausgerechnet diese Nymphomanin, dieses geile kleine Nähmädchen aus Flensburg, das ihr schon in Berlin im Café des Westens auf die Nerven gegangen war und sich nicht nur Herwarth geangelt hatte, sondern auch ungezählte andere, um mit ihnen Alkohol, Morphium, Äther und das Bett zu teilen, eine lange Liste, auf der auch Johannes R. Becher, Erich Mühsam, Jakob van Hoddis, Ferdinand Hardekopf, Hans Bolz, Rudolf Reinhold Junghanns und der lange, abgeschabte Ernst Moritz Engert mit seinem bizarren Haarschopf zu finden waren. Emmy hatte sich vom Tingeltangel zum Kabarett hochgearbeitet, man munkelte sogar, mit Förderung des Dalai Lamas, und trieb sich jetzt auf den europäischen Brettlbühnen herum. Seit Neuestem versuchte sie sich auch als Dichterin, Else hatte mit Entsetzen ihren und Hardekopfs Namen in Kurt Wolffs Verlagsprospekt entdeckt. Auch hatte Wolff gerade eine Mappe mit Zeichnungen von Junghanns herausgebracht, die Emmy in sämtlichen erotischen Lebenslagen zeigten. Es kränkte die Dichterin besonders, dass der von ihr meistens geliebte und geschätzte Franz Werfel, der als Lektor in Wolffs Verlag arbeitete, dem Anschein nach Emmys Protegé war. Zu allem Überfluss hatte Else bei Marcs entdeckt, dass selbst Heinrich Bachmair in seiner Zeitschrift Die neue Kunst das dilettantische Geschreibsel druckte. Schmach und Schande, sich in der Nachbarschaft solcher Existenzen wiederfinden zu müssen, man konnte nur noch weinen oder sich totschießen.

Da saß sie auch schon mit Zigarettenspitze am Tisch von Erich Mühsam und dem ekelhaften Max Oppenheimer mit seinen aufgepolsterten Lippen, ein spitznasiges Kindchen mit lasziven Bewegungen und kurzem blondem Jungenhaar unter dem schwarzen Käppi, in einem verschlissenen Gehrock, darüber drapiert ein grüner Seidenfetzen. Geschmack hatte sie, das musste man ihr lassen, und sie wusste, sich in Szene zu setzen. Der Typus, der Männer anzog wie die Motten das Licht. Emmy hatte die Dichterin offensichtlich auch entdeckt und legte mit schrägem Seitenblick und lautem Lachen ihre lila bestrumpften Beine auf einen Stuhl, die Mühsam, ihr ewiger Adjutant, sofort zu streicheln begann.

Oh, hoher Besuch aus Berlin! Hopp, hopp, alle auf die Knie, Madame kriegt sonst wieder einen Koller.

Mit rauer Kinderstimme rief sie es durch das ganze Lokal.

Erich Mühsam sprang auf und drängte sich zu Else, bestrebt, die Situation zu entschärfen.

Welche Freude, Sie in München zu sehen, verehrtester Prinz! Wie lange werden Sie bleiben?

Wenn ich hier solche Menschen ertragen muss wie die in Ihrer Begleitung, sicher nicht lange, da ist mir jede Minute zu schade. Aber zum Glück gibt es noch andere, da ist ja mein liebwerter Zeremonienmeister.

Heinrich Bachmair trat an den Tisch und begrüßte Else herzlich, Mühsam zwinkerte ihm mit einem Kopfruck in Richtung Emmy ein Auge zu.

Messerstiche ins Herz, die Augen glühende Kohlen.

Ich muss doch wohl bitten! Der Prinz von Theben muss sich von so einem Blondchen nicht dumm kommen und von einem Läuserich kein Gesicht schneiden lassen! Wenn ich ’nen Hampelmann brauch, spiel ich mir den selber, meine Herren.

Sie keifte, Bachmair und Mühsam beschwichtigten und warteten, bis der Sturm abebbte. Mühsam zog sich, nachdem er sich vergewissert hatte, dass Bachmair die Zügel in der Hand hielt, zurück, lief zu Emmy und flüsterte ihr grinsend etwas ins Ohr.

Bachmair setzte sich und bestellte Wein, lachte aus seinen gütigen Augen, erkundigte sich nach Marcs. Er hörte teilnehmend den Klagen der Dichterin zu, befürwortete ihren Plan, eine Kur zu machen, fragte nach ihrer Arbeit und berichtete von den vielen positiven Stimmen zu dem Roman Mein Herz und seiner eigenen Freude, ihn wieder und wieder zu lesen.

Elses Zorn wich nur langsam, angespannt sah sie zur Bühne, wo die Beleuchtung aufgebaut wurde. Emmy war nicht zu sehen.

Ich habe ein Hühnchen mit Ihnen zu rupfen, Zeremonienmeister, ich möchte wissen, warum Sie die Ergüsse dieser drittklassigen Lebedame drucken. Sie scheint Ihnen allen den Kopf zu verdrehen, auch Kurt Wolff und Werfel, was ist nur in Sie gefahren? Ich schäme mich zu Tode, ich muss mir andere Verleger suchen.

Bachmair sah sie ernst an.

Warum so grausam, verehrtester Prinz? Emmy hätte Ihre Gnade verdient, ihr Lebensweg war wesentlich härter als der Ihre, seien Sie nachsichtig. Sie ist krank, sie hängt am Äther und immer mit einem Bein über dem Abgrund. Und was die Größe betrifft, so wäre sie sicherlich die Letzte, die Ihre uneingeschränkte Regentschaft anzweifeln würde, sie wäre geehrt, wenn sie sich in Ihr Fußvolk einreihen dürfte.

Sie selbst ist vielleicht keine große Dichterin, aber sie singt doch eine liebenswerte Melodie, sie gibt der Welt, in der sie lebt, eine Stimme. Und sie ist kompromisslos, das sollte dem Prinzen eine Anerkennung wert sein.

Milde und gut war er, seine Worte sanfte Medizin.

Das Bühnenlicht erlosch, der Lichtkegel eines Scheinwerfers beleuchtete die überschminkten Verwüstungen in Emmys Gesicht.

Leise schleich' ich wie auf Eiern
Mich aus Liebchens Paradies,
Wo ich hinter dichten Schleiern
Meine besten Kräfte ließ.

Ihre Stimme brechendes Glas, die Augen kühles Wissen, der Mund eine grellrote Wunde. Da lächelte ja auch Frank Wedekind von der Theke herüber, neben ihm Ludwig von Ficker und, schwer angeschlagen und kreidebleich, Georg Trakl, der nicht mehr allein stehen konnte und sich auf von Ficker stützte.

In der Pause eilte Else zu ihnen, Trakl erkannte sie trotz seines Zustandes sofort.

Mondesweiß schweigt der Pfad
An jenen Pappeln hin
Und balde
Endet des Menschen Wanderschaft …

Er stammelte und krallte sich in den Jackenärmel von Fickers, dennoch war jede Silbe klar wie Glas.

Ich werde kommen und mich mit Grün betrinken, edler Herr von Tyrol, und mit dem Feuer der Blitze spielen, das ich so liebe wie meine liebselige Mama, die eine Kaiserin war.

Enchanté, enchanté, belle duchesse, une vague, la mer.

Wir fahren an die Ostsee und spielen am Strand Räuber und Gendarm, ja? Und dann springen wir zusammen vom Turm, aber mit dem Fallschirm.

Trakl stammelte und war nicht mehr zu verstehen, sein Blick verlor sich in fernen Himmeln, im Rosengewölk, die leuchtende Stirn war schweißbedeckt.

Kokain, der weiße Schlaf.

Der Klavierspieler schlug dissonante Akkorde an, das Licht erlosch, der Scheinwerferkegel suchte Emmy, die wieder zu singen begann und dabei Wedekind anschmachtete, als weihe sie ihm jede Zeile. Dagny hatte Becher sie genannt. *Dagny, das kleine blonde Tier.*

Die Kur des Doktor Epstein schlug an, sie bestand aus Neura-Lecithin-Kugeln, von denen Else acht Stück pro Tag einnehmen musste, was ihr nicht schwerfiel, denn sie schmeckten wie Schokolade. Es ist Gehirnnahrung, schwärmte sie Franz und Maria vor, die sie häufig besuchten und mit ihr durch Schwabing streiften. Die Angst ist weg, sie kommt von einer Erschlaffung der Gehirnwände, sagt der Doktor. Aber jetzt ist alles wieder stabil, nichts schwankt mehr, seht nur, alles liegt wieder fest in der Schüssel, alberte sie mit wackelndem Kopf. In der Türkenstraße besuchten sie Franz' Freund Heinrich Kratzer, der in Wirklichkeit ein russischer Ritter mit Namen von Prohoretzky war. Im Hinterzimmer seines Tabakladens holte er, nachdem Franz sich augenzwinkernd mit ihm verständigt hatte, aus einer verschlossenen Lade feinste erotische Zeichnungen hervor.

Franz beugte sich tief über die verschlungenen Leiber, geöffneten Knospen und aufrechten Schäfte und schmunzelte.

Es ist doch das Schönste, was der Mensch haben kann, allein der Teufel weiß, warum man es nicht tun darf. Weißt du's, Else?

Else lachte und glitzerte, sie antwortete nicht. Er war wie alle Männer, für die das Körperliche an erster Stelle stand. Auch sie empfand mächtig in diesen Dingen, aber nicht vorherrschend sexuell, sie interessierte die Erotik zwischen den Seelen, die tiefen Seen, in denen die Quellen der Poesie und des Schöpferischen lagen.

Zurück in Berlin erwartete sie viel Arbeit, aber sie fühlte sich gestärkt, aß gut, saß wieder allabendlich im Café und schrieb ihrem Hofstaat Karten und Briefe, die sie mit Sternen und Kometenschweifen versah. Sie korrigierte Manuskripte, korrespondierte mit Redaktionen und Verlagen. Die Gesichte erschienen bei Kurt Wolff, dann die Gedichte an Giselheer und Der Prinz von Theben mit vielen Zeichnungen. Aus Wien kam die Nachricht, dass der Spendenaufruf von Karl Kraus in der Fackel zugunsten der Dichterin über dreitausend Mark eingebracht hatte, und Franz Marc überwies von der Münchner Versteigerung in der Galerie Tannhauser zusätzlich eintausendsechshundert Mark auf das Spendenkonto. Endlich Luft, sie konnte dem kleinen Poeten, der im Café immer so schrecklich hustete, den Arzt bezahlen und sich einen schönen samtenen Kaftan mit grüner Seidenschärpe machen lassen. Außerdem zwei neue Anzüge für Päulchen, die er dringend brauchte. Der Junge schoss ins Kraut, aus ihm wuchs hoch und herrlich Bulus hervor, der Bruder des Thebenprinzen, Bulus Andromeid Alcibiad der Schöne mit dem aufgeworfenen Prinzenmund.

Das ist mir burscht, hat er geschrien, burscht, haben Sie jemals so ein herrliches Wort gehört? Jetzt geht's um die Burscht, meine Damen und Herren!

Else trank Wein, kreischte, grimassierte und gestikulierte, sodass die letzten Gäste und die müden Kellner des Speisewagens im Nachtzug von Prag nach Berlin misstrauisch herübersahen. Zum wiederholten Mal rekapitulierte die Dichterin die nächtliche Szene in Prag, als sie um Mitternacht vom Café Arco aus mit einer großen Freundesschar zum Altstädter Rathaus gezogen und, angestachelt von Otto Pick, Max Brod und Paul Leppin, in eine der Nischen unter den drei Spitzbögen gestiegen war. Dort hatte sie begonnen, rhythmisch den Leib zu schwingen und laut und inbrünstig das Nachtgebet des Prinzen von Theben zum Himmel zu singen. Dies hatte einen Prager Wachmann auf den Plan gerufen, der ihr Einhalt gebot, worauf Paul Leppin den Schnauzbart empört aufgefordert hatte, die Dichterin aus Theben, die Prag mit ihrem Besuch eine große Ehre erweise, nicht an der Verrichtung ihres morgenländischen Gebetes zu hindern. Daraufhin hatte der Wachhabende das herrliche Wort ausgerufen: Burscht! Des Prinzen Stirn hatte sich umwölkt, er hatte Beschwörungsformeln gegen den Polizisten geschleudert, der wiederum tschechische Flüche ausgestoßen und Anstalten gemacht hatte, die Widerspenstige festzunehmen, was allerdings durch das beherzte und beschwichtigende Eingreifen Frantisek Khols verhindert worden war.

Paul Zech machte sich, wie schon so oft, Sorgen um Else, sie war blass und launisch, verschleuderte ihre Kräfte und ihr Geld, bettelte jeden an, trank viel und saß bis tief in die Nacht im Café. Sie wurde immer fahriger, klagte, sie sei lebensmüde, fahre immer auf See, und manchmal, gestand sie dem Freund, hänge morgens der Mantel eines fremden Steuermanns an ihrer Zimmertür.

Sie zermürbte sich und ihre Umgebung mit ihren Exaltationen, der nächste Zusammenbruch war abzusehen. Franz Kafka hatte während des Eklats am Altstädter Rathaus keinen Hehl aus seiner Abneigung gegen die Dichterin gemacht. In ihrer Prosa arbeite das wahllos zuckende Gehirn einer überspannten Großstädterin, er hatte etwas von Säuferin gemurmelt, und dann, leise zwar, aber doch so, dass Paul Zech es deutlich verstehen konnte: *Sie ist nicht der Prinz von Theben, sondern eine Kuh vom Kurfürstendamm.*

Sascha

Es giebt noch was grandioseres wie Liebe, er war mein liebster Mensch; jede Schaufel Erde, die über seinen Sarg fiel, fiel auch über mein Gesicht. Ich empfand eine Lust der Gewalt dabei, als ob man sich selbst ins Gesicht schlägt.

Else Lasker-Schüler an Karl Kraus

Seit Jahren vegetierte er wie ein Hund, schmachtete lebendig begraben mit hunderttausend anderen in den Kerkern Russlands – Senna Hoy alias Johannes Holzmann, Sascha, der Spielgefährte ihrer frühen Jahre, der Sturmwind, der hohe, schlanke Kämpfer, der heilige Feldherr, dessen Schatten Else in den letzten Jahren ständig begleitet hatte. Er hatte aus Moskau geschrieben, dass es ihm schlecht gehe, er darbe bei Wasser und Brot, der Lungenbazillus raffe ihn dahin. Else war herumgelaufen, um Hilfe für den Todgeweihten zu finden, Geld, einflussreiche Verbindungen, um ihn freizubekommen. Wie hatten sie sich alle herausgeredet und mit den Schultern gezuckt.

Nur die hochverehrte Malerin und russische Baronin Marianne Werefkin nicht, die große Kunstförderin und Muse von Jawlensky, die den Blauen Reiter mitbegründet hatte und Künstler wie die Pawlowa, Nijinski, Diaghilew und die Duse in ihrem rosa Salon in München empfing. Else verehrte die Werefkin, deren künstlerische Kraft so beeindruckend war wie ihr Temperament. Man nannte sie den russischen Rembrandt, denn sie malte wie eine Göttin, obwohl ihre rechte Hand von einem Schuss verstümmelt war. Mit Mut und Hartnäckigkeit hatte Marianne Werefkin in den letzten zwei Jahren alle ihre russischen Verbindungen spielen lassen, um Senna Hoy aus der Irrenanstalt von Metscherskoje bei Moskau freizubekommen, der letzten Station seiner schon sieben Jahre währenden Kerkerhaft. Man hatte sie verhängt, weil er sich an der Expropriation russischer Kaufleute beteiligt hatte, der Höhepunkt seiner radikalen, ungestümen Aktionen im Dienste der anarchistisch-kommunistischen Bewegung, die letzte Tat des romantic rowdy, wie ihn die bürgerliche Presse getauft hatte. Erschüttert betrachtete Else immer wieder das Jugendfoto von ihm, das sie in ihrer Schatzkiste bewahrte: d'Artagnan mit der Zigarette zwischen trotzig aufgeworfenen Lippen.

Marianne Werefkin hatte über ihren Cousin, der im russischen Innenministerium arbeitete, mehrere Gnadengesuche für Johannes Holzmann eingereicht, die alle abgelehnt worden waren, weil es, so hatte sie unter der Hand erfahren, Einwände von deutscher Seite gegeben hatte wegen der absurden Befürchtung, der Anarchist könne dem deutschen Kaiser nach dem Leben trachten. Als sich nach Holzmanns Hilferuf im Herbst herausstellte, dass alle Vorstöße vergeblich waren, entschloss sich Else Hals über Kopf, zusammen mit Johannes' Bruder Helmut Holzmann persönlich nach Moskau zu fahren.

Marianne Werefkin erwirkte in kürzester Zeit die notwendigen Papiere, und so fand Else sich mitten im November in der Kälte und Dunkelheit Russlands wieder. Das Land kam ihr merkwürdig und auf eine grausige Weise schön vor mit seinen in ihre Pelze vergrabenen Menschen, dem prachtvollen Kreml, den großen Moskauer Straßen, den dumpfen, bedrohlichen Amtsstuben im Kriegsministerium, in denen sie sich um eine Freilassung Senna Hoys bemühten, jedoch nur eine Besuchserlaubnis erreichten.

Noch vor dem Morgengrauen brachen sie nach Metscherskoje auf, vier Stunden ging es in der eiskalten Pferdedroschke durch eine trostlose Hügellandschaft, dann eine Mauer mit acht Türmen, auf ihnen bewaffnete Kosaken, lange Wege treppauf und treppab, tobende Gefangene hinter den Gitterstäben.

Und dann er – Gott sei Dank in einer Einzelzelle – auf einen harten, löcherigen Strohsack gebettet, anbetungswürdig, ein König, ein heiliger Feldherr, die aufgesprungenen Lippen stumm, nur noch ein Flackern in den erlöschenden Augen.

Else legt die mitgebrachte Bonbonniere und die Essenspakete neben sein Lager und breitet die wollene Decke von seiner Mutter über ihn, dann schaut sie auf und sieht an der rauen Wand ihr junges Gemmenbild hängen. Der schwarze Schwan, die Prinzessin von Bagdad.

Sie fällt auf die Knie, presst seine schweißigen Hände an ihre Wange, sein Blut rauscht wie ihres.

Prinzessin, dass du da bist, immer, immer habe ich dich gerufen.

Sein heißer, kranker Atem.

Mein Sascha, weißte noch, in Berlin, als ich von den goldenen Tauben auf deinen Wangen dichtete, als wir noch jung waren und unser Blut die gleichen Blüten trug? Du warst so schön, schöner als die Sonne dich hätte malen können, weißte noch?

Er streichelt ihr Haar, sie wispert und ihre Tränen strömen.

Als wir uns küssten, war es, als hielten die Lippen den Atem zurück, weißte noch, Sascha, im grünlichen Licht des Morgens?

Er schweigt, flüstert dann so leise, dass der Bruder es nicht hören kann.

Ist der Junge wohlauf?

Nur noch in seinem Blick lodert die Kraft, die er früher mit Worten verschleudert hat.

Er ist fünfzehn, und er ist schön wie du, Sascha, er ist ein mutiger Knabe, groß und schlank, er ist Bulus, der Bruder des Prinzen. Er ist ein Künstler, wird mal ein ganz Großer.

Wie seine Mutter, sie ist Prinzessin, Priesterin, Göttin.

Er lispelt und lächelt wie ein Greis, dann ein schweißglänzender Fieberschub, minutenlang schüttelt ihn blutiger Husten. Sie lehnt sich an die Wand, damit sie nicht umfällt, während Helmut Holzmann Medizin aus der Tasche holt und sie dem todwunden Bruder umständlich einflößt, dabei Grüße von der Mutter herausstößt, von den Freunden, alten Weggefährten. Er werde einen Arzt und einen Rechtsanwalt schicken.

Der Kosak kommt zurück und weist sie ruppig hinaus, Else weiß später nichts mehr von dem Abschied und dem Weg, der sie aus diesem Grab trägt, spürt auf der Rückfahrt auch die Stöße des Wagens nicht, fühlt nur sein Abschiedslächeln, das mit ihr zieht.

Im schwarzen Wolkenkelche
Steht die Mondknospe.

Wenige Monate später die Todesnachricht, die Erde verdunkelt sich. Sie hat nichts mehr für ihn tun können und weiß kaum wohin vor Selbstvorwürfen und Scham. Dazu noch das widerliche Geklatsche von Franz Pfemfert und Konsorten im Café, die aufbringen, Else sei gar nicht in Russland gewesen, sondern habe tausend Mark, von Bankdirektor Stern zum Zweck der Reise gestiftet, für sich selbst eingestrichen. Welch unvorstellbare, bodenlose Infamie!

Auf dem jüdischen Friedhof Weißensee, wohin man die Leiche überführt hat, gehen neben der Familie nur Pfemfert und die bleiche Dichterin hinter dem Sarg her, sie wirft einen Resedenstrauß in die Grube.

O deines Blutes Rosen
Durchtränken sanft den Tod.

Ich habe keine Furcht mehr
Vor dem Sterben.

Sie könnte platzen vor Wut und schreibt geharnischte Briefe. Dieser Franz Blei mit seinen Kritiken, kriechender Jesuitenschleim, kunstgewerblicher Devotismus. Und Martin Buber geht ihr erst recht auf die Nerven mit seiner Güte, seinem Edelmut, seiner Judenseligkeit. Die Juden seien hassenswert, schleudert sie ihm hin, missachteten die Sprache großer Dichtung, ihre Ohren seien verwachsen, sie horchten nach Zwergerei und Gemauschel, fräßen zu viel, säßen auf ihrem Geld, seien nichts als eine Schweinebande mit Trichinenmatzenklößen. Am schlimmsten geht sie Werfel an und nennt ihn ein Schwein, einen schmutzigen, geizigen Schmuser, einen Heuchler, einen Händler, einen phlegmatischen Kommerzienrat. Man muss sich ja nicht gleich jeden Wunsch erfüllen, wenn man mal Geld hat. So was müsse sie sich nicht sagen lassen von einem, dessen Gedichte sie mit der Nachtigall auf der Lippe gesprochen habe, der sich in den Staub werfen müsse vor dem Malik von Theben, der zerrissen sei vor Not und innerem Schmerz.

Wären nur die Venus hier und der Dalai Lama mit seinen milden blauen Augen. Vielleicht dem Zirkusdirektor schreiben und sich um eine Stelle als Aujust bewerben, damit die Kasse klingelt. In den Nächten die Seele an fremden Leibern wärmen. Stattdessen prügelt sie sich auf dem Kudamm mit faulen Proleten, die Unflätiges hinter ihr herrufen, einer hat ihr fast den Kopf eingeschlagen. Sie ist aller Menschheit fremd, ein armer Heinrich, ein verlorener Spielprinz, keiner Liebe wert, alle halten sie für meschugge. Theben zerbricht und zerfällt, am Abend sieht der Mond wie stumpfes Messing aus.

Krieg

Ruben, ich bin mitten in der Schlacht. Ruben, denke an mich; o liebe mich, daß ich nicht einsam bin.

Else Lasker-Schüler, Der Malik

Es habe schon Verhaftungen gegeben, erzählte man in der Pension Modern beim Frühstück hinter vorgehaltener Hand. Kriegsgegner hatten sich unter die seit Tagen jubelnden Massen auf der Theresienstraße gemischt, die blumengeschmückten Frauen, die mit geschulterten Gewehren ihre feldgrauen Männer zum Bahnhof brachten, die hurraschreienden kleinen Jungen in Matrosenanzügen, die im Stechschritt an der Seite ihrer Väter marschierten. Päulchen war bei Franz und Maria auf dem Lande und bekam das Gebrüll nicht mit, Gott sei Dank war er noch zu jung, um als Kanonenfutter in die Schlacht geworfen zu werden.

Die Glastür des Frühstücksraumes spiegelte Elses exotisches Gesicht, die großen Ohrringe, die bunte Brokathose, ihre Angst pochte bis zum Hals. Man konnte die Dichterin für eine französische oder serbische Spionin halten, mehrmals hatte die Polizei sie auf der Straße schon aufgefordert, die Papiere zu zeigen. Maria hatte ihr zu dezenterer Kleidung geraten, aber das wies der Prinz von Theben entrüstet zurück: Er werde sich niemals verbergen, in Kriegstracht werde er seinem Volk voran in die Schlacht ziehen.

Im Straßengetümmel verkaufte jemand von einem Karren herunter Reichs- und Bayernfahnen, die reißenden Absatz fanden. Auch die Dichterin erstand welche, wand sich die schwarz-weiß-rote wie eine Schärpe um den Leib und nestelte die weiß-blaue auseinander, um sie als Turban um den Kopf zu wickeln.

In der Nähe erschollen plötzlich rhythmische Sprechchöre: Krieg dem Krieg, nieder mit den Waffen! Ein Grüppchen trug Schilder vor sich her, auf denen durchgestrichene Gewehre zu sehen waren, und trotzte dem Jubelgeschrei, den bösen Blicken der Marschierer, den ausspuckenden Frauen. Da drängte sich auch schon eine Garde von behelmten Polizisten heran und begann, wahllos zuzuschlagen.

Die Demonstranten stoben auseinander, eine kleine Person fiel zu Boden. Else war sofort bei ihr, half ihr hoch und schrie überrascht auf. Es war Emmy Hennings, die kleine Sängerin, die der Dichterin gerade aus dem Gefängnis einen so reizenden Brief geschrieben, sich für alle Anwürfe entschuldigt, ihre Verehrung und Demut zum Ausdruck gebracht hatte. Gott sei ihr erschienen, hatte sie berichtet, sein reines Himmelslicht habe plötzlich ihre Zelle erleuchtet und sie sei überwältigt auf die Knie gesunken.

Else hatte sofort an den noblen Doktor Epstein geschrieben, ob er Emmy helfen könne, vom Morphium loszukommen, und auch in einer Frauensache beistehen, in der ein mittelloses Mädchen sonst kaum Hilfe finde. Emmys Augenbraue war aufgeplatzt und blutete, sie konnte sich kaum auf den Beinen halten, war grau und mager wie ein Strich. Else hatte das Gerücht gehört, Emmy habe wegen Beischlafdiebstahls im Gefängnis gesessen, Ferdinand Hardekopf, einer ihrer Liebhaber, begnadeter Übersetzer, Hitzkopf und Morphinist, habe sie zu der Tat animiert.

Die Dichterin führte die am ganzen Leib Zitternde ins Café, bestellte Apfelkuchen mit Schlagsahne sowie Verbandszeug und essigsaure Tonerde, um die Wunde zu versorgen. Emmy wehrte ab und lachte schon wieder über den beschärpten Prinzen, nannte ihn einen Knallpatrioten, versuchte, sich selbst das bayrische Ornat um die Brust zu wickeln. Empört erzählte sie, dass man sie im Simpli nicht habe auftreten lassen wegen ihrer Weigerung, patriotische Lieder zu singen. Else flüsterte Emmy mit blitzenden Augen zu, sie habe schon die Urgeister angerufen und mit ihnen nächtelang hin und her gesonnen, wie man die Freunde vor dem Kriegsdienst retten könne.

Das sind doch alles Schauspieler, die müssen nur ein bisschen feixen und verrücktspielen und auf nervenkrank machen, Irre können sie an der Front nicht gebrauchen.

Emmy wisperte von dem Grauen im Gefängnis, wo sie vom Drogenentzug Lähmungen und Krämpfe bekommen und ihr Kopf ohne jeden Halt gebaumelt und gewackelt habe wie eine Lumpenpuppe. Und alles nur wegen dieses dreisten Freiers, eines Spießers, der sich eingebildet habe, sie mache es umsonst mit ihm.

Ich habe mir nur genommen, was mir zustand, rief sie plötzlich blechern durch das Café und schaute provozierend zum Nachbartisch hinüber. Warum werden die Frauen bestraft und nicht die Männer? Er ist nicht einmal zur Gerichtsverhandlung gekommen, der feige Schuft.

Else legte besorgt den Finger auf den Mund.

Pscht, sonst kassieren sie dich gleich wieder ein.

Emmys Gesichtchen wurde süß und milde, sie lispelte, sie wolle zum Katholizismus konvertieren, ihr Leben werde sich von Grund auf ändern. Hugo Ball, der Dichter, Dramaturg und Begründer der Münchner Kammerspiele – Else kannte ihn aus Berlin – werde ihr helfen.

Er liebt mich, als wäre ich sein Kind, er ist ein Mönch, er ist klug und heilig, der Mann ist meine Rettung, Else, der holt mich aus dem Sumpf.

Ein Stich fuhr durch das Herz der Dichterin, ja, einen Retter wünschte sie sich auch, einen, der sie befreite aus der Traurigkeit und der Armut. Mit dem Krieg wurde alles noch schlimmer, wer würde jetzt noch Gedichte und Essays drucken? Sie wusste noch nicht einmal, wie sie mit Päulchen nach Berlin zurückkommen sollte.

Emmys Auge war zugeschwollen, sie zitterte, brauchte Morphium, hatte so lange auf dem Trockenen gesessen. Sie kramte ein selbst gemaltes Bildchen von einem jungen, milde lächelnden Heiligen aus der Tasche und schenkte es Else.

Sieht er nicht aus wie ein süßer kleiner Strichjunge?

Ihr Herz leuchtete blau, kichernd verschwand sie in einer Gruppe betrunkener Bayern, die vaterländische Gesänge brüllten.

Herzfeld klingt wie ein Bummelzug, du musst dich Herzfelde nennen, das ist ein Schnellzug.

Else hatte dem jungen Wieland Herzfeld, der sich von nun an für den Rest seines Lebens Herzfelde nennen würde, gleich vertraut, obwohl er noch Primaner war, als sie sich kennenlernten. Nach einer gemeinsamen Lesung mit Franz Werfel in Frankfurt hatte er sie aufgesucht und ihr später in langen Briefen seine Verehrung zu Füßen gelegt. Wie ihre Schönheit und Sinnlichkeit ihn betört hätten, ihr wildes, seidiges Haar, ihre ausgefallene Kleidung, ihre Worte, die wie Metall, wie die grelle indische Sonne glühen würden. Im Frühjahr hatte er sie in Berlin besucht und, als er sie nicht gleich antraf, die halbe Nacht vor der Tür ihrer Pension auf sie gewartet.

Nun sahen sie sich an einem heißen Augustnachmittag in einem Biergarten in München wieder. Paul, der gerade von Marcs zurückgekommen war, lang aufgeschossen und mit kippender Stimme, begleitete seine Mutter. Wieland eröffnete der Dichterin den Plan, mit seinem Bruder Helmut und anderen Gleichgesinnten, unter ihnen der junge Komponist Friedrich Hollaender, die Zeitschrift Neue Jugend als Fanal gegen den Krieg und zu Ehren Else Lasker-Schülers und anderer großer Künstler zu gründen. Gerührt versprach sie, ihnen die nächsten Malik-Briefe und eine Reihe von Gedichten zum Erstdruck zu überlassen. Als er über den Wahnsinn des Krieges und das Militär lamentieren wollte, schnitt sie ihm panisch das Wort ab, schaute sich nach allen Seiten um und flüsterte, er solle damit aufhören, sonst würden sie gleich verhaftet. Paul lachte laut und tippte mit dem Finger gegen die Stirn, machte Schießbewegungen mit einem imaginären Gewehr, salutierte übertrieben und zog mit seinem Fahrrad durch den knirschenden Kies immer engere Kreise um ihren Tisch, bis am Eingang des Biergartens ein Eismann mit rot-weiß gestreiftem Wagen erschien und laut klingelte. Erleichtert drückte Else ihrem Sohn Geld in die Hand, und er verschwand für eine Weile. Sich immer wieder vorsichtig umschauend rückte sie näher an Herzfelde heran.

Der Prinz von Prag ist im Felde, auch der tapfere König Giselheer, und mein Bruder Ruben ist gar begeistert für Volk und Vaterland in die Menschenschlacht gezogen, er ist so uneinsichtig, um ihn ist mir am meisten bange. Du wirst nicht gehen, Roland von Berlin, ich besorge dir Medikamente, damit fällst du bei der Musterung durch.

Aber es kam schon die Einberufung nach Flandern, ehrwürdiger Malik, ich glaube nicht, dass ich mich widersetzen kann.

Ich führe euch in der Schlacht an und werfe den Speer, ich stelle mich den Waffen des Feindes entgegen.

Du bist der mächtigste Kaiser unter der Sonne, Jussuf, viel größer als der da in Berlin, du wirst aus allen Gefechten siegreich hervorgehen und deine dichtenden Kürassiere stehen dir zur Seite.

Mein süßes Thebenvolk, bunt und gesegnet seid ihr. Schau, wie ich dich gemalt habe, ein kecker Herzschelm mit leuchtend blauen Augen. Da kommt mein Bruder Bulus zurück, Bulus Andromeid Alcibiad der Schöne, schau, wie herrlich er ist, ein Knabe wie von Hodler gemalt.

Pauls Himbeereis schmilzt und tropft ihm in den Kragen.

Heiß ist es – 40 Grad Thebenhitze im Schatten. Aber ich liebe die goldene Rose des Himmels ganz in Üppigkeit entfaltet. Es ist so heiß wie bei den Tucktacktürken, Wieland. *Tucktacktei umbrallâlah,* so singen sie in den milden Nächten.

Oh, Jussuf, Schelm unter den Schelmen, Malik von allen Dichtern, Prophet der Farben, Klänge und Leidenschaften, kristallklar, niemals zweifelnd.

An einem Herbstabend fällt ein Schatten in Elses Zimmer, sie sieht Georg Trakl in Mantel und Hut, fünfzehn mag er sein, und weiß sofort, dass er gestorben ist. Ludwig von Ficker bestätigt es einige Tage später und schreibt ihr die entsetzlichen Einzelheiten. Hundert Schwerverletzte habe der Militärarzt Trakl allein in einer Scheune versorgen müssen, ein von einem Blasenschuss schwer verwundeter Soldat habe sich vor seinen Augen in den Kopf geschossen. Draußen an den Bäumen hätten die Leichen von Ruthenen gehangen, die man als Spione verdächtigt habe. Das Grauen habe Trakl um den Verstand gebracht, mit einer Überdosis Kokain habe er sich das Leben genommen.

Seine Augen standen ganz fern.
Er war als Knabe einmal schon im Himmel.
Darum kamen seine Worte hervor
Auf blauen und auf weißen Wolken.

Widerwärtig dann die Erfahrung mit Trakls Schwester Grete Langen, einer ohnehin dubiosen Person, der man ein Verhältnis mit ihrem Bruder nachsagt. Else hat sie, nachdem sie ihr die Todesnachricht überbracht hat, eine ganze Nacht lang getröstet, und sie revanchiert sich dafür mit einem ekelhaften, antisemitischen Brief: Alle Juden müssten nach Asien geschafft werden. Ausgerechnet jetzt, wo so viele Juden, darunter die feinsten Künstler, für Deutschland ihr Leben lassen.

Ich bin ja ein Vogel

Hinter meinen Augen stehen Wasser,
Die muß ich alle weinen.

Immer möcht ich auffliegen
Mit den Zugvögeln fort;

Buntatmen mit den Winden
In der großen Luft.

Else Lasker-Schüler, Ein Lied

Ein Licht in tiefer Nacht, sie konnte es kaum glauben. Ob Ludwig von Ficker die Geschichte erfunden hatte? Ein österreichischer Gutsbesitzer, der nicht genannt sein wollte, habe der Stadt Theben viertausend Kronen vermacht, schrieb der Freund, der Scheck lag dem Brief gleich bei. Das Geld kam vom Himmel, damit war Päulchens Studium gesichert. Sie würde die Summe sofort bei der Bankfiliale im Kaufhaus des Westens einzahlen und nicht anrühren, es sei denn, die Not nähme überhand. Sie würde von Ficker die Kontonummer schreiben, damit jemand wusste, wo es lag für den Fall der Fälle: *Ich bin ja ein Vogel und könnte mal stürzen von einem Steinbruch in die Tiefe.* Auch andere seien bedacht worden, hatte von Ficker geschrieben, der edle Spender habe den Herausgeber des Brenners gebeten, das Geld gerecht unter Künstlern seiner Wahl zu verteilen. Kokoschka und Rilke hätten etwas erhalten und Trakl, für den doch nun alles zu spät kam. Im Café mutmaßten sie, der geniale junge Philosoph Ludwig Wittgenstein, der kürzlich das Erbe seines steinreichen Vaters angetreten hatte, sei der Wohltäter.

Nur wenige Gefährten waren geblieben, mit denen die Dichterin noch manchmal ein wenig Konzert machen, Wunder sprechen, ins Blaue fliegen konnte: die Brüder Herzfelde und der traurige Lederstrumpf George Grosz, dessen Augen manchmal wie Asche waren.

Fünf träumende Totenfahrer
Sind seine silbernen Finger.

Und Paul Zechs Freund Hans Ehrenbaum-Degele, Else hatte ihn

Tristan getauft und geschwärmt, er habe Augen aus Goldnelken. Ich werde früh sterben, das weiß ich, sagte er, wenn sie tief in der Nacht zusammen in einer Bar zwischen Zuhältern und Freudenmädchen saßen und sich bei den Händen hielten. Sie schlief nicht vor Bangigkeit, im Morgengrauen sang das endlose Lied in ihr und stürzte in den blauen Strom.

Wieland, der Held, der mutige Streiter. Nun mussten sie alle zum Justizrat, um als Zeugen in einem Fall von Körperverletzung und Aufruhr auszusagen. Wieland war der Beschuldigte, er hatte dem lügenhaften Journalisten Kurt Hiller eine gesalzene Ohrfeige verpasst.

An einem Aprilnachmittag, in einer großen Runde am Stammtisch im Café des Westens, hatte die Geschichte angefangen. Hiller war dabei gewesen, der verkappte Spießer und Taktiker, er hatte nicht viel gesprochen, nur gelauert. Es war allgemein bekannt, dass er schlecht auf Else zu sprechen war, seitdem sie es vor einiger Zeit abgelehnt hatte, für ihn einen Bittbrief an Karl Kraus zu schreiben.

Sie hatte von ihrem neuen Freund und Gefährten Hans Adalbert von Maltzahn geschwärmt, dem Herzog von Leipzig und Vizemalik der bunten Thebenstadt. Ein Ruf ans Telefon hatte sie unterbrochen, und während sie fort war, hatten Wieland und die anderen spekuliert, wer wohl dieser von Maltzahn sein mochte. Das sei doch belanglos, hatte Hiller süffisant dazwischengeworfen, sie meine ja nicht das Herz, sondern die Etage darunter. Dabei hatte er eine so obszöne Handbewegung gemacht, dass Wieland empört aufgesprungen war und gedroht hatte, er werde Hiller für seine schmutzigen Äußerungen ohrfeigen, hier an dieser Stelle, und zwar in genau vierundzwanzig Stunden.

Niemand soll glauben, dass ich Sie in spontaner Erregung schlage, hatte er durch das Café gebrüllt, hier geht es um die Ehre einer großartigen Frau und unvergleichlichen Künstlerin. Wer das Verhalten dieses Herrn verurteilt, bleibt nicht mit ihm an einem Tisch sitzen!

Geraune, Stühlerücken, dann saß Hiller allein da.

Am nächsten Nachmittag summte das Café vor Menschen in gespannter Erregung. Else und Wieland saßen so, dass sie den Eingang im Blick hatten. Punkt vier tauchte Hiller mit zwei Schlägertypen auf und blieb mit ihnen vor dem Schaufenster stehen, Wieland riss die Tür auf.

Werden Sie sich bei Frau Lasker-Schüler für Ihre Beleidigungen entschuldigen? Ja oder nein? Ich zähle bis drei!

Er zählte blitzschnell und holte zu einer schallenden Ohrfeige aus, Hillers Melone rollte über das Trottoir des Kurfürstendamms. Seine bulligen Flügeladjutanten krochen hinterher, brachten den Hut zurück und sekundierten dem Geschlagenen, der mit flammender Wange schnurstracks durch das Café in das Büro des Geschäftsführers Pauli eilte. Nach kurzer Zeit kam dieser heraus und näherte sich verlegen dem Stammtisch. Er persönlich verurteile Hillers Worte über die gnädige Frau ebenfalls, stammelte er, aber er könne es nicht zulassen, dass ein Gast in seinem Lokal misshandelt werde, und müsse deshalb dem Herrn Herzfelde Lokalverbot erteilen.

Else erhob sich mit lodernder Stirn, ihre Stimme klirrte.

Wenn Herr Pauli Herrn Herzfelde Lokalverbot erteilt, werde ich ebenfalls gehen und von nun an im Romanischen Café anzutreffen sein. Wer gleichen Sinnes ist, möge mit mir kommen.

Spontan leerten sich fast alle Tische, die ganze Korona strebte dem Ausgang zu.

Wie dä Auszug aus Ägypten, gackerte Else später, als sie ins Romanische Café umgezogen waren, nä, nä, leck mich inne Täsch, hasse den gesehn? Däm Döppes sin ja bald die Augen aussem Kopf gekullert, der sah aus, wie wenn em en Ap op de Pläte rumtanzt.

Schnell einen Brief an Kurt Wolff in Leipzig schreiben, er möge Hans von Maltzahn um Gottes willen nicht verraten, dass sie eine zweimal geschiedene Frau war. Der Junge war so fein und aristokratisch, und nur Freund, egal, was Hiller und Konsorten aus ihren schmutzigen Fingern sogen. Der Dreck schien schon herumgekommen zu sein, Maltzahn hatte hässliche Briefe erhalten, deren Inhalt er nicht wiedergeben wollte. Natürlich schwirrten manchmal in der Nacht süße Träume um ihr Herz, dichtete sie zärtliche Verse für ihn und tat ihm blau, aber doch nur im Traum, dem Hort der Unschuld.

Im Sommer schrieb von Maltzahn Else aus der Kaserne in Pasewalk, dass er unter Hausarrest stehe und es nicht mehr aushalte, dass er Freiheit und Luft brauche, mit ihr durch den Grunewald laufen wolle. Wieland hatte Fronturlaub, und so schmiedeten sie am Abend im Café den Plan zur Befreiung des Vizemalik Hans Adalbert von Leipzig.

Die Augen des Malik Jussuf Abigail glänzten und seine Worte waren wie Donnerhall.

Du fährst hin in deiner schmucken Uniform und tust wichtig, sagst einfach, du müsstest ihn mitnehmen nach Berlin, es sei ein Befehl. Der Kaiser hat beschlossen, seine teuren Brüder aus dem Krieg heimzuholen!

Wieland führte den Plan mit Bravour aus und brachte von Maltzahn wohlbehalten nach Berlin, musste aber kurze Zeit später selbst seine Uniform abgeben, weil er auf die kriegswilligen Sozialdemokraten geschimpft und sich bei den Wehrübungen immer wieder aus dem Schützengraben erhoben hatte, um mit lauter Stimme Gedichte zu deklamieren. Er sei nicht würdig, des Kaisers Rock zu tragen, hatte der Offizier gebellt, und dann war Wieland unehrenhaft entlassen worden. Er platzte vor Stolz, und sie feierten ihre kleinen Siege mehrere Nächte lang. Aber von Maltzahn musste schon bald zurück nach Pasewalk, und Wielands Bruder Helmut erhielt den Ruf an die Front. Er war glühender Antimilitarist, allerdings als leidenschaftlicher Sportler und Sieger des Prinzregentenlaufes in einer zu guten körperlichen Verfassung, um durch die Musterung zu fallen. Helmut nannte sich jetzt John Heartfield und drückte damit seinen Protest gegen die neueste Parole des Hurrapatriotismus aus, sich mit den Worten Gott strafe England! Er strafe es! zu grüßen.

Er ist doch Wetterscheid, er ist so geradlinig, dem nimmt man keine Lügengeschichte ab, überlegte die Dichterin. Wir müssen was erfinden, womit wir nicht nur die Militärs, sondern auch ihn selbst überlisten. Er regt sich ja so schnell auf, das sollten wir ausnutzen.

Der Prinz entwickelte den Plan mit Raffinesse und schwor seine Häuptlinge darauf ein, ihr Bestes zu geben. Zum Glück bemerkte John Heartfield, der später zu ihnen stieß, die Schelme nicht, die bei dem folgenden Schauspiel aus allen Ecken sprangen.

Bekümmerte Gesichter und bedenkliches Kopfschütteln begleiteten alle seine Äußerungen, vorsichtiges Nachfragen, wie er denn dieses oder jenes meine, besorgtes Insistieren, er sei so schlecht zu verstehen, ob er sich nicht gut fühle, er solle nur ruhig bleiben und gleich am nächsten Morgen den Arzt aufsuchen, es stimme doch etwas mit ihm nicht. Als John sich immer mehr erregte und schließlich fragte, was denn los sei, ob er es mit einer Verschwörung zu tun habe, lispelte Else mitleidig, er mache auf sie den Eindruck, hochgradig nervös zu sein, er sei vielleicht geistig nicht ganz auf der Höhe und komme ihr überspannt vor, sie mache sich Sorgen, er solle baldmöglichst einen Arzt für Nervenleiden konsultieren.

Nachdem John aufgewühlt davongestürzt war, quälten sie heftige Gewissensbisse wegen dieser Radikalkur.

Am übernächsten Tag bekam Wieland die Nachricht, sein Bruder befinde sich in einem Berliner Krankenhaus. Er besuchte ihn gleich und fand einen verwirrten, blassen John vor, der stockend sprach und ziellos mit einem Rechen im Laub herumharkte. Nach einer Weile bekam Wieland aus ihm heraus, wie der morgendliche Antrittsappell in der Kaserne abgelaufen war. Elses Worten folgend sei John aus dem Glied getreten und habe strammstehend gemeldet, der Gardeinfanterist Herzfeld sei nervenkrank, woraufhin der Kompanieführer spöttisch gelächelt habe. Da habe ihn eine solche Wut gepackt, dass zwei Unteroffiziere ihn kaum hätten bändigen können und er in die Klinik eingewiesen worden sei.

Wieland beruhigte seinen Bruder und klärte ihn über das Komplott auf, danach schallte ihr Gelächter laut durch den Klinikpark. John Heartfield verbrachte den Rest des Krieges als Aushilfsbriefträger in Berlin-Grunewald und agierte subversiv, indem er ganze Stapel von Postsendungen im Gully verschwinden ließ, damit die vergeblich auf ihre Post wartenden Adressaten wütend und kriegsmüde wurden.

Warten auf den Tod

Ich habe nur einmal eine Gestalt geformt; wir schliefen auf einer Decke wie im Sand der Wüste. Rücken an Rücken; manchmal war ich seine Eidechse, dann lag ich zwischen Glaswänden oder ich war seine Koralle oder sein Tang und wuchs um seine Glieder und um sein Herz oder ich war seine fleischfressende Blume. Nachher kam ein Erdbeben und ich verlor mich in ihm. Nun kann ich gar nicht mehr so sinnen; an mir hängt Schlamm und der Blick eitler Bürger oder aller Täglichkeiten. Mich hat kein Mensch lieb.

Else Lasker-Schüler an Hanns Hirt

Berlin ist ein Wartezimmer, in dem man auf den Tod wartet. Der blaue Reiter fällt und mit ihm ein Teil Gottes, kurz nachdem Else ihm ein selbst gestricktes Tuch ins Feld geschickt hat, getränkt mit ihrem meerblauen Herzen. Dann Hans Ehrenbaum-Degele und Peter Baum, seine Saphiraugen leuchten in ihre Träume.

Im Herzen der Dichterin hallen die Schreie der Verwundeten wider, und sie überlegt, zum Papst zu fahren und vor ihm niederzuknien, damit er dem Grauen ein Ende setze. Die Leere in ihr ist namenlos, selbst der Tod würde dort nichts mehr zu fressen finden.

Dicke Papierstapel trägt die Dichterin in ihr Pensionszimmer, um die Klagelieder für die Trauerfeiern herauszubluten, eine folgt auf die andere. Manchmal schlägt ihr Herz so stark, dass ihre Lippen hart werden, dann kann sie kaum sprechen. Sie legt sich die Malikketten um den Hals, kauft beim Trödler am Nollendorfplatz eine Soldatenmütze und setzt sich ins Romanische Café, weit weg von den Fensterscheiben, die eine alte, abgelebte Frau im Sternbild Skelett spiegeln. So hat auch Paul sie gemalt mit seinem unbestechlichen Stift. Manchmal kommt der amerikanische Maler Marsden Hartley vorbei, den sie Firebird Sioux tauft, dann schließen sie einen Bund, singen Indianerlieder auf Englisch und lachen ein bisschen. Aber die Traurigkeit kehrt schnell zurück und der Prinz möchte Theben am liebsten in eine Schachtel legen.

Die Leibschmerzen kriechen wieder heran. Professor Schleich diagnostiziert eine Bauchfellentzündung, sticht Else mit langen Lanzettennadeln in den Leib und klebt Pflaster wie Rosenblätter darüber. Lieber in den Krieg ziehen und die Trommeln schlagen, die Regimenter dirigieren, als dieser schleichende Schmerz. Manchmal prügelt sie sich nachts in den Kneipen, wo die geschminkten Mädchen und hübschen Strichjungen stehen, und wenn sie hinterher zerschlagen auf ihrem Bett liegt, fühlt sie Ruhe, weil sie dem Leben zuvorgekommen ist und nichts mehr sie ruinieren kann.

George Grosz schreibt an die Bildhauerin Milly Steger, ob sie nicht eine wohlhabende Familie kenne, die dem Prinzen etwas opfern könne, er habe ihn auf der Straße in löcherigen, mit Papier beklebten Pantoffeln getroffen. Er sei nicht rührselig, aber hier müsse man etwas tun.

Ein Himmelszeichen im westlichen Deutschland hatte Emil Nolde das Museum Folkwang in Hagen genannt, den Hort Freyas, der Göttin der Schönheit, der Liebe und der Künste. Der Kunstsammler Karl Ernst Osthaus hatte von Henry van de Velde nicht nur das Museum entwerfen lassen, sondern auch die Künstlerkolonie Hohenhof, in der er seiner Idee von einer Versöhnung von Kunst und Leben Ausdruck geben wollte. Else war oft bei den Hagenern zu Gast gewesen und liebte den stolzen, mutigen Mäzen Osthaus und seine liebliche Frau Gertrud, die sie Prinzessin von Westfalen nannte und der sie viele Jussuf-Bilder verehrte.

Im Frühjahr neunzehnhundertsechzehn stellte Osthaus fünfundachtzig Bilder von Else Lasker-Schüler und Werke der holländischen Malerin Jacoba van Heemskerck aus. Else fuhr voller Freude zur Ausstellungseröffnung, nachdem sie Paul nach München gebracht hatte, wo er bei dem Akademieprofessor Hermann Groeber Zeichenunterricht nehmen sollte. Zusammen mit anderen jungen Leuten wohnte er in der Pension Führmann, die Zimmer waren hübsch, und es wurde gut gekocht. Else hatte Paul nur ungern allein gelassen, er machte ihr Sorgen, hatte angefangen herumzubummeln, zu rauchen und zu trinken und kam morgens nicht aus dem Bett. Maria Marc hatte Else versprochen, ein Auge auf den Jungen zu haben, und so war Else halbwegs beruhigt nach Hagen gefahren.

Unter den lichten Glaskuppeln van de Veldes hatten sich die bunten Bürger von Theben zu einem herrlichen Fest versammelt: der Fakir, der Scheich, Tschandragupta und die drei Abigails, die Prinzessinnen Leila und Schlôme und immer wieder Jussuf, mal mit seinem Bruder Bulus, mal im Kreise seiner Häuptlinge oder umgeben von einer Horde Krieger. Die Bilder kosteten zwischen fünfzig und dreihundert Mark, und Else frohlockte, weil es einige Kaufinteressenten gab.

Nach der Eröffnung saß sie mit Gertrud Osthaus und der Bildhauerin Milly Steger zusammen, die wie Else in Elberfeld geboren war und einige Jahre in Berlin gelebt hatte. Osthaus hatte sie nach Hagen geholt und dafür gesorgt, dass sie in der Stadt einige Großplastiken verwirklichen konnte. Gertrud Osthaus schwärmte von den gigantischen Pantherfiguren für die neue Stadthalle, an denen Milly arbeitete, und empörte sich über den Hagener Stadtbaurat Figge, der den geforderten Preis nicht zahlen wollte.

Diese Provinzler sind Banausen, die müssen sich in Grund und Boden schämen! In Wirklichkeit geht es ja auch gar nicht ums Geld, sie können es nur nicht aushalten, wenn eine Frau große Aufträge am Bau bekommt. Milly ist die Erste, die das geschafft hat.

Ihr kennt doch die Mucker in unserem ollen Westfalen, Milly, kümmer dich nicht drum. Ganz gleich, was die sagen, du bist kolossal, bist eine von den Großen, eine Raubtierbändigerin, stößt Meteore von dir.

Die Dichterin schwärmte und fiepste. Kichernd erinnerten sie sich an den Skandal um die Aktfiguren, die Milly vor vier Jahren für den Eingangsbereich des Hagener Stadttheaters geschaffen hatte. Die angeblich sittengefährdende Nacktheit der säulenartigen Skulpturen hatte Entrüstungsstürme hervorgerufen, der Stadtrat hatte sich genötigt gesehen, zum Zwecke des Jugendschutzes Kindern und Schulklassen den Theaterbesuch zu verbieten.

Milly lachte mit runden Apfelbacken und schlug sich vergnügt auf die Schenkel, die in Männerhosen steckten.

Schandsäulen des guten Geschmacks haben sie meine schönen Frauen genannt und zweihundert Spießerinnen, angeführt von einem wild gewordenen Pfarrer, haben Unterschriften und Geld für irgendeinen grauslichen Kitsch gesammelt, den sie an die Stelle meiner Plastiken setzen wollten. Kannst du dir eine solche Prozession vorstellen, Else? Und sie haben ordentlich was zusammenbekommen, zweitausendfünfhundert Mark, stell dir das vor. Zum Glück hat der liebe, gute Herr Osthaus alles abwenden können, aber er musste die bedeutendsten Museumsdirektoren als Gutachter aufbieten.

Zwingst sie doch alle nieder, Milly, mit deinen enormen Kräften.

Sie tranken Sekt, lachten und alberten, bis Else zum Telefon gerufen wurde, Frau Marc sei am Apparat. Verstört und grau kam die Dichterin von dem Gespräch zurück, ihr Mund zuckte und flatterte.

Ich muss sofort wieder nach München, Päulchen hat hohes Fieber, die Lunge, sagt der Doktor.

... so wende ich mich an Sie sofort, Herr Professor, mit der dreisten Frage (ich weiß wohl) ob ich als ›Deutschlands Dichterin‹ den Preis ermäßigt erhalte, so daß ich nicht in Verlegenheit komme. Darf ich noch sagen, daß ich nur hundertfünzig Mark bezahlen kann monatlich zumal ja noch andere Dinge natürlich hinzukommen werden? Wenn Sie einwilligen, Herr Professor, willigen Sie dann auch gerne ein, da ich stolz bin? Wir Dichter leben ja von Luft und Liebe und können nicht sehr praktisch werden. Die genannte kleine Summe kann ich leicht bezahlen; ich würde nie im Leben Ihnen dankbar genug sein können; Herr Professor, ich kann nur sagen, daß mein Junge, der Paul heißt sehr wertvoll ist, außerdem ist er wunderschön. Ich warte auf Ihre baldige Antwort, hochgeehrter Herr Professor, ich bin ganz, ganz traurig vor Angst um meinen Sohn, es muß ihm geholfen werden. – Es mag ja sein, daß es nur eine Erschöpfung ist bei ihm. Ich erlaube mir, Sie, Herr Professor, hochachtend zu grüßen.

Es stand nicht gut um Paul, er fieberte und magerte bis auf die Knochen ab. Else ließ ihn in mehreren Sanatorien in der Schweiz behandeln, die Kosten stiegen ins Uferlose. Sie bemühte sich um Lesungen und Bilderverkäufe, schrieb Bettelbrief um Bettelbrief an alle möglichen Institutionen, schließlich auch nach einiger Selbstüberwindung an Elisabeth Förster-Nietzsche, die Einfluss bei der Schillerstiftung hatte. Diese antwortete, sie weigere sich, etwas derart Hingeschmiertes zu lesen, und verwies auf die wahren Genies wie ihren Bruder oder Richard Wagner, deren Briefe Muster an Akkuratesse und Sauberkeit seien. *In Briefen soll man sich der Höflichkeit befleißigen, seinen geistigen Haushalt in Ordnung u. seine Feder in der Gewalt haben.*

Else brüllte über die unselige Spießerei und war so niedergeschlagen, dass sie an Gott zweifelte und befürchtete, er habe sich von ihr abgewandt, weil sie ihn manchmal aus Schwäche oder Müdigkeit verleugnet hatte. Vielleicht gab es den Höchsten auch gar nicht und ihr Gefühl von ihm war nur ein mächtiges Märchen, eine tröstende Süßigkeit, ein Kinderglaube. Nachts schreckte sie von der Frage hoch, wann endlich jemand ihre Wupper spielen werde, die zu ihrem großen Weh noch immer nicht aufgeführt worden war. Sie schwappte durch ihre Träume und wollte ins Fließen kommen, mündete doch direkt ins Herz der Dichterin. Oft wünschte sie, das Wupperwasser möge zu Eis gefrieren, damit sie nicht immer daran denken musste.

Komm nach der Schweiz

Am ersten Tage meines Hierseins in der schönen Stadt Zürich begegnete ich ihrem größten Dichter, Gottfried Keller, und seitdem fast alle Woche einmal in der Bahnhofstraße oder irgend steht er am Türeingang eines der alten Häuser. Aber auch auf dem Lindenhof auf der Bank gerade am Brunnen, den Kopf auf dem Knopf seines Spazierstocks wiegend, sitzt er, der große Demant der wasserdemantsprudelnden Stadt der Schweiz. Immer schaut er mürrisch zur Erde oder gar zu den Bäumen auf oder selbst in das Mittagsblau des Himmels. Aber ich habe Gottfried Kellers Phantom in mein einsames Herz geschlossen. Er kommt mir immer gerade, wenn ich getröstet sein möchte, und ich les dann von seinem weiten Gesichte das Mitgefühl eines Dichters, zweite Stimme zu meiner ernsten Klage längst vergilbtem ersten Sopran.

Else Lasker-Schüler, Gottfried Keller

Ein Waldfleck zwischen mattgrünen Gobelintapeten, morgens pickt eine gestickte Nachtigall leise an die Wand ihres Traums, in dem sie im Gehölz sitzt, eingehüllt in den Fichtennadelduft von Sanitätsrat Hirschfelds Gesundheitsbädern. Die Möwen gleiten über das Wasser des Zürichsees, *schreiender Schnee, wilde Bräute der Nordsee, weichgefiederte Abenteuerinnen*. Im Halbschlaf zeichnet Else ihre Konturen auf den grauen Himmel über Zürich, der Stadt aus Kristall mit ihren Gassen und Winkeln, ihren hohlen, rissigen Wegen. Im Erwachen sieht sie die grauen Gipfel vor dem Bogenfenster des Hotels Elite sich leise verneigen oder manchmal auch grollend herannahen, wenn der Tag dunkel ist.

Hier in der Schweiz lässt die Dichterin ihren Thebenhofstaat im Koffer, damit sie nicht ins Visier der Fremdenpolizei gerät, schlendert im noblen Kostüm über die Bahnhofsstraße zum Café Terrasse, um beim Frühstück die breitschultrigen Schweizermänner zu betrachten. In der Morgensonne schreibt sie eine Karte an den Maler Max Gubler, der ein Hirte ist und so schön wie der blaue Reiter. Er malt atmende Bilder von der Stadt in ihren verschiedenen Schneemänteln. Himmel bildet sich, wenn sie zusammen sind und ins Kino gehen oder Spieluhren hören und sich an ihrem Klang erfreuen. *Lieber Hirte in Asien hießen Sie oder in Ägypten: Mâr. Wie finden Sie das? Ihr Prinz in Liebe. Der wilde Jude von Tiba.*

Gubler ist so jung, gerade ein Jahr älter als Päulchen, manchmal hält er der Dichterin die Hand, wenn sie in Atemnot gerät. Am Abend steigen sie zusammen durch die Gassen, treppauf und treppab, laufen am Wochenende durch die lieblichen Täler um Zürich mit ihren sprudelnden Bächen. *Die Höhen sind Götter und tragen grünliche Gletscherberge. Und die vielen Wiesen und Seen und Wälder; ihre blühenden Spielsachen bedeckt, wenn es kalt wird, der Schneestern. Und immer legt der Himmel dem Berg einen zartfarbenen Schleier um den Rücken, bis die Goldmutter ihn aufknöpft.*

Der Hirte könnte ein Freund für Päulchen sein, der so unendlich traurig und allein im Sanatorium ist, ohne die Freunde aus Hellerau und München. Elend sieht er aus mit seinen glühenden Fieberlippen, er ist so dünn, ein einziges langes Fragezeichen, langweilt sich zu Tode und will nach München zurück, aber er ist zu schwach, und der Doktor rät dringend ab. Außerdem würde er dort nur in ungesunden Kneipen herumlungern, rauchen und nichts essen. Sie muss ihm Freude bereiten in der guten Schweizer Luft, seinen Lebensmut zurückholen, ganz für ihn da sein. An Karl Kraus schreiben, der bei seiner letzten Lesung in Berlin arrogant und abweisend war und die wunderschöne Zeichnung, die Päulchen während seines Vortrags aufs Papier geworfen hat, achtlos zur Seite gelegt hat. Gertrud Osthaus das Bild von Jussuf senden, wie er mit der Himbeerrose spielt, und die Fotos mitschicken, auf denen Päulchen noch gesund und so blendend schön ist. Mit einem Extragruß an die liebliche Tochter Helga, die die Braut des Prinzenbruders Bulus werden könnte.

Sie muss dem Jungen Mutter und Vater sein, jetzt, wo Franz nicht mehr ist, der ihn unter seinen Fittichen beschützen und formen wollte wie ein Vater den Sohn. Doch woher die Kraft nehmen? Theben ist so fern, der Prinz steht in unermesslicher Einsamkeit, und ihm ist wie ins Herz geschossen, eine hochflatternde Möwe tropft Blut in den Schnee.

Mein liebsüßer Giselheer
Ich glaub wir sehn uns niemehr wieder, aber ich denke immer an Dich und Paradies wächst wieder in mir und ein Busch daran Flügel blühen. Wir wollen ganz weit fortfliegen, komm nach der Schweiz, da sind doch auch Lazarette. Ich reise dann manchmal eine Stunde zu Dir von Zürich aus über den Zürcher See mit den Möven. Ich bin ja auch so müde; gestern abends weinte ich vor Ermüdung so viel hab ich zu tun. ... Ich bin so traurig immer so allein; an der steinigen Wand vor meinem Fenster baue ich Nester. Bitte sieh mit mir die Camälienbäume im Tessin und hin nach Mailand über den Lago. Oder sollen wir zwei Stunden an die See gehen über den Strand gehen. In Kolberg gibt es Wiesenschaumkrautwiesen. Ich habe viel Geld dazu. Willst du? Aber ich bin immer so häßlich sonst würde ich dir ganz anders schreiben.

In blaue Schwaden gehüllt erschien die Kontur eines kleinen Wesens auf der Bühne, Körper und Kopf steckten in einem Papprohr, am unteren Ende schauten magere Füße heraus. Von Pappröhren umschlossen waren auch die schlenkernden Arme und jeder einzelne Finger. Aus einem Loch in dem großen Rohr grinste ein schemenhaftes Gesicht, über das ein Seidenstrumpf gezogen war. Das Gebilde trippelte hin und her und bog sich nach allen Seiten, brabbelte Unverständliches, von Zeit zu Zeit entfuhr dem amöbenartigen Mund ein Schrei. Emmy Hennings kleine, scharfe Stimme. Dann ein Donnern aus dem Dämmer des Bühnenrandes, aus dem sich die Umrisse von zwei dunklen Gestalten schälten, die heftig auf zwischen die Knie geklemmte Trommeln schlugen. Die Pappröhre zuckte, die Finger zitterten. HaHuBalay – Hugo Balls Anarchistenname – und Richard Huelsenbeck, beide schwarz geschminkt unter hohen Schamanenhüten in blau-rot-goldenen Kostümen, brüllten in unterschiedlichen Rhythmen und Betonungen Wortkaskaden vom Bühnenrand, Emmy skandierte blechern.

Poème simultan !
Concert des voyelles !
Poème bruitiste !
Poème statique !
Poème mouvementiste !

Erstarrung, Dunkelheit, Stille. Dann wieder gleißendes Licht, in dem Huelsenbeck in violetten Unterhosen an die Rampe trat, eine Eule zwischen den haarigen Schenkeln, Schlange und Adler – die Symbole Zarathustras – in der Hand, auf dem Kopf eine zerzauste Perücke, aus der zwei Pfauenfedern stachen. Er brüllte, aus seinem Mund stürzte ein Schwall künstlicher Zähne, die zwischen die Zuschauer sprangen.

DIE KUNST IST IN IHRER AUSFÜHRUNG UND RICHTUNG VON DER ZEIT ABHÄNGIG, IN DER SIE LEBT, UND DIE KÜNSTLER SIND KREATUREN IHRER EPOCHE. DIE HÖCHSTE KUNST WIRD DIEJENIGE SEIN, DIE IN IHREN BEWUSSTSEINSINHALTEN DIE TAUSENDFACHEN PROBLEME DER ZEIT PRÄSENTIERT, DER MAN ANMERKT, DASS SIE SICH VON DEN EXPLOSIONEN DER LETZTEN WOCHE WERFEN LIESS, DIE IHRE GLIEDER IMMER WIEDER UNTER DEM STOSS DES LETZTEN TAGES ZUSAMMENSUCHT. DIE BESTEN UND UNERHÖRTESTEN KÜNSTLER WERDEN DIEJENIGEN SEIN, DIE STÜNDLICH DIE FETZEN IHRES LEIBES AUS DEM WIRRSAL DER LEBENSKATARAKTE ZUSAMMENREISSEN, VERBISSEN IN DEN INTELLEKT DER ZEIT, BLUTEND AN HÄNDEN UND HERZEN.

HAT DER EXPRESSIONISMUS UNSERE ERWARTUNGEN AUF EINE SOLCHE KUNST ERFÜLLT, DIE EINE BALLOTAGE UNSERER VITALSTEN ANGELEGENHEITEN IST?

NEIN! NEIN! NEIN!

HABEN DIE EXPRESSIONISTEN UNSERE ERWARTUNGEN AUF EINE KUNST ERFÜLLT, DIE UNS DIE ESSENZ DES LEBENS INS FLEISCH BRENNT?

NEIN! NEIN! NEIN!

Dada ist Quatsch!, schrie ein rotköpfiger, kurz vor dem Platzen stehender Spießer dazwischen, die vollständige Zerstörung des deutschen Gemütes, Gehirnerweichung!

DADA IST GOTT, GEIST, MATERIE UND KALBSBRATEN ZU GLEICHER ZEIT!

Huelsenbeck hob segnend die Zepter, Tumulte brachen los, das Licht im Saal kündigte die Pause an.

Der Prinz war mit dem Kunsthändler Han Coray gekommen, der in Zürich Lesungen für ihn organisierte. Als der Applaus, die Pfiffe und Rufe abebbten, drängte Jussuf nach vorne zur Bühnenseite, wo

Emmy sich aus ihren Pappröhren schälte. Ihre Fingernägel waren bis auf die Kuppen abgebissen, sie sah heruntergekommen aus und zitterte. Neben ihr ein ebenso bleicher und bebender junger Mann mit fiebrigen Augen, der versuchte, eine Spritze in der Hand zu verbergen. Emmy stellte ihn als Friedrich Glauser vor.

Momentchen, sagte sie und küsste Else flüchtig auf die Wange, bin gleich wieder da, gleich wieder auf dem Posten. Sie ging mit Glauser ins Dunkle, kam morphinüberglänzt zurück und lallte, gestern am Zürichsee sei ihr in einem Baum ihre tote Großmutter erschienen mit nach innen geklappten Zähnen.

Wir sind die dunklen Kinder des Satans, wir hören den Schlagtakt unserer Herzen, uns streifen die Schwingen des Irreseins.

Emmy sprach hastig und sprühte Speichel.

Lenin geht wieder nach Russland, er hat es Hugo erzählt, als er mit Clara Zetkin in der Ausstellung war. Er soll die Lage in Russland weiter destabilisieren, damit unsere Armee siegen kann. Graf Kessler will ihn in einem plombierten Eisenbahnwaggon durch Deutschland schleusen. Wirst sehen, Else, die Revolution kommt bald.

Emmy verdrehte die Augen und wandte sich zu Glauser, taumelte, versuchte vergeblich, ihn zu umarmen.

Else zuckte zusammen, als der Name des Leiters der deutschen Kulturpropaganda in der Schweiz, Harry Graf Kessler, fiel. Er war ein mächtiger Diplomat und hielt viele Fäden in der Hand. Das Auswärtige Amt in Berlin hatte ihm Millionenbeträge zur Verfügung gestellt, mit denen er deutsche Kunst in der Schweiz präsentieren sollte. Er setzte sie überwiegend – nicht immer im Sinne seines Auftraggebers – zur Förderung der Modernen ein, war ein Liberaler, der allen fortschrittlichen Künstlern half, nur Else Lasker-Schüler nicht. Bei Gesellschaften mied er die Dichterin, trat sogar offensiv den Rückzug an, wenn sie sich näherte, hielt sie ganz offensichtlich, wie sonst nur die Spießer, für närrisch, aufdringlich, womöglich geldgierig, erkannte ihre Größe nicht. Jedes ihrer Gesprächsgesuche beantwortete er mit einer Ausflucht, dabei wollte sie doch nur dazugehören und mitarbeiten an dem großen Friedenswerk, ihm ihre Ideen unterbreiten, wie man das Gemetzel an der Front beenden konnte.

Graf Kessler hatte den Verleger Paul Cassirer in die Schweiz geholt, das bewahrte Cassirer vor der drohenden Einberufung und Schikanen durch die deutsche Heeresleitung. Er hatte zuvor in seinen Weißen Blättern flammende Aufrufe gegen den Krieg publiziert und von Gertrud Eysoldt und seiner Frau Tilla Durieux öffentlich vortragen lassen. Kessler begründete sein Engagement für Cassirer offiziell damit, dass dessen Kontakte nach Frankreich hilfreich sein könnten, um die Friedensbereitschaft des Erzfeindes zu sondieren.

Paul Cassirer wollte Else Lasker-Schülers Gesamtwerk nach dem Krieg herausbringen, und die Dichterin traf regelmäßig mit den Exilkünstlern um Cassirer und Durieux zusammen, zu denen auch René Schickele, Elisabeth Bergner und Alexander Moissi gehörten. Sie saßen in Cafés oder in Cassirers Hotel Schwert und wurden misstrauisch von der Schweizer Fremdenpolizei beobachtet, die immer und überall kommunistische Umtriebe witterte. Kessler schützte die Exilanten mit diplomatischem Geschick, verschaffte Cassirer und Schickele Atteste von Schweizer Ärzten, damit sie der Einberufung entkamen. Außerdem organisierte er bedeutende Kunstausstellungen und Gastspiele. Richard Strauss kam als Gastdirigent in die Schweiz, Mahlers zweite Sinfonie wurde aufgeführt, alle großen Dichter durften vortragen: Hofmannsthal, Rilke, Gorki, Rolland, Schickele – nur der Name des Prinzen fehlte.

Jussufs Stimmung war im Keller, als er zu Han Coray zurückkehrte. Der überaus freundliche junge Kunsthändler bemerkte es und erkundigte sich eingehend nach der Werkausgabe, die Cassirer plante.

Das ist lange überfällig, hochverehrter Prinz. Werden Sie wieder das Frontispiz zeichnen? Es wird eine literarische Sensation, die Sammler werden sich darum reißen.

Ich kann kaum atmen, flüsterte sie Coray zu, ich muss nach Hause.

Auf dem Weg ins Hotel brachte sie noch einmal die Sprache auf Lenins Abreise aus der Schweiz, von der auch Coray gehört hatte.

Wenn er nur für Frieden sorgte, klagte Else, wenn wir nur Gerechtigkeit bekämen und die Blutmühle endlich aufhörte zu mahlen.

Amerika ist in den Krieg eingetreten, sicher haben Sie es schon gehört.

Das Herz meines Landes blutet in unendlicher Verzweiflung.

Hochwürdigster Großgeistlicher, ich bin so hingerissen von der Gestalt eines Locarnesers, das ich wie im Zauber dahinlebe, ich bin gefangen, wenn auch hinter Rosensträuchern, ich kann nicht mehr dichten und zeichnen wie in früheren Jahren … Ich liebe Paolo Pedrazzini. Ihn anzustaunen, wie man ein Lieblingsbild mal lange anblickt; so beschenkt fühlen sich nur Kinder zu Weihnachten. – Ich liebe ihn mit meiner ganzen Seele, ich liebe ihn wie ein Hirte vom Hügel, ein verwunschener Prinz einen Dogen liebt von ferne bis zum Horizont. Ich werde ein Engel (fast) wenn ich an Paolo Pedrazzini denke.

Die achtjährige Mercedes Pedrazzini, Tochter des Tessiner Kantonsrates Paolo Pedrazzini, und ihre beiden Freundinnen beugen sich prustend über ihre Eisbecher, als die kleine poetessa tedesca in ihrer typischen Haltung mit vorgeneigtem Kopf und klappernden Schritten im schwarzen, abgeschabten Kostüm die Piazza Grande in Locarno überquert und das Café ansteuert. Ihre glühenden Augen sind schwarz umrandet, die Haare strähniges Pech, blutrote Schminke zerläuft in den faltigen Mundwinkeln. Drei Schritte hinter ihr schleicht ihr langer, klapperdürrer Sohn, dessen tieftraurige Augen in dunklen Höhlen liegen. Nach einem Wortwechsel dreht er sich um und stakst davon, sie stößt wütend die Tür zum Café auf.

Lei è pazzamente innamorata di papà. Ma guarda, com' è strana, ha gli occhi di un diavolo.

La signora è bruttissima!

Ma con tantissimo charme ed una voce sublime, papà ha detto.

Mercedes zischt, ihr Lachkrampf steigert sich zum Erstickungsanfall, als ihr Vater kurz nach der Dichterin hereinkommt. Von seinem Anzugrevers leuchtet eine taufrische Kamelie. Wie die Alte ihn wohl heute umgarnen wird? Mit zuckenden Gesichtern beobachten die Mädchen die sich nun bietende Szene, die alles übertrifft, was sie bis dahin gesehen haben.

Kaum hat der breitköpfige Strahlemann Pedrazzini mit dem stolzen Hinterhaupt, der seine mexikanische Mutter nicht verleugnen kann, seinen caffè geordert, stürzt die poetessa tedesca mit aufgerissenen Augen an seine Seite, kniet nieder, nimmt seine Hand und küsst sie, bis der Verdutzte sie ihr entzieht.

Für die Kamelie über Ihrem Herzen, Signore, würde ich die Hälfte meines Lebens geben.

Sie singt es ihm hin mit gekräuselter Lippe, die Stimme ein dünner, scharfer Faden, als stünde die Dichterin auf einer Bühne. Der Genötigte reicht ihr widerwillig die Blüte, die blitzschnell in ihrer Tasche verschwindet. Dann springt sie auf und klappert davon, streift mit funkelndem Seitenblick die eiscremeverschmierten bebenden Gänse, die am liebsten unter die Tischplatte kriechen würden.

La prossima volta andrai avanti e controllerai se la via è libera, Mercedes, donnert Papa mit knallrotem Kopf von der Theke herüber, als sich die Tür hinter der poetessa geschlossen hat. Uno stupro, quello è stato un vero e proprio stupro.

Die Wupper

Else Lasker-Schüler hat ein Drama geschrieben – lächerlich: sie hat ein Drama aus sich herausgestoßen, das an elementarer Kraft, an leidenschaftlicher Wucht der Vorgänge, an tief aufwühlender Menschlichkeit sich stolz über diese Zeit erhebt. ... Man atmet in einer anderen Atmosphäre. Vorgänge, die wie lichte Schleier auf einer dunklen Fläche phosphoreszieren, verhaken sich in abgründigste Tiefen, holen das Blutigste, Geheimste, Grauenhafteste herauf, was europäische Kultur mühsam verbirgt.

Rudolf Kurtz in der Halbmonatsschrift Pan

Vielleicht wusste der hochverehrte Doktor Steiner, den Else mit seiner Gattin im Züricher Augustinerviertel getroffen hatte, jemanden, der ihr zwei- bis dreitausend Mark leihen konnte. Paul hatte Probleme mit den Nieren, der Professor hatte bedenklich den Kopf geschüttelt und einen Aufenthalt im Sanatorium Sonnmatt in Luzern empfohlen. Dabei herrschte jetzt schon tiefste Ebbe in der Kasse. Else setzte ihre ganze Hoffnung auf die Gesamtausgabe, die Cassirer vorbereitete, und redigierte mit Feuereifer die Druckfahnen. Sie widmete die Bände der teuren Mama und Pülleken, dem liebseligen Papa Mohammed Pascha, dem blauen Reiter in Ewigkeit, dem geliebten Spielgefährten Senna Hoy, der lieblichen Prinzessin Helle von Soutzo, dem lieben Leo Kestenberg, dem grünen Heinrich Max Herrmann-Neiße und seinem Lenlein. Als die Druckfahne von Mein Herz vor ihr lag, zögerte sie kurz bei der Widmung und setzte dann mit entschlossenem Schwung unter den Titel: *Niemandem.*

Und noch ein Lichtblick zeigte sich. Max Reinhardt hatte endlich Die Wupper für das Deutsche Theater angenommen, im April würde sie herauskommen und mit ihrem schwarzen Wasser die ärgste Not fortspülen.

Der letzte Trumpf in Elses Hand waren die neunundzwanzig Postkarten Franz Marcs, die sie als eiserne Versicherung für Paul hütete wie ihren Augapfel und in einem Berliner Banktresor eingelagert hatte. Der Direktor der Berliner Nationalgalerie Geheimrat Ludwig Justi hatte ihr deswegen schon mehrmals schöngetan und sein dringendes

Interesse bekundet, Marcs Karten anzukaufen und auszustellen. Fünfzehntausend mussten sie mindestens bringen, das sagten Cassirer und andere Fachleute, eine Summe, die Päulchen endgültig gesund machen würde. Dann stünde seiner Karriere beim Film nichts mehr im Weg. Er könnte als Ausstatter oder Zeichner anfangen, vielleicht auch Rollen übernehmen, schön und vornehm wie er war. Ein paar elegante Anzüge würde er brauchen, seidene Hemden, gute Krawatten, einen Zylinder, dann könnte sie, sobald sie zurück in Berlin war, bei Murnau, Lubitsch, Lang für ihn vorsprechen. Sie produzierten ja Filme am Fließband, über fünfhundert im Jahr, sogar Tonfilme sollten demnächst herauskommen. So gut wie Conrad Veidt sah Paul allemal aus, mit Kusshand würden sie ihn nehmen. Er war ja ein halber Grieche mit seinem vornehmen Profil, ein Thebenkönig, in den sich alle Kinobesucherinnen unsterblich verlieben würden. Dann würde er selbst enorm verdienen mit seinem einzigartigen Talent, tausend oder zweitausend am Tag mindestens, hatte man ihr gesagt, Gagen, die kaum zu glauben waren.

Das Tischrücken bei Hollaenders gehörte zu den schauerlichsten und schönsten Vergnügen, die Else sich vorstellen konnte. Séancen waren groß in Mode, aber oft kaum mehr als ein dilettantischer Mumpitz. Nicht jedoch bei dem Kapellmeister und Komponisten Victor Hollaender, dem Vater des kleinen, begabten Tondichters Fritz mit der Knollennase, der die Dichterin schon als Schüler verehrt und ihr manchmal beim Austragen des Sturms geholfen hatte.

Zunächst bereitete Victor alles für die Séance vor, hob das Medium, einen eigens angefertigten dreifüßigen Holzschemel, vorsichtig auf den runden Esstisch, zog die Vorhänge zu und entzündete weihevoll eine Kerze. Dann gruppierten er, seine Frau, die Soubrette Rosa Perl, Fritz, von den Eltern liebevoll Fritty genannt, und Else sich im Dämmerlicht um den Tisch und spannten ihre gespreizten Hände federleicht um den Rand des Schemels, bis ihre kleinen Finger einander berührten. Alle wurden still und andächtig, denn der Schemel verweigerte jegliche Auskunft, sobald sich jemand zu Skepsis oder Albernheiten hinreißen ließ. Der Lohn ließ selten auf sich warten. Sobald Victor den Schemel ehrfurchtsvoll begrüßt und ihn gefragt hatte, ob jemand da sei, begann dieser zu antworten, indem er klopfte, dabei kippte er leicht zur Seite, sodass sich zwei Beine von der Tischplatte hoben, um sich dann wieder hinunterzusenken. Die Anzahl der so erzeugten Klopfzeichen bezeichnete den entsprechenden Buchstaben im Alphabet, auf diese Weise brauchten sie nur mitzuzählen, um die Nachricht zu entschlüsseln. Doch oft gab der Schemel auch Nonsens von sich und sie mussten es mehrmals versuchen, manchmal sprachen bekannte Persönlichkeiten durch ihn, zum Beispiel Beethoven, der allerdings recht fantasielos nur tatata-taaa klopfte. Einmal – Else sah erschauernd die heiligen Augen der teuren Mama im Kerzenschein schweben – erschien Napoleon, dessen Mitteilung allerdings ähnlich lapidar war, nämlich, dass Salz auf Brot Wangen rot mache. Eines Abends klopfte der Schemel sehr energisch und eindeutig das Wort Wapper. Er wiederholte es mehrmals, sodass kein Zweifel möglich war. Allgemeines Rätselraten, doch der Schemel verweigerte standhaft die Antwort auf die Frage, was er denn mit diesem seltsamen Wort meine. Die Dichterin sann mit Augenrollen und kräuselnden Lippen, fiepste, knurrte, stöhnte, bis sich ihr Gesicht erhellte. Wupper, strahlte sie, er meint die Wupper, es ist ein Druckfehler. Er wollte uns bestimmt sagen, dass Fritty die Musik zu mingen Stöcksken komponieren soll!

Den Amadeus med däm gläsernen Herzen hätten se meck spelen loten sollen, Fritz, ich ständ ja selbst so im Winkel der Nacht wie minge Herumtreibers, wenn ich nicht als Dichterin geboren wär. Der gute Heinz Herald hat nicht das richtige Rezept für seine Regie gehabt, die Magie hat gefehlt, die Würze in der Bouillon. Vor allem hätte er den Vorhang nicht immer fallen lassen dürfen.

Aber es war ein schöner Erfolg, Else, ganz Berlin hat dir die Ehre gegeben, sogar die Herren Minister und Graf Kessler höchstpersönlich, man hört, es habe ihm gefallen. Und der frenetische Applaus, vor allem, als du auf die Bühne getreten bist, eine richtige Huldigung.

Aber die Spießer haben auch wieder gepfiffen, hast es doch selbst gehört.

Das gehört dazu, das adelt dich doch erst richtig. Es hat allen gefallen, die Kritiken waren gut, du kannst wirklich zufrieden sein.

Meine Wupper ist ein Geschöpf, Fritz, kein Märchen oder Drama oder Expressionismus oder Naturalismus, *höchstens eine Stadtballade mit rauchenden Schornsteinen und Signalen.* Weißte noch, wie ich's damals schon gehört hab, als du noch Pennäler warst, wie die Töne aus allen Ritzen und Fugen rausgequollen sind, Harmonika, Juxpfeife, Trommeln?

Klar weiß ich's, als wäre es gestern gewesen. Aber ich war zu jung, konnte mich noch nicht so hineinversetzen, fand den besonderen Ton nicht, auf den das Stück gestellt werden muss.

Aber nun haste doch eine Menge gelernt bei deinem Professor Humperdinck, der hat dich zum richtigen Tondichter gemacht, hast die Melodie meiner Wupper gefunden, hast so schön den lieben Augustin durchrauschen lassen und die Fabriksirenen und den brausenden Wind, der durch mein Tal fährt.

Wie die Sprache senkt sich auch die Musik auf die Szene, und das Rollen der Drehbühne wird vom Orchester aufgefangen, es singen lauter einzelne Stimmen.

Wie schön du das sagst, Fritty, bist ja auch noch ein Wörterdichter. Aber ming Stöcksken, ich weiß nicht, die Aufführung war so … so kunstgewerblich. Auf meines Herzens Bühne spielte ein anderes Stück, als es sich herausdrängte und mein Herz ins Fließen brachte. Nä, nä, leven Jung. *Et modd schon en Regisseur die Astrologie der Regie verstehen, ond van meck eenen Troppen Blut in sing Baseng hann.*

Ganze sechs Mal floss Die Wupper durch das Deutsche Theater, die Hoffnung, Dresden und Düsseldorf würden sie ebenfalls spielen, erfüllte sich nicht. Auch die Cassirer-Ausgabe brachte nicht den erhofften Gewinn, sodass Else schließlich blutenden Herzens die Postkarten des blauen Reiters verkaufen musste. Die Panther des Königs Jussuf, die Tränke am Rubinberge, das heilige Kälbchen, das Spielpferd des Königs Abigail, die springenden Affen und all die anderen verzauberten Vignetten von der Hand ihres Bruders Ruben, es zerriss ihr fast das Herz. Ganze achttausenddreihundert Mark bot ihr Direktor Justi von der Nationalgalerie, und angesichts des schlechten Zustandes von Paul blieb ihr nichts anderes übrig, als einzuschlagen. Kurz darauf reute es sie schon so sehr, dass sie mehrmals versuchte, zu Justi vorzudringen, doch der ließ sich hartnäckig verleugnen. Auch ihr schriftliches Ersuchen, die Bilder zurückzukaufen und sie dem Museum als Leihgabe zu überlassen, wurde abschlägig beschieden. *Wir sind arme Juden,* schrieb die Dichterin erbost an das Museum. *Das müßte Franz Marc wissen!*

Dear Mr. Professore Bithell.
Where are you? Will you have all my ten 10 Books. Die gesammelte Ausgabe. I think Paul Cassirer will let translatet all my books; will you übersetzen, dear Mr. Bithell? Answer me directly – jes? I habe all my books selwe illustretid and all the pictures has now gekauft here the National Galerie. Think!
And now where are jou? Answer me direktly jes

Else Lasker-Schüler

Gott hör

Um meine Augen zieht die Nacht sich
Wie ein Ring zusammen.
Mein Puls verwandelte das Blut in Flammen
Und doch war alles grau und kalt um mich.

O Gott und bei lebendigem Tage,
Träum ich vom Tod.
Im Wasser trink ich ihn und würge ihn im Brot.
Für meine Traurigkeit gibt es kein Maß auf deiner Waage.

Gott hör … In deiner blauen Lieblingsfarbe
Sang ich das Lied von deines Himmels Dach –
Und weckte doch in deinem ewigen Hauche nicht den Tag.
Mein Herz schämt sich vor dir fast seiner tauben Narbe.

Wo ende ich? – O Gott!! Denn in die Sterne,
Auch in den Mond sah ich, in alle deiner Früchte Tal.
Der rote Wein wird schon in seiner Beere schal …
Und überall – die Bitternis – in jedem Kerne.

Else Lasker-Schüler, Gott hör

Mit all ihrem Herzblut folgte die Dichterin der Einladung, für den Palästina-Aufbaufonds zu lesen, damit Geld zusammenkam für ihr verfolgtes, gedemütigtes, geschundenes Volk und man ihm in Tiberias einen Schutzhafen bauen konnte vor den Gemetzeln im Osten, denen Tausende zum Opfer fielen. Und vor den deutschen Hetzern, die die Juden zum Sündenbock für den verlorenen Krieg erklärten, sie der Drückebergerei, der Schieberei, des Kriegsgewinnlertums bezichtigten, man sprach gar von einem Judenfrieden. Dabei hatten die Juden ebenso ihr Blut auf den Schlachtfeldern gelassen wie alle anderen.

Aus allen Ecken infame Lästerungen über die angebliche leibliche und sittliche Verkümmerung der Ostjuden, die Deutschland vermeintlich überfluteten, man verunglimpfte sie als rassefremde, verjudete Mongolen, die das Fleckfieber ins Land brächten und vor denen man die Grenzen schließen müsste. Gleichzeitig warf man sie als billige Fremdarbeiter in die unmenschlichen Mühlen der deutschen Fabriken.

Die Sprache der Unmenschen: Verjudung, Judenfreiheit, Ausschuss für die Bekämpfung des Judentums, Lösung der Judenfrage, Entfernung des Giftes aus dem Volkskörper. Und Richard Wagner: Verjudung der modernen Kunst.

Rosa Luxemburg, Karl Liebknecht, Kurt Eisner, Gustav Landauer und viele andere Helden der Novemberrevolution dahingemeuchelt, erschossen, erschlagen, ins Wasser geworfen von feigen Nationalisten, die niemand zur Verantwortung zog. *Hinschlachten läßt du deinen Lieblingssohn immer wieder immer, daß deines heiligen Namens Posaune die Völker der Christen erwecke, und belohnst ihre scheußlichen Taten mit Erleuchtung.*

Die Erzählung Der Wunderrabbiner von Barcelona kam wie eine Offenbarung über die Dichterin, eine wilde Sinfonie stammelte sie heraus, an der sie fast zerbrach.

Die Geschichte vom weisen Schützer der Juden Rabbi Eleasar, der in Barcelona in einem glitzernden Haus wohnt, und der Dichterin Amram, Tochter des Baumeisters Arion Elevantos. Wie eines Tages, Amram dem Bürgermeistersohn Pablo vor die Füße fällt, eine große Liebe beginnt, die nicht sein darf, und wie dann ein großes Schiff auf dem Marktplatz vor dem Haus Eleasars wartet, unter dessen schützendem Segel Amram und Pablo die Stadt verlassen können. Wie nun das Pogrom beginnt und die Mutter Pablos dazu aufruft, den Vater der Judendichterin zu töten. *Sie selbst riß dem unschuldigen Opfer das Herz aus der Brust, einen roten Grundstein zu legen, daran die herrenlosen Hunde ihr Geschäft verrichten sollten. Und die Juden, die an den Namen Jehovas immer von neuem erwacht waren, lagen alle verstümmelt, zerbissen, Gesichte vom Körper getrennt, Kinderhände und Füßlein, zartestes Menschenlaub auf den Gassen umher, in die man die Armen wie Vieh getrieben hatte.* Und wie schließlich Eleasar im Atlas der Schöpfung liest und alle Völker zum gemeinsamen Mahl einlädt. ›*Und der allgütige Vater*‹, *lobpreiste singend Eleasar,* ›*pflückte einen Stern von seinem Kleide, und hob das Kind unter den Völkern zu sich empor und setzte das Licht in seine braune Stirn …*‹ Wie er also die Juden zum Volk der Propheten macht, das in den geordneten

Ländern der großen Geschwistervölker unter deren Schutz friedlich leben möge, eine fromme Utopie, die sich einmal mehr in Barcelona als unmöglich erweist. Wie dann Eleasar in Verzweiflung über das Schicksal seines Volkes so laut den Namen des Herrn ruft, dass die Toten und die bereuenden Christen erwachen. Und wie sich endlich der große Wunderrabbiner vom heiligen Hügel stürzt auf die Christen Barcelonas, die dabei sind, den letzten gequälten Juden voller Reue zur Ruhe zu legen, was ihnen aber nichts mehr nützt. Denn, so schließt die Dichterin ihre Vision: Der Rabbi *erlosch ihre Erleuchtung, zermalmte ihre Körper.*

Sie schickte das Buch einigen prominenten Juden, darunter dem in der nahe gelegenen Haberlandstraße wohnenden Nobelpreisträger Professor Albert Einstein und seiner Gemahlin Elsa, denen die Dichterin sehr zugetan war. Die beiden luden sie zum Tee ein und empfingen sie mit großer Liebenswürdigkeit und Hochachtung. Sie interessierten sich für Päulchens Schicksal und sprachen über Amerika, das zweite Gelobte Land der Juden, in das Else so gerne reisen wollte, um vorzutragen und die Familie der seligen Schwester Martha zu besuchen.

In Berlin, Prag und Wien las die Dichterin mehrmals aus dem Wunderrabbiner und rief damit die Antisemiten auf den Plan, die nicht müde wurden, sie in den Feuilletons zu parodieren und darzustellen, als sei sie verrückt geworden.

Sie selbst lachte am lautesten, wenn der besoffene Kubalk mit dem kantigen Gesicht und den stechenden Augen sie eine bekloppte Jiddene schimpfte, die alle Leute meschugge mache. Dann verschwand die Trauer in ihren schwarzen Seraphimaugen, und die Schelme hüpften und blitzten. Täglich versammelte sich die jiddisch sprechende Gemeinde von Berlin im Romanischen Café, Intellektuelle, Künstler, politische Aktivisten, die den Pogromen im Osten entkommen waren und eine große Kolonie bildeten. Sie schrieben und agitierten, gründeten Verlage und gaben Zeitschriften heraus. Unter ihnen war der junge Dichter Abraham Nochem Stenzel, der sein Brot mit Hausieren, dem Herstellen von Blumenerde aus Pferdeäpfeln und dem Reinigen von Kaninchenfellen verdiente, manchmal trat er auch auf

Friedhöfen die Erde der frischen Gräber platt. Er war Mitglied des jiddischen Parlaments, das regelmäßig im Café an zwei aneinandergerückten Tischen tagte. Eines Abends brachte ihm der Kellner eine Papierserviette, auf die mit flinken Strichen sein Porträt geworfen war, darunter stand die kategorische Aufforderung des Prinzen Jussuf, er wolle Hamid kennenlernen.

Abraham wurde Elses neuer Spiel- und Cafégefährte, der sie in hehren Metaphern besang: Auf einem roten Amboss liegend biete sie sich der Welt dar, ihr Leib sei hirschenes Pergament.

Stenzel teilte ihr Leid um Paul, bot ihr Beistand und Schutz an. Wie zwei Wüstentiere im Saharasand trabten sie nach dem Cafébesuch kichernd oder Verse vor sich hinmurmelnd durch das verschneite nächtliche Berlin. Manchmal lud sie ihn noch in ihr Zimmer oben im Dachgeschoss ihres geliebten Hotels Koschel in der Motzstraße ein, ihrer Schiffskajüte auf stürmischem Meer, wo sie bis zum Morgengrauen lachten und erzählten. Sie liebte zu dieser Zeit das Wort fabelhaft, zog es lang auf hohem Ton, rief Hamid nach durchzechter Nacht am frühen Sonntagmorgen an, um zu quengeln und zu betteln, dass er sie in die Matinee des neuen fabelhaften Charlie-Chaplin-Films begleite. Er rannte ohne Frühstück los und war glücklich, wenn er neben ihr saß und sie ruhig werden, ihre funkelnden Augen selbstvergessen in dem Gewusel mit dem watschelnden Schnurrbart auf der Leinwand versinken sah, über ihre Freude, wenn er ihr nach dem Kino vom Rebbe Josef Loksch im polnischen Sosnowiec erzählte, der sich zwei Gänse an die Füße gebunden hatte, um watscheln zu können wie Charlie Chaplin.

Im höflichen Stil der teuren Mama lud Else Abraham Stenzel zum Schabbatabend als Gast ins Hotel ein. Er wünschte ihr bei der Ankunft ehrerbietig Gut Schabbes und trat in ihr verzaubertes, sorglich geschmücktes Puppenreich, in dem die Schalom-aleichem-Engel zwischen vielfarbigen dünnen Seidentüchern schwebten. Unter dem Schabbattuch, das knapp ihren kleinen Arbeitstisch bedeckte, schauten Farbstifte, Federn und kleine Häufchen geglätteter Gold- und Silberpapiere hervor. Die bleiche Schabbatkönigin erwartete den Gast sorgsam frisiert in einem Kostüm aus dunklem Samt. Am weiß gedeckten Tisch mit den entzündeten Kerzen lauschte sie angespannt seinen

Geschichten von der Kabbala und den Rabbinern, von den Seraphim und den Visionen Daniels mit dem Feuerstrahl. Ihr Gesicht mit den spitz gewölbten zuckenden Augenbrauen, den fordernden, bittenden Augen, den Falten an den Mundwinkeln, in die sie vor Aufregung fortwährend biss, saugte seine Worte von der alten, fremd-vertrauten Kultur ihres Volkes bis zur letzte Silbe auf. Er sprach vom Schtetl, wo er mit seiner schönen Mutter gelebt hatte, die am Schabbatabend von drei Engeln begleitet wurde, der Schwester Tsimele und dem Vater, der so wunderbar das Esches chajel sang, das Lob des tugendhaften Weibes. Sie sangen es gemeinsam und weinten, bis der Kellner vom jüdischen Restaurant Hahn am Nollendorfplatz an die Zimmertür klopfte und zwei Stück Fisch und zwei mohnduftende geflochtene Challa-Brote brachte, die die Dichterin feierlich segnete. Beim Essen sprach sie von ihrer schönen Mama mit den weitschweifenden Augen und von den Possen des fröhlichen Papa, der die kleine Else, als Junge verkleidet, zum Schabbat in die Synagoge mitgenommen hatte, um aus dem Kiddusch-Becher gesegneten Wein zu trinken. Und wie sie dann beide nach Hause getorkelt waren und sich die Bäuche gehalten hatten vor Lachen. Dann kam Else unvermittelt auf Gott und die Engel zu sprechen, die sie manchmal leibhaftig sehe, von weißem Licht umgeben. Stenzel konnte kaum fassen, in welcher Geschwindigkeit sich ihr Gesicht und ihre Stimmungen vor seinen Augen verwandelten.

Die Pferde hatte sie einmal wieder satteln und auf einem großen Schiff nach Amerika fahren wollen, um Schönes ins Land der Freiheit zu bringen, ihre Verse zu sagen und ein paar kostbare Dollars zu verdienen. Vielleicht nach New York und Chicago, um dort Marthas reizende Töchter und Enkel zu besuchen, die sie zu Weihnachten mit Briefen und Fotografien erfreuten. Vielleicht wäre eine Schifffahrtslinie bereit, ihr die Passage zu spenden. Else schrieb der Dichterin und Galeristin Katherine Sophie Dreier in New York, die sie aus München kannte, und fragte an, wo man in Amerika vortragen könne. Die Antwort war niederschmetternd.

Das amerikanische Publikum sei wenig deutschfreundlich, Frau Lasker-Schüler werde sicher nur geringe Resonanz finden und enttäuscht sein, schrieb Mrs. Dreier zurück. Auf die Deutschamerikaner könne man sich schon gar nicht stützen, die seien womöglich noch konservativer als der Rest der amerikanischen Bevölkerung. Auch herrsche eine große Geldknappheit in der Kunstszene von New York, in der nächsten Saison müsse man schon die Galerie schließen. Mit den allerbesten Grüssen an die hochverehrte Dichterin.

Nebbig. Dann eben München, wo Päulchen, der einigermaßen genesen war, in der Pension Gisela logierte und sich darum bemühte, seine Zeichnungen zu verkaufen. Er brauchte Trost, der Simplicissimus hatte ihm mal wieder alles zurückgeschickt. Und den gelben Pinguin besuchen, den lieben Dichter Hans Feist-Wollheim, dessen wunderschönes Geschenk, ein weiches rosa Seidentuch, der Dichterin im kalten Berliner Winter den Hals wärmte. Sie dankte, während sie über das Glatteis schlidderte, den zarten Seidenraupen, die dafür ihr Leben gegeben hatten.

Jussuf geht zu Gott

Kolberg war stets der Ort ihrer unbegrenzten Freiheit und Möglichkeiten nach jeder Richtung! Ebenso frei von den Fesseln der Table d'hote, sowie von dem Zwange der sonst zu unleserlich werdenden Buchstaben der Phantasie! Nur ›wer die Strandkorbstunden kennt‹, mit Else beim Glanz des vergoldeten Meeres und bei den nächtlichen Strahlenwundern des Feuerwerks – nur wer mit ihr unter Regenstrippen – ach, was soll ich sagen – unter Regenschnüren, Regenstricken gesessen hat im matten Schimmer der fernen Laternen – der allein kennt ihr Angesicht mit den tausend Varianten in den Zügen, die ihre Seele darauf ausspricht, ohne ein Wort über die Lippen zu bringen.

Hedwig Wangel im Berliner Tageblatt

Das tiefe Glück in jedem Sommer wieder an der Ostsee, der feierlich perlengeschmückten Tafel, dem majestätisch rauschenden Geschmeide. Gleich beim ersten Spaziergang in der guten Seeluft sammelte der Prinz Algen und Seesterne für einen Gürtel, lief vom Wald, dem grünäugigen Freund, zum Meer. *Wir drei sind die Erzindianer und schlossen den Treueeid.* Auf dem Meeresgrund sammelte er Muscheln, Steine, Korallen und pflückte die schönsten Wasserblumen. Mit den Fischen spielte er Leberreime, das herrlichste von allen Spielen, das Sigismund von Radecki ihm beigebracht hatte.

Die Leber ist von einem Hecht
Und nicht von der Sardine.
Der schönste Fisch war Engelbrecht –
Und trocknet auf der Düne.

Else spazierte durch das Städtchen Kolberg, das von Jahr zu Jahr belebter und internationaler wurde. Russen, Polen, Tschechen, Schweden suchten hier Erholung. Ausgiebig verweilte sie in einem Laden mit Edelsteinen und bei der Muschelfrau, die prächtig beklebte Kästchen, Rahmen, Uhrständer und durchsichtige Beutel mit zartfarbenen Spielmuscheln feilbot. Dann noch schnell am Buchladen vorbei, um zu kontrollieren, ob auch ihre Bücher auslagen, wie der freundliche Buchhändler ihr in die Hand versprochen hatte.

In der milden Luft lief sie durch zarte Wiesenschaumkrautwiesen zur Pension Agnes und speiste auf der Terrasse zu Abend. Vom Kurplatz wehten die Klänge der Barcarole aus Hoffmanns Erzählungen herüber und ihr Herz jubelte. Immer wieder dankte sie aus tiefster Seele dem guten Sanitätsrat Magnus Hirschfeld und seiner freundlichen Schwester für ihre Einladungen in die Villa Agnes, dem umgebauten Elternhaus der Hirschfelds, in dem nicht nur der Dichterin, sondern auch vielen anderen Badegästen aus aller Herren Länder sorgliche Pflege zuteilwurde. Jeden Wunsch las man ihr von den Augen ab, servierte ihr nach Belieben das Essen im Speisesaal, auf der Terrasse oder auch allein im Vorgarten unter dem aufgespannten Sonnenschirm, vor allem, wenn neue Gäste eingetroffen waren, die die Dichterin lieber zunächst aus der Ferne in Augenschein nahm. *Man trifft ja Männer oft und Frauen, die in die Zähne mit der Zunge kriechen beim Verdauen, durch die gesegneten Mahlzeitbacken und Vor- und Hinter- und sauer gewordenen Milchzähne flöten und stöhnen. Halten Sie mich nicht für verrückt, da ich wahnsinnig von den Geräuschen werde.*

Nach dem Essen wohnte sie dem grandiosen Schauspiel des Sonnenuntergangs bei und erging sich in der langen Dämmerung am Meer, manchmal gestört von den melancholischen Improvisationen eines Klavierspielers oder der Annäherung eines ehrerbietigen Grünschnabels, der ihr partout ein Gedicht vortragen wollte. Sie floh die Promenade und lief mit nackten Füßen über den Sand zum Saum des Wassers, über dem der Geist Gottes schwebte, die strömende Weltseele. *Jeden Abend heimlich (600 M. Strafe, wenns herauskommt) raube ich mir das ganze Meer in meine kleine Tasche, lege das unendliche Wassergeschmeide in ein Etui unter mein Kopfkissen.*

Mit geradem Rücken und dem Gesicht eines Comanchenhäuptlings thront der Prinz unter dem verhangenen Mittagshimmel auf einem Schemel am Fuß der Düne vor dem schäumenden Meer und unterbricht seine Arbeit nur ab und zu, um Sand durch die gebräunten Finger rieseln zu lassen. Die Knie hat er zu einem Arbeitstischchen aneinandergedrückt, auf dem er eine Pappunterlage mit einem Stapel Telegrammformulare balanciert. Diese hat er am frühen Morgen aus der Kolberger Post geraubt und es beim Frühstück triumphierend kundgetan. Schon seit Stunden steht der rote Stern von Theben am Firmament, und der Prinz zeichnet sein buntes Volk auf die Formulare für ein Vorhaben, das ihn, wie der Verleger Alfred Flechtheim beteuert hat, aus allen missliebigen Verhältnissen reißen wird. Theben als Luxusausgabe, Auflage zweihundertfünfzig, alle Bände nummeriert, fünfzig mit der Hand koloriert. Die Vorzugsausgabe A, hellgraue Seide mit violetter Prägung in brauner Leinenkassette zu hundert Mark, die Vorzugsausgabe B, nicht koloriert, in Dunkelblau mit violetter Prägung zu vierzig, hat Flechtheim vorgeschlagen. Und das Beste: Fünfzig Prozent vom Verkaufserlös für Sie, verehrtester Prinz. Das ist eine Menge, und so arbeitet sie euphorisch, die Blätter werden wunderschön, man wird sie ihr aus den Händen reißen. Der Kasten mit den Farbstiften beschwert den Stapel mit Entwürfen, der, sorglich in ein Tuch geschlagen, auf dem Sandboden liegt: Prinz Jussuf, von seiner Balkonbrüstung aus auf das Häusergewirr seiner hoch aufragenden Stadt blickend, Prinz Jussuf, blau bemantelt und besternt, mit seinem Bruder Bulus im Tempel, Imre mit der heiligen blauen Schlange um den Hals, Jussuf, umringt vom Bund der wilden Juden, Maria mit dem Kindlein, Königin Schlôme alias Kete Parsenow mit keckem Hütchen über goldenem Venusgesicht und schließlich Jussuf, der zu Gott geht, ganz allein mit demütig geneigtem Haupt seines Weges trottet. Zartes kreidiges Blau säumt sein härenes Hemd, tupft ein Blümlein darauf als einzige Insignie. *Eher kommt ein Kameel durchs Schlüsselloch als ein irdisch ›Reicher‹ ins Himmelreich*, krakelt die Prinzenhand auf die Vorderseite des Telegrammformulars, die Buchstaben lauter Kämpfer. Dann das letzte Blatt: Jussuf, im blauen Kriegsanzug, modelliert seine Mutter, weiß, groß und fließend, mit weichem Nacken, mond- und sternenbekränzt vor der aufgewühlten Stadt Theben.

War sie der große Engel,
Der neben mir ging?

Oder liegt meine Mutter begraben
Unter dem Himmel von Rauch –
Nie blüht es blau über ihrem Tode.

Schwarze Mandeln ruhen auf dem schimmernden Meer, aus den Tiefen der Traurigkeit steigt das dunkle Wunder.

Aber ich weiß einen Stern,
Auf dem immer Tag ist;
Den will ich über ihre Erde tragen.

Wenn an den schönen Sommertagen die treuen Gefährten kamen, war des Prinzen Glück vollkommen: Hamid der Liebliche; Hedwig Wangel, die Schauspielerin und begnadete Schreiberin des Berliner Tageblattes; Sigismund von Radecki, mit dem Jussuf gerne tanzen und in die Lichtspielhäuser ging und der ebenfalls vom Stamme der bekennenden Kinoniter war; der Herzog von Leipzig und Stellvertreter des Malik Adalbert von Maltzahn und endlich auch der liebste und beste Freund Klaus Gebhard aus Elberfeld, der eine Seidenfabrik besaß und in einem Schlösschen unweit der Sadowastraße wohnte. Die Dichterin hatte bei einem ihrer letzten Besuche in der Heimat mit Gebhard und Carl Krall junior, dem Sohn des Elberfelder Juweliers und Besitzers der rechnenden Pferde Karl Krall, ihre alte Bekanntschaft aus Jugendtagen aufgefrischt und einen lebhaften und vertrauten Briefwechsel mit den beiden begonnen. Allwöchentlich schickten ihr nun Klaus und der dicke Carl, wie die Dichterin Carl Krall nannte, tröstliche Päckchen mit feinen Pralinés und anderem Naschwerk. Im Gegenzug ernannte Else die Freunde zu Wupperindianern, die sie mit dem feindlichen Stamme der Eingeborenen von Elberfeld aussöhnten.

Unvergessliche Sommerwochen verbrachte sie mit Klaus Gebhard in Kolberg und offenbarte dem erfolgreichen Kaufmann und nüchternen Rechner ihre sich angesichts der galoppierenden Inflation nochmals dramatisch verschärfenden Geldverhältnisse. Sie ernannte ihn zum Finanzminister der Stadt Theben, ein Posten, den er nur unter der Bedingung antrat, dass sie aufhörte, ihr Geld, wenn sie denn welches einnahm, mit vollen Händen zu verschwenden und zu verschenken. Bei langen Strandspaziergängen wütete die Dichterin über das Gebaren ihrer Verleger, die nichts unternahmen, um den Verkauf ihrer Bücher anzukurbeln.

Zuerst hält man sie für Priester, später entpuppen sie sich als Knechte des Satans, sie schänden den Tempel, den die Dichter errichten!

Gebhard schlug angesichts der Missstände die Hände über dem Kopf zusammen und versprach, sämtliche Korrespondenz zu übernehmen und die ausstehenden Beträge einzutreiben.

In der Dichterin reifte der Plan, ein für alle Mal aufzuräumen, gegen den verdammungswürdigen Schacher mit der Ware aus dem Herzblut der Künstler zu Felde zu ziehen, ungeachtet der tief greifenden Konsequenzen, die dies zur Folge haben würde.

Klaus Gebhard mahnte und warnte, sie werde alle gegen sich aufbringen, sie solle es sich gut überlegen und sich nicht unglücklich machen, aber der Prinz hohnlachte ihm ins besorgte Gesicht, wischte alle Bedenken beiseite, erstürmte die nächste Düne und rief von ihrem Kamm herunter gegen das Brausen der Wellen: *Einer von uns Dichtern muß seinen Ehrgeiz opfern, auf seine Sehnsucht verzichten, den Nachklang seiner Schöpfung zu erleben, ihr ins Antlitz zu blicken. ... Ich werde die Händler aus ihren Tempeln jagen, die wir Dichter ihnen aufgerichtet haben.* Davon wird mich niemand abhalten, lewen Wupperindianer, auch du nicht. Ich bin nicht bestechlich, ich habe genügend inneren Reichtum, ich lasse mich nicht industrialisieren, niemand wird mich zum Schweigen bringen, niemals!

Mit dem Kopf durch die Wand

Ich begann meine Bücher schließlich ab und zu, nicht imstande sie zu kaufen, vom Ladentisch zu rauben. Jedesmal hetzte der schnaubende Axel von der Achse seines Ladenkarrens den jungen Verkäufer auf die Räuberin, die im kühnen Satz auf eine Elektrische sprang und die Zunge lang dem verdutzten Lehrling nachstreckte.

Else Lasker-Schüler, Ich räume auf

Zurück in Berlin schrieb sie die Anklage nieder und verschonte niemanden, nicht Kurt Wolff, den Raubgrafen aus Leipzig, der Jussuf mit Almosen abgespeist, gleichwohl seine eigene Behausung mit Teppichen und kostbaren Antiquitäten geschmückt hatte, nicht Axel Juncker, der ihr für das heilige Peter-Hille-Buch ganze hundert Mark gegeben und sich geweigert hatte, die Prosasammlung Die Nächte der Tino von Bagdad zu honorieren, weil die vorherigen Bücher so schlecht verkauft worden waren. Ein Flammenschwert schleuderte der Prinz gegen Paul Cassirer und nannte ihn einen weltreisenden Hai, einen Imperator mit zwei Autos, der ihn gegenüber seinen Gästen als Blume des Verlages und größte Dichterin aller Zeiten preise, aber gleichzeitig mit entwertetem Geld bezahle, ihm dabei mit Grandezza den Dunst seiner Zigarette in die Augen blase und Weinkrämpfe bekomme, wenn er sich beschwere. Am derbsten bekam es Alfred Flechtheim ab, der gerade Theben im Querschnitt-Verlag herausgebracht hatte. Er laufe im seidengefütterten Mantel herum und sei nicht nur bekannt durch schweinische Exzesse, sondern habe den Prinzen auch in seinen Abrechnungen betrogen, indem er ihm nicht etwa, wie versprochen, fünfzig Prozent vom Verkaufspreis zugeschlagen habe, sondern nur die Hälfte von irgendeiner Nettosumme, außerdem in nicht nachvollziehbaren Millionen- und Billionenbeträgen bezahlt und auch noch die wenigen Freiexemplare, die Jussuf von seinem Werk erhalten hatte, abgezogen habe. Zu allem Überfluss habe Flechtheim sich gerühmt, gleichen Blutes mit dem Prinzen zu sein, weil er auch aus dem Rheinland stamme, und seine kalten Briefe mit *Eurer Hoheit ergebener Freund* signiert, worauf sie Schreikrämpfe bekommen und ihm eine Blutuntersuchung angedroht habe. Flechtheim gehöre geohrfeigt, er sei eine perfide, gerissene, rein geschäftlich orientierte, vertragsbrüchige Kreatur, mit der sich einzulassen man sie dringend gewarnt habe.

Sind wir Künstler nicht erhabene Gottsucher, ehrfurchtsvoll nach unserm unerreichbaren Ebenbild. Warum müssen wir gerade die schweren Steine aufheben, unsern zum Himmel strebenden Weg zu ebnen? ... Und ich möchte nur noch bescheiden bemerken, daß es darauf ankommt, zu erwachen, um vorerst mal aufzuräumen. Es täte uns Künstlern, also allen Dichtern gut, recht tief Atem zu holen. Parole: Mit dem Kopf durch die Wand! Wir können mit dem Kopf durch die Wand. Organisieren wir uns doch wie die Arbeiter, machen wir unsere Kunst staatlich. Unser blauer Tempel gehört nicht einem Geldmenschen, er gehört der Menschheit.

Else las die Broschüre mehrmals öffentlich, unter anderem auf einer Sonntagsmatinee zugunsten armer Mädchen. Sie fand keinen Verleger, dafür gab es ein umso lebhafteres Echo in den Zeitungen, das von jubelnder Zustimmung bis zu entschiedenster Ablehnung reichte. Der tief gekränkte Paul Cassirer veröffentlichte im Berliner Tageblatt eine wortreiche Rechtfertigung, in der er darlegte, dass er die Werke der größten Dichterin der Jetztzeit nicht nur einmal, sondern insgesamt dreimal honoriert habe, und seine Schuld sei es nicht, dass vom Gesamtwerk im Jahre neunzehnhundertvierundzwanzig nur einhundertachtzig Bände verkauft worden seien. Die Dichterin geißelte dies als fantasievollen Verteidigungsreim und ließ ihren Rechtsanwalt Fritz Kalischer dagegenhalten, Cassirer habe seine verlegerischen Pflichten vernachlässigt und die Bücher nicht angemessen propagiert. Kalischer machte ebenfalls öffentlich im Berliner Tageblatt die Gegenrechnung auf, dass Frau Lasker-Schüler für die zwölf Bücher, die ihr Lebenswerk ausmachten, im Durchschnitt acht Mark und fünfunddreißig Pfennige pro Monat erhalten habe, was einem Wochenlohn von zwei Mark entspreche. Davon könne sie nicht schöpferisch dichterisch tätig sein. Die größte deutsche Dichterin müsse also, wenn sie nicht verhungern wolle, Lohnarbeit verrichten.

Else trieb Geld auf und ließ ihre Streitschrift Ich räume auf in Eigenregie drucken. In zahllosen Briefen bat sie Freunde und Kollegen, dafür zu werben. Sie fragte Thomas Mann, ob er jemanden wisse, der ihr helfen könne, die Schulden zu bezahlen, und verschickte das Heft von ihrem Hotelzimmer aus zum Preis von einer Mark fünfzig. *Eck si dän ganzen Daag in minne Fabrik on mach Paquets on die Schornsteene dampfen meck schon ut ming Kopp*, schrieb sie an Carl Krall.

Dass sie sich nicht entblödet, diese seltsame Person, dass sie immer wieder ihre aufdringliche Bettelei nötig hat – eine seltsame Mischung aus Unterwürfigkeit und Dreistigkeit. Natürlich ehrt es ihn, wie sie ihm im Peter-Hille-Buch gehuldigt, ihn Onit von Wetterwehe genannt hat mit seidenen, vorauseilenden Augen. Wirklich schön gesagt. Gerhart Hauptmann wiegt seinen grauen Kopf, legt die in verschlungener Hieroglyphenschrift verfasste Postkarte zur Seite und diktiert seinem Sekretär einen Brief an Herrn Rechtsanwalt Fritz Kalischer, Kurfürstendamm 235, Berlin:

Frau Else Lasker-Schüler stellt mir die Frage, ob ich sie für eine große Dichterin halte, und bittet mich, die Antwort an Sie zu richten. Ich bitte jeden in jedem ähnlichen Falle mit dem Wort ›groß‹ vorsichtig zu sein: es ist nur in den allerseltensten Fällen wirklich angebracht. Meiner Überzeugung nach ist Else Lasker-Schüler eine Dichterin. Damit scheint mir alles gesagt, woran unsereinem liegen kann, soweit einem an der Meinung anderer etwas liegt. Hamlet sagt: ›Nennt mich was für ein Instrument Ihr wollt.‹ Dieser Standpunkt genießt hauptsächlich meine Sympathie.

Eine ehrgeizige, kalte Egomanin war diese Leni Riefenstahl. Päulchen hatte sie in der Schlange vor dem Statistenbüro in Babelsberg kennengelernt, und sie hatte ihm mit heimlichen Treffen, Komplimenten über seine Schönheit und tiefen Blicken den Kopf verdreht, um ihn dann, als er ihr einen Kuss rauben wollte, unter Gelächter zurückzustoßen. Die Kränkung traf ihn tief, das Fieber wallte wieder auf, und er lag tagelang in Apathie und Depressionen. Else giftete und schäumte gegen die berechnende Blondine, schrieb wieder Briefe für ihren Sohn, bettelte alle Welt an: eine kleine Stelle nur, als Schauspieler beim Film oder als Plakatzeichner.

Dann ein unverhofftes Glück, eine Einladung der reizenden Eugenie Schwarzwald, einer regen Wohltäterin und Freundin der Kunst aus

Wien, die zum Freundeskreis von Karl Kraus gehörte. Sie hatte Schulen für eine fortschrittliche Mädchenausbildung, Gemeinschaftsküchen, Heime für Lehrmädchen und alte Menschen gegründet und nach dem Krieg eine Kinderlandverschickung organisiert. In Berlin richtete sie im Stadtschloss ein Restaurant für notleidende Künstler ein, wo man zu einem geringen Preis an nobel gedeckten Tischen essen konnte. Hier lernten Else und ihr Sohn die Gönnerin kennen, die von Paul begeistert war und ihn nach Wien einlud, um ihn unter ihre Fittiche zu nehmen, ihn auszubilden und ihm eine sinnvolle, seinen Talenten und Neigungen gemäße Beschäftigung in ihren wohltätigen Projekten zu verschaffen. Warum zögern, gleich nächste Woche kann er mit uns fahren, jubelte Frau Schwarzwald und umarmte die Dichterin mit einer Überschwänglichkeit, die dieser schon fast unangenehm war. Trotzdem war Else glücklich und lief, um Päulchen mit Hemden, Kragen, Strümpfen und Stiefeln auszustatten.

Wie atmete sie auf, als er begeisterte Briefe aus Wien schrieb, von reizenden Freunden und bestem Befinden berichtete, wie beruhigt konnte sie sich nun um den Verkauf ihrer Bücher kümmern, deren Rückgabe sie nach dem Eklat um Ich räume auf dem Verlag Paul Cassirer abgerungen hatte, wie hochgemut ihre Vortragsreisen nach Zürich, Wien, Elberfeld und Holland antreten.

Wieder lauern die bösen Gespenster und die Todespfeile, abgeschossen von einer eitlen, machtgetriebenen, sadistischen, bitterbösen Frau auf das Herz einer Mutter, die sich alles gefallen lässt um ihres armen, bescheidenen, verkannten, künstlerischen Kindes willen, dem jede Raffinesse fremd ist, der eigentlich in gute, schlichte Hände gehört, nicht in die Klauen einer Wahnsinnigen, die ihn schmeichelnd und lobend zu sich gelockt und seine Mutter umgarnt hat, ihre bösen Seiten ganz und gar verbergend, um plötzlich eiskalt, mit breiten Schultern den Satz von nie da gewesener Schmach von sich zu stoßen: *Ihr Sohn kann nichts!* Die dann noch, als die Angegriffene sich flammenden Herzens wehrt, vor versammeltem Publikum eins draufsetzt und die Dichterin als eine bekannte Geisteskranke schmäht, die machen solle, dass sie hinauskomme. Daraufhin führt eine fremde Macht die Mutter- und Dichterinnenhand und verpasst der Megäre zwei schallende Ohrfeigen, rechts und links mitten in das größenwahnsinnige Gesicht. Zwei grobe Kerle puffen die Dichterin darauf mit Fäusten und treten sie mit Stiefeln, dass ihr rot vor Augen wird und sie fünf Minuten ohnmächtig daliegt mit blutenden Wunden.

Nach dieser Enttäuschung übernimmt Else wieder das Steuer von Pauls Lebensschiff. Er schafft es nicht allein, sie hat ihn in Wien bei Freunden logierend vorgefunden, abgemagert und abgerissen, ernährt nur von Zigaretten, übermüdet von nächtlichen Verkaufstouren durch die Cafés, wo er Porträtzeichnungen für einen Hungerlohn feilgeboten hat. Sie nimmt ihn mit in ihr Zimmer im Hotel Continental, was sie sich dank einiger Vorträge in Wien leisten kann. Dort erkranken beide an Scharlach und Diphtherie, vegetieren wochenlang elend dahin. Die Dichterin schreibt dies an Arthur Schnitzler, verbunden mit der Bitte, doch ihren lieben Jungen empfangen, ihm einen Rat geben zu wollen, und der Frage, wo er sich hinwenden könne im schönen Wien. Im gleichen Schwung schleudert sie in einem langen Brief an Karl Kraus ihren maßlosen Hass auf ihn heraus, den Philister, der Päulchen niemals gefördert, ihn in Wien nicht ein einziges Mal eingeladen, ihn niemals ermutigt, ihm keine Liebe zugewendet habe, wie man sie doch eigentlich einem wahrhaft vornehmen Menschen wie Paul-Bulus, noch dazu herrlich anzusehen wie ein Texaner, zuwenden sollte: … *aber ich sage Ihnen, was wären Sie, wenn Sie inniger wären.*

Und dann Klaus Gebhards sich bei diesem während eines gemeinsamen Essens in Elberfeld herausgestoßenen Bericht verdüsternde Kaufmannsmiene, seine vereisenden Brillenaugen, seine kühle Predigt über eine angeblich blinde Mutterliebe, die die Selbstständigkeit des Sohnes und damit sein Fortkommen behindere, über die Pflicht einer Mutter, ihr Kind freizulassen. Sie schade dem Jungen, wenn sie weiter so in sein Leben eingreife, sie müsse damit aufhören. Und noch nachsetzt, er meine es sehr ernst. Ja, wer ist denn der Malik von Theben, dass er sich solche geschmacklosen, ganz und gar nicht ehrerbietigen Ermahnungen anhören muss? Besser wäre es, diesen Geldzähler vom feindlichen Stamme hinauszuwerfen aus dem Oberhaus der Häuptlinge zu Tiba, ihm die Hand zum Abschied zu reichen mit Dank für alle Mühen.

Zu allem Überfluss auch noch die Anwürfe eines gewissen Ebbers aus Elberfeld, der Dramaturg sein will, in Wirklichkeit aber nichts als eine Buttermilch ist, die aufdringlich im Romanischen Café herumsitzt und auf Jussufs Bitte hin, er möge Gebhard Grüße überbringen, diesem ausrichtet, der Prinz habe gesagt, Gebhard sei ein Rind, was Carl Krall zu fragenden Karten veranlasst. Natürlich ist ein solches Wort eines Prinzen nicht würdig und deshalb niemals gefallen, trotzdem muss er sich von diesem Ebbers der Lüge bezichtigen lassen: Lasker-Schüler habe nicht nur von einem Rind gesprochen, sondern auch ihn, Ebbers, einen Schuft genannt. Ja, was ist er denn sonst, dieses minderwertige Geschöpf, das sich, wenn es nicht achtgibt, eine Ohrfeige einfängt, das den Malik von Theben kennenlernen und sich vor seinen spitz gefeilten Zähnen hüten soll. *Ich buhle um keines Menschen Gunst, ich bin ein Malik und ein Hirte ein Meer und eine kleine arme Wiese, aber an ihrem Rand rieselt ein Bach, ein klarer darin ich mein entsetztes zerrissenes, bespucktes Gesicht spiegeln kann.*

Der Prinz will nach Palästina, zusammen mit Erwin Loewenson und Hamid Stenzel spinnt er im Café schon seit Längerem diesen Plan aus. Vielleicht gibt es die Möglichkeit, an eine Einladung zur Eröffnung der Hebräischen Universität in Jerusalem zu gelangen, und sie finden Mäzene für die Passage ab Genua. Jussuf schreibt Briefe voller Fernweh an Freunde und Gönner, Albert Einstein steuert ein Empfehlungsschreiben bei, mehrmals wähnt Else sich dem Ziel ganz nahe.

Dann Pauls Ruf aus München, es gehe ihm schlecht.

Tuberkulose – Doktor Dorsch im Großen Schwabinger Krankenhaus spricht es aus, während er die Röntgenplatte vor die Lampe hält. Nur ein Anfang, hier das kleine Loch, ein paar Fleckenherde, wir bekommen das wieder hin, liebe gnädige Frau. Ein paar Monate Davos, gutes Essen, dann ist es ausgestanden, Ihr Sohn muss zu Kräften kommen, das Fieber muss runter.

Womöglich helfen die Ölpinselungen des Doktor Schmidt, von denen sie wahre Wunderdinge gehört hat. Das Öl bewegt sich ja, fließt vom Rachen hinunter zur Lunge. So etwas kann nur ein begnadeter Arzt erfinden, der die Krankheit an der Wurzel packt. Zwei Menschen in Berlin soll er schon geheilt haben. Geheimrat Doktor Sauerbruch, der wie Else aus Elberfeld stammt, hat auf ihre Bitte hin den Jungen in der Münchner Universitätsklinik untersucht und, abweichend von Doktor Dorsch, die Heilstätte Agra bei Lugano empfohlen, auch er voller Optimismus, es sei heilbar in diesem frühen Stadium. In längstens ein, zwei Jahren habe es sich ausgewachsen, er werde dem geschätzten Kollegen einen Bericht senden. Ein Engel, der liebwerte Doktor Dorsch, mit Sorgfalt und Güte lässt er Päulchen seine ärztliche Kunst und Fürsorge angedeihen, auch der gute Doktor Heilbrunner, der ihn nach Agra bringen will. Afrikanische Schmetterlinge fliegen herum im Tessin, diesem himmlischen Rebstock, wo die Luft duftet wie guter Wein und Päulchen bald wieder zu Kräften kommen wird.

Auf schwarzem Wasser

Ein Jahr vor dem Tode meines Jungen geschah mir ein Gesicht. König David saß in meinem Zimmer – es war in später Abendstunde, er trug ein schwarzes Gewand und einen schwarzen Turban. Seine Augen waren wie Asche. Er verharrte lange Zeit, neben mir sitzend. Ja, ungeheuerlichen Geschehnissen gehen immer ungeheuerliche Ouverturen voraus.

Else Lasker-Schüler, Mein Junge

In Berlin erfuhr Else, dass Paul Cassirer nicht mehr lebte. Selbstmord, ein Keulenschlag. Er hatte nicht verkraftet, dass Tilla Durieux sich scheiden lassen wollte, und sich in der Anwaltskanzlei, in der er die Dokumente unterschreiben sollte, in den Kopf geschossen.

Die Schmerzen in Elses Arm wurden immer schlimmer, Sehnenscheidenentzündung, sagte der Arzt, Sie dürfen weder schreiben noch zeichnen, gnädige Frau, und Bücher kolorieren ist ganz unmöglich, Sie brauchen Ruhe, Ruhe!

Und wer soll die Behandlung meines Jungen bezahlen, von allem anderen mal ganz abgesehen? *Und ich fresse schon meine Fingerspitzen wie Spargelköpfe.*

Sie schrieb ihre Verzweiflung Franz Werfel und bat ihn, sie bei dem Verleger Paul Zsolnay als fleißige Dichterin anzupreisen, Zsolnay habe Geld und könne ihr die Bücher abkaufen, die Cassirer ihr vor seinem Tod zurückgegeben hatte.

Der zur Untätigkeit verdammte Prinz wollte sich nach seinen Regierungsgeschäften am liebsten allein herumtreiben und keinen Menschen sehen. Noch weniger wollte er in den Zeitungen Artikel zu seinem fünfzigsten Geburtstag lesen, die dennoch zahlreich erschienen. Zum Glück brachten sie keine Fotos, nur ein entzückendes Kinderbildnis der kleinen Else erschien in der Literarischen Welt.

Manchmal notierte sie mühselig Ideen für Essays über die Bäume und die Natur, entzündete blaue Kerzen und betete für alle kranken Menschen, besonders für Päulchen und Annemie, Emmy Hennings Tochter, die schwer an Typhus erkrankt war, wie Emmy in ihrem letzten Brief geschrieben hatte.

Sterbend wankt Jussuf an den Hausfassaden der Motzstraße entlang, wie ein Messer wühlt in seiner Brust, was er am Nachmittag im Café erfahren hat: Der neu gegründeten Sektion Dichtung in der Preußischen Akademie der Künste wird die Dichterin Else Lasker-Schüler nicht angehören. Man hat sie nicht gefragt, nicht gewählt, einfach übergangen. Die Eitelsten unter den männlichen Literaten haben das Terrain unter sich aufgeteilt: Thomas Mann, Gerhart Hauptmann, Stefan George, Arno Holz und ein gewisser Ludwig Fulda, den niemand kennt und erst recht niemand schätzt. Welch ungeheure Geschmacklosigkeit!

Das Hotel Sachsenhof kommt in Sicht, des Prinzen gastliches Zuhause, über dessen Flure und Zimmer in diesen Tagen rot gewandete Mönche huschen, die das herbe Aroma von Räucherwerk verbreiten. Es sind tibetanische Lamas auf Europareise, die mit gekreuzten Schenkeln und gefalteten Füßen auf Gebetsteppichen hocken und Gesänge leiern, ihre Stimmen in tönende Pfade verwandeln, auf denen man lebend ins Nirwana gelangt. Morgens klopft der Oberlama im Festgewand an Jussufs Tür, um fröhlich Gut Morgen! zu rufen und mit seinen lächelnden Sammetaugen zur Zeremonie einzuladen. Dann murmelt der Prinz auf seinen Fersen sitzend Gebete mit den weisen, lieben Menschen, weiß sich in ihre Bitten eingeschlossen, nimmt mit geöffneter Seele teil an ihrem Weihedienst.

Ein kleiner Omnibus hält hupend und stinkende Wolken ausstoßend vor dem Hoteleingang an der Motzstraße. Die Lamas klettern heraus, sie kommen von einem Ausflug zurück und verscheuchen mit ihrem Lachen alle Schwermut. Unter ihren hohen Fellmützen blitzen die Augen der jungen Mönche hervor. Freundlich nehmen sie die Dichterin in ihre Mitte und geleiten sie zum Eingang. Am Abend rennen die kichernden Schelme in monumentalen Teufelsmasken und mit vorgestreckten Armen durch die Hotelkorridore. Wie sehr wünscht sie sich, die Sprache ihrer Herzen verstehen und sprechen zu können.

So ist sie: Zuckerbrot und Peitsche, von einem Extrem ins andere, eine launische, verwickelte, widersprüchliche, unberechenbare Natur. Zuerst wieder die überschwänglichen Schmeicheleien, diesmal für die grandiose Verfilmung der Weber. Doch der Hieb lässt nicht lange auf sich warten: … *warum sind die Dichter meist nur in Worten gut? … und es hat mich von Gerhart Hauptmann gewundert, gerade von Gerhart Hauptmann, daß er mich nicht fragte angesichts des Unglücks, das mich betroffen hatte, ob ich irgendwie Hilfe gebrauche.* Vielleicht hat sie recht, das Schicksal spielt ihr wahrlich übel mit. Der Sohn ist ihr Ein und Alles, obwohl er ein verwöhnter Bengel sein soll, der trotz seiner Begabung nicht auf eigenen Füßen steht. Aber diese teuflische Krankheit kann auch jemanden ruinieren, der besser ausgestattet ist als ausgerechnet Else Lasker-Schüler. Und ihr Löwenmut lässt nicht nach. Bilder im Abonnement, die Idee ist nicht schlecht. Bettelbriefe an reiche Leute soll er schreiben. *Jemand vom Gelde.* Und regelmäßige Abnehmer gewinnen. Ja, glaubt sie denn, er habe nichts anderes zu tun?

Salzsäure, mein Pülleken, die hat auch meiner liebseligen Mama so gutgetan, als sie keinen Appetit hatte, sollen wir es nicht damit versuchen? Ich werde Doktor Dorsch fragen, was er davon hält.

Untersteh dich, Mutter.

Was meinst du?

Untersteh dich, Doktor Dorsch schon wieder auf die Nerven zu gehen, und untersteh dich, an alle Welt Briefe zu schreiben über mich und meinen Zustand und wie viel Fieber ich habe. Ich will das nicht, begreife das endlich.

Aber du sollst doch nur wieder essen, und das Fieber soll runter, du sollst gesund werden. Es sieht doch auch schon wieder ganz gut aus, Pülleken.

Du beleidigst die Ärzte, wenn du immer alles besser weißt, wirst sehen, bald will mich keiner mehr behandeln.

Aber man muss alles ausprobieren. Wenn jemand gute Erfahrungen gemacht hat, ist es das wert. Wie mit den Ölpinselungen, sollen wir nicht doch mal …

Nicht wieder dieses Wort, Mutter, hör auf damit, nie wieder will ich dieses Wort hören. Punktum! Der Doktor hält es für Unfug und ich auch.

Aber vielleicht kann es doch Großes bewirken, die Ärzte können nicht alles wissen …

Aber du weißt alles!

Warum du nur immer so bist, ich meine es doch gut. Was sagte denn die liebwerte Elvira Bachrach, als sie bei dir war?

Was soll sie gesagt haben, du hast sie doch geschickt, damit sie mich aushorcht und dir über jedes Zehntelgrad Fieber Bericht erstattet. Ich will hier nicht von wildfremden Leuten überfallen werden, war noch nicht mal rasiert, als sie kam.

Aber das macht doch gar nichts, sie ist doch meine alte Schulfreundin aus seligen Kindertagen. Schau, ich habe Sahne mitgebracht, ganz frisch, die macht dich gesund, Pülleken, trink nur, trink. Und was ist mit dem Konfekt? Dachte ich es mir doch, kein Stückchen angerührt, du musst essen, mein Junge, Zucker gibt Kraft. Du musst kämpfen, du weißt es, der Doktor sagt es auch immer wieder.

Ich habe hier alles, was ich brauche, wir bekommen jeden Tag Schokolade und Kuchen und literweise Sahne. Mehr als ich jemals trinken kann.

Du glühst ja wieder, ein Fieberschub! Ach, mein Pülleken, nicht husten, nein, komm, oh, mein armer Junge … nimm die Schale … hier das Tuch … Kind, oh, oh, so viel Blut … ja, ja, bin ja schon draußen.

Der gute, kluge Marcel Brion war ein Mensch mit Seele, einer, der den Prinzen verstand, durch das Bogenfenster in den thebetanischen Palast blickte und tiefe und innige Worte fand, indem er sie als große Dichterin pries, die nicht nur Deutschland, sondern ganz Europa zum Ruhm gereiche.

Else beklagte sich bei Brion über ihre Dichterkollegen und bat ihn, eine Depesche an die Akademie der Künste zu senden mit der Forderung, dass man der Dichterin Else Lasker-Schüler unbedingt sofort eine große Summe Geldes zu opfern habe, Brion könne es ja etwas freundlicher formulieren. Sie wisse genau, dass alle anderen etwas bekommen hätten, Brion solle allerdings so tun, als habe er dies aus einer anderen Quelle erfahren.

Je suis toujours très très triste. Je suis un Matrose ruiniert.

Sie offenbarte ihm ihre Vision von Jerusalem, in der ihr Jesus von Nazareth mit seinen Jüngern beim Abendmahl erschienen sei. Ein starkes, weißes Licht sei von ihm ausgegangen, das sie eingeatmet und das ihr die

Kraft zu töten gegeben habe. Und von König David, der in ihrem Zimmer gesessen sei in schwarzem Mantel und Turban, traurig und klein, sie habe ihn wie durch eine Lupe gesehen. Und wie sie sich manchmal bei den Wolkenhaufen am Himmel wiederfinde und sich mit ihnen berate. Wie gerne, schrieb sie Brion, würde sie ihn in Marseille besuchen und in seiner Begleitung in Paris vortragen, sie habe solche Sehnsucht nach dieser Stadt. Dorthin seien auch die liebseligen Eltern einmal gereist, und die teure Mama sei mit einem Ballon in die Wolken geflogen. *Ich vortrage schön ohne Humbugg ohne Langeweile aber mit Beleuchtung. Ich klopf wenn ich die Gespenstergeschichte: Der Scheik vortrage und summe die Musik der asiatischen egyptischen Karravanen wenn ich ›Joseph wird verkauft‹ vortrage. Ich mache Ihnen keine Schande.*

Paul ging es unverändert schlecht, alle ärztliche Kunst war vergebens. Else hatte ihn aus dem abgeschiedenen Davos in eine der besten Privatkliniken nach Zürich gebracht, wo man das Menschenmögliche versuchte, aber er erholte sich nicht und wollte am liebsten nach Berlin zurück. Else stimmte schließlich zu, auch sie zog es nach Hause. Im Staatstheater sollte im Oktober eine Neuinszenierung der Wupper aufgeführt werden, Jürgen Fehling bereitete sie mit erstklassiger Besetzung vor.

Else mietete das hohe, luftige Atelier des Bildhauers Jussuf Abbo in der Königin-Augusta-Straße im Tiergartenviertel und bat Pauls ehemaliges Kindermädchen Hedwig Grieger, ihr bei der Pflege zu helfen. Die treue Seele verließ sofort ihre Arbeitsstelle als Verkäuferin und sie wechselten sich am Krankenbett ab. Elses Arm war operiert, die Schmerzen erträglicher geworden, und so schrieb sie während der Wachen tröstliche Essays für das Berliner Tageblatt über die Paradiese ihrer Kindheit: Elberfeld im dreihundertjährigen Jubiläumsschmuck, den Versöhnungstag, das Gärtchen in der Sadowastraße in Elberfeld. Für Hugo Stinnes und andere großzügige Gönner, die ihr nun regelmäßig gegen hundert Mark pro Monat ein Bild abnahmen, zeichnete sie immer neue Varianten des bunten Thebenvolkes.

Manchmal bezwang die Arbeit ihre sich ins Unermessliche steigernde Angst. Auch die Briefe an Paul Goldscheider halfen, einen Wiener Medizinstudenten, der etwas jünger als Päulchen war und mit einem schwärmerischen Schreiben die Korrespondenz eröffnet hatte. Vor ihm konnte sie ihr Herz fließen lassen, fast täglich gingen ihre Briefe, Karten und Telegramme zwischen Berlin und Wien hin und her. Paul Goldscheider hatte einige Jahre in Südamerika gelebt, weshalb Else ihn zum Indianer vom Stamme der Inka mit dem Namen Gestreifter Tiger ernannte. Im Gegenzug erhob er sie zum Häuptling Blauer Jaguar.

Ich sah nur Schrecken fast 3 Jahre lang, alle Qual der vergangenen Jahre fast war dagegen nur Lapalie. Das glauben Sie mir. Keinen Hunger noch Not gleichen der Pein, die ich durchmachte. Vielleicht wird sich nun alles etwas lindern. Manchmal, nein einmal, vor einigen Tagen nahm ich meinen herrlichen Indianerhut mit den schönen geschenkten Federn und der prachtvollen Helliotropfeder aus dem Schrank und setzte ihn auf – als ich mich vom Spiegel umdrehte, schrie das Zimmer laut vor Erregung. Wenn Sie ahnten, wie ich Indianer bin und wie ich gefangen bin gebunden am Baum der alle Bäume und Zweige in sich trägt, um immer durchbohrt zu werden, Sie würden sicher einen Pfeil nehmen ihn mir durchs Herz zielen.

Immer denk ich, ich wach nicht mehr auf. Es ist alles so schwer zu schwer für einen Menschen. Nun weiß ich es giebt sicher die höhere Macht, die auch straft und wir wissen nicht warum. Der Sturm geht Tag und Nacht; einmal dachte ich den ganzen Abend, wie ein Lied summten meine Schläfen zweistimmig: ›Der Wind der Wind das himmlische Kind.‹ … O Gott, ich bin so müde, manchmal gut manchmal verworfen wie ein Matrose, der das Schiff leitet und manchmal in Gedanken seinen Platz verläßt wo unter einer dunklen Wolke versteckt oben auf der Stange sitzt. … Ich bin sehr traurig, ich bin noch viel trauriger wie traurig. Ich freue mich, wenn Spätabend kommt, da schläft man ein paar Stunden ein. Mein ärmster Junge immer fiebernd sehen nun schon fast zwei Jahre lang. Bitte versuchen Sie nicht, mich zu trösten. Ich bete manchmal, Gott soll an ihm ein Wunder tun oder mich für ihn so strafen oder wenn es Ihm gefällt uns beide erretten. So ähnlich bete ich; ein Gebet ist ja Schaum, steigt auf, sollte so sein; oder ein Becken seines Bittwillens das des Gottes Hand berührt.

Ich lief nachts wie auf schwarzem Wasser, mit dem Gesicht auf einem schwarzen Strom, der mag mich hinschleudern wohin er will, da ich nicht mehr will, kaum atme ich ... Ich bin erstickt. Wie wird die Welt werden, wo werde ich landen? Wie lange werde ich leben können und der einsame Tod überall. Wenn ich so nachdenke, nie Ruhe im Leben und nie ein rechtes Zelt und immer gehetzt und alles hab ich auf mich genommen und meine Schultern sind eingestürzt und trage alles auf einem eingebildeten Zweig . ... Ich muß heute schließen, lieber Indianer; ich bin so voll Kummer und vereinsamt in mir, nicht, daß ich nicht Menschen hätte, die sehr lieb sind, aber ich bin so unglücklich, ich kann die Verwirrnisse in den Knäueln der Welten nicht mehr ebnen vor Ermüdung. Manchmal hilft mir vielleicht der Erzengel Gabriel, den liebe ich in seiner weißen Federnpracht; ich will jetzt wieder auf die Wirklichkeit der Erde – schon stehe ich fest und ich könnte auch Kohlenschipper sein. Ich finde es schön, alle solche harten Dinge zu können, und viel viel Kohlen lade ich auf am Tag, heize und alles wie auf einem Schiff, die ankommen wollen endlich.

Ich bin wieder zu Hause, – das heißt – in meinem Hotel Sachsenhof nach schwärzestem zweijährigem Leben. Man kann auch auf den Gewässern [irren] wenn man auf dem Lande ist. Ich habe seit meiner letzten Antwort dem Brief mit der grünen Feder aus meinem Gurt nichts von Ihnen mehr gehört. ... Aber ich kann vor Zartheit und Pietät und Schmerz nicht schreiben was noch passierte oder eigentlich passierte und ich bin wie im Nebel immer. ... Ich konnte mich nicht bewegen – kaum schreiben. Mein wunderbar schöner lieber Junge ist gestorben. Denken Sie, Indianer.

Jud Jud

Immer wieder wirst du mir
Im scheidenden Jahre sterben, mein Kind,

Wenn das Laub zerfließt
Und die Zweige schmal werden.

Mit den roten Rosen
Hast du den Tod bitter gekostet,

Nicht ein einziges welkendes Pochen
Blieb dir erspart.

Darum weine ich sehr, ewiglich ...
In der Nacht meines Herzens.

Noch seufzen aus mir die Schlummerlieder,
Die dich in den Todesschlaf schluchzten ...

Ich sah auch die Engel im Weinen,
Im Wind und im Schneeregen.

Else Lasker-Schüler, An mein Kind

An einem kalten Dezembertag wurde Paul Schüler auf dem jüdischen Friedhof in Berlin-Weißensee zu Grabe getragen, die jüdische Beerdigungsgesellschaft Chevra Kadischa hatte die Trauerfeier organisiert. Gestützt von ihren Nichten Edda und Erika wankte Else hinter dem Sarg her, dicht gefolgt von Gottfried Benn und anderen Getreuen, die ihr auch in den folgenden Tagen der Schwärze beistanden.

Ende Januar, nachdem sie in einer durchwachten Nacht gesehen hatte, wie heilige Männer auf einem Weg im Morgenland für sie beratschlagten, wurde Else ruhiger und stürzte sich in Arbeit und Geschäftigkeiten. Ein neues Stück gärte in ihr, ein Stück über Hexengeseke, die Heimat des liebseligen Papa. Arthur Aronymus und seine dreiundzwanzig Geschwister, dazu Onkel, Tanten, Rabbiner, der Bischof von Paderborn, die Padersteins mit ihren Kindern bevölkerten die Träume der Dichterin, um die fünfzig Rollen konnten es werden.

Außerdem zeichnete sie wie besessen, da sie ihren Gönnern, die unendlich Vorschüsse geleistet hatten, noch viele Bilder schuldete. Um eine Stelle für den arbeitslosen Paul Goldscheider zu finden, schrieb sie emsig Briefe, versuchte es bei mehreren Reedereien und Banken, beim Internationalen Nachrichtenbüro, beim Staatstheater, bei der Firma Bayer, aber eine Absage folgte der anderen. Im Theater am Nollendorfplatz nahm sie an einer Protestkundgebung für Johannes R. Becher teil, dem sein gerade erschienener Roman Levisite oder Der einzig gerechte Krieg eine Anklage wegen Hochverrats, Beschimpfung der Republik und Gotteslästerung eingebracht hatte.

Else fuhr ins Tessin und besuchte von dort aus in Begleitung des Luganer Arztes Doktor Riedel Venedig. Die Schönheit der Lieblingsstadt der teuren Mama drang durch ihre Trauer und Erschöpfung. Die Dichterin ließ sich von Doktor Riedel am Brunnen auf dem Markusplatz in einem Gewimmel von Tauben fotografieren. Ein zutraulicher kleiner Junge, dem sie die Hosentaschen mit Zuckerzeug vollstopfte, trällerte ihr dankbar ein italienisches Lied vor und jauchzte, als eine silbriggrüne Taube auf ihre Hand flatterte.

Nach ihrer Rückkehr besuchte sie in Berlin alle Aufführungen der Wupper und war beglückt von Herbert Iherings Inszenierung:

Wunderbar wird gespielt und wenn der Mond aufgeht, das Kind über die Dächer mondsüchtig wandelt, ist beinahe unheimlich. Ich sitze morgen Parquetloge und bin dann so einsam und trunken und der Niedrigste: Ich! werde erhöht werden.

Das Düsseldorfer Schauspielhaus hatte ebenfalls Interesse an einer Inszenierung angemeldet und in Else wuchs die Zuversicht, dass das Werk doch noch die Anerkennung finden würde, die es verdiente.

Zu Ostern kam endlich Paul Goldscheider aus Wien. Er begleitete die Dichterin bei ihren allabendlichen Kinobesuchen, besonders beeindruckte beide die Verfilmung der Dreigroschenoper von Bertolt Brecht. Voller Genugtuung erzählte die Dichterin, wie Brecht sich bei der Verlegerin des Williams-Verlages Edith Jacobsohn für sie eingesetzt hatte. Jacobsohn habe eine Honorarforderung Brechts über zweihundertfünfzig Mark mit der Begründung zurückgewiesen, auch Else Lasker-Schüler bekomme nur hundert, sogar für eine Erstveröffentlichung. Darauf habe Brecht der Verlegerin geantwortet, das beunruhige ihn weniger in eigener Sache als vielmehr im Hinblick auf die Lasker-Schüler, er halte es für völlig unzulässig, ihr derart niedrige Honorare zu zahlen. Else war freudig überrascht, als sie davon erfuhr, denn sie hatte immer den Eindruck gehabt, Brecht möge sie nicht. Vor einigen Jahren hatte er eine Lesung von ihr in München besucht, und der kühle Blick des egozentrischsten unter allen Dichterkollegen, der die Frauen gleichzeitig verschlang und verachtete, hatte signalisiert, dass die Lasker-Schüler ganz und gar nicht nach seinem Geschmack war, viel zu alt und verlebt.

Else lud jetzt wieder gern zu geselligen Runden ein, die sie ihre Reichstage zu Worms nannte, mit belegten Brötchen, Apfelsinen, Wein und Selterwasser. Maria Moissi, Arthur Holitscher, der Großgeistliche der Grunewald-Synagoge Emil Bernhard Cohn und der lustige Kaplan Bernhard Stasiewski, Hausgeistlicher des Knaben-Waisenhauses Berlin-Tiergarten, gehörten zu diesem Kreis. Es waren tröstliche Mahle, bei denen sie übermütig waren und einander blautaten, ein wenig Konzert hatten wie in früheren Jahren. Sie debattierten über das ewig alte Thema Christen- und Judentum, und Else verteidigte ihre Idee vom Judenchristentum standhaft gegenüber Cohns konservativer Haltung.

Wir haben doch alle nur den einen Gott, flammte sie zu fortgeschrittener Stunde, ich weiß, dass es gemeinsam gehen kann, es muss ja!

Nur manchmal flüsterten sie über das Grauen, das sich näherwälzte. Die Erfolge der NSDAP. Die Straßenschlachten in Berlin mit Dutzenden von Toten. Die kollabierende Weltwirtschaft. Die braunen Horden, die sich überall zusammenrotteten und anpöbelten, was nicht ihren Vorstellungen vom Herrenmenschentum entsprach. Der schnarrende Hassprediger. Der nicht enden wollende Jubel.

Else Lasker-Schüler war nun berühmt, die Einladungen zu Lesungen und Vorträgen häuften sich. Neben Lesereisen in viele deutsche Städte standen auch Amsterdam, Den Haag und Brüssel auf dem Programm. Und endlich fuhr die Dichterin nach Paris, eine Reise, die sie sich schon lange gewünscht und Marcel Brion immer wieder angekündigt hatte. Aber alles ging schief. Brion kam nicht, Paris missfiel ihr, zu kalt, zu groß, das Hotel scheußlich, sodass sie umgehend wieder flüchtete.

Immer drängender wurde indes der Wunsch, endlich Palästina zu sehen, das Land ihrer Sehnsucht, das Land der Väter und der Väter Väter: *… nun werden schon die Kameele geboren die Amm und Repp heißen werden, die uns durch Jerusalem Erez-Israel tragen sollen,* schrieb sie an Erwin Loewenson. Gerne hätte sie ein Schiff von Marseille genommen, um dort endlich Marcel Brion zu treffen, der sie zum Anleger bringen und ihr nachwinken sollte, wenn sie ins Gelobte Land entschwand.

Die Dichterin wurde jetzt oft gebeten, sich an Umfragen zu beteiligen. Auf die Frage eines Feuilletons, woran sie gerade arbeite, antwortete sie: *Ich arbeite schon Jahre an mir ohne Erfolg.* Ihre Meinung zum Paragraphen 218: *Was noch nicht atmet, lebt nicht; die Schäden der ›Kindtragenden‹ – ihre Privatsache! Aber warum werden nicht öffentlich unschädliche Mittel verkauft? Außerdem haben nur weibliche Richter über diesen Paragraphen zu bestimmen, da bekanntlich Männer noch nie im Leben es bis zum neunten Monat gebracht haben.* Die Schriftstellerin Elga Kern bat sie, sich mit einem Text an dem Band Führende Frauen Europas zu beteiligen: *In Elberfeld an der Wupper geboren, in Gedanken im Himmel, betreue ich die Stadt Theben und bin ihr Prinz Jussuf. Ich bin weder siebzehn noch siebenzig Jahre, habe keine Uhr und keine Zeit. Meine Bücher laufen so herum und werden einmal im Meer ertrinken. Geld habe ich einmal sehr viel und einmal gar keines.*

Manchmal krampfte sich Elses Herz bei dem Gedanken zusammen, dass sie ihrem einzigen noch lebenden Bruder Alfred so gänzlich entfremdet war, obwohl sie doch derselben Eltern geliebte Kinder waren. Nie hatte sie für ihn ein geschwisterliches Gefühl gehabt, die Ohrfeige, die er ihr vor Urzeiten gegeben hatte, war niemals bereut und niemals verziehen worden. Else wusste, dass Alfred in Hamburg lebte, und als sie zu einer Lesung in die Hansestadt eingeladen war, gab sie sich einen Ruck und suchte ihn auf.

In einem ärmlichen Mietshaus in der Andreasstraße traf sie den Bruder bettelarm an, einsam und schlecht ernährt in einem eiskalten Zimmer, in dem das Wasser von den Wänden lief. Voller Scham gestand der Einundsiebzigjährige, dass er vor den Trümmern seines Lebens stehe. Sein Sohn sei im Krieg gefallen, außerdem sei er nach langer, unglücklicher Ehe nun endlich von seiner Frau Louise geschieden worden. Er habe sich zwar nie an dem Ruhm seiner Schwester messen können, aber doch früher als Kunstmaler auch einige Anerkennung errungen, das Museum habe ihm hin und wieder Arbeiten abgekauft. Auch habe er die goldene Medaille des Pariser Salons erhalten und stehe im Goldenen Buch der Reichshauptstadt Berlin.

An dieser Stelle brach Alfreds Stimme und er streifte zögernd das fleckige Laken herunter, das einige an der Wand lehnende Gemälde verbarg: sanft gleitende Segelschiffe auf blauem Wasser, ehrwürdige, steifleinene Porträts von Hamburger Ratsherren.

Er habe früher zudem erfolgreich eine Emailfabrik betrieben und eine wertvolle Erfindung gemacht, ein elastisches Email, holte Alfred aus, durch Betrügereien eines Geschäftspartners seien ihm jedoch alle Rechte daran verloren gegangen, wie überhaupt in den letzten zwanzig Jahren alle seine Unternehmungen vom Pech verfolgt gewesen seien. Vor Kurzem habe er noch einmal einen Anlauf genommen und ein Institut zur Beurteilung des Charakters auf der Grundlage von Handschriften sowie Kopf- und Gesichtsformen als Gewerbe angemeldet. Obwohl er durchaus über beachtliche Kenntnisse auf diesem Gebiet verfüge, gebe es keinen Zulauf, die Menschen könnten sich so etwas in diesen Zeiten nicht mehr leisten.

Else versuchte vergeblich, in Alfreds trüben Augen den krachenden Papa oder die beseelte Mama zu finden, aber sie sah nur einen bitteren, am Leben gescheiterten Menschen, der ihr, obwohl sie ihm schwesterliche Hilfe zusagte, fremd blieb wie eh und je.

Ein untertäniger Bittbrief der Dichterin an den Hamburger Oberbürgermeister führte dazu, dass Alfred einige Gemälde ans Museum verkaufen konnte. Dann kamen jedoch weitere Forderungen aus Hamburg, hinter deren dreistem Ton Else eine Freundin Alfreds vermutete, eine unangenehme Person, die er ihr bei ihrem Besuch vorgestellt hatte. Sie beendete ihre Bemühungen um den Bruder und erwähnte sein Schicksal nur noch einmal in einem Brief an die Baronin Selma von der Heydt, Mutter des Elberfelder Bankiers und Kunstmäzens Eduard Freiherr von der Heydt. Vor allem jedoch bat Else die Baronin, sich gegenüber dem Baron, der gerade zum ersten Vorsitzendenden des Vereins der Freunde der Nationalgalerie gewählt worden war, dafür zu verwenden, dass die Galerie die Zeichnungen Pauls übernehmen möge, nicht etwa, weil seine Mutter Kapital daraus schlagen wolle, sondern einzig und allein, um das Vermächtnis ihres teuren, geliebten Kindes zu bewahren und zu ehren.

Nicht denken, eintauchen in das Geflimmer, versinken in der Gruselmär von der schönen Alraune, dem künstlich erzeugten Hurenkind mit dem kalten Gesicht. Nach dem Abspann entzaubert das aufblendende Licht den Kinosaal und der Prinz, eingehüllt in zwei wollene Decken, winkt der Platzanweiserin mit ihrem Bauchladen, um eine weitere Karte und eine neue Schachtel Rotweinbohnen zu erstehen, da die erste fast leer ist. Die zweite Vorstellung erlebt Jussuf im Nebel und wünscht sich, dass dieser ihm auch gnädig die schwarze Nacht verschleiern möge, die nach dem Kinobesuch lauert.

Schwankend läuft Else an den Fassaden der Motzstraße entlang, möchte in ihrer Müdigkeit hinsinken und sich auflösen, einfach fortschlafen. Da sieht sie vor dem Hotel das braune Gesindel, das sich, seitdem es in den letzten Wochen siegreich aus allen Straßenschlachten hervorgegangen ist, immer dreister aufführt. Im Gelb der Gaslaterne lungern sie herum, akkurat von Kopf bis Fuß, ausrasierte Stahlnacken, prahlerische Armbinden mit den grausigen Kreuzen. Koppeln, Schulterriemen, Schaftstiefel aus schwerem Leder. Brutale Kinderaugen. Die letzten Hemmungen gegenüber Juden, Homosexuellen und allen anderen, die nicht zu dem Herrenmenschen-Wahn der Nazis passen, sind gefallen, das Gesocks um den Nollendorfplatz herum ist freigegeben. Bisher haben sie sich aufs Pöbeln und Pfeifen beschränkt und Jussuf hat mit königlichem Stolz durch sie hindurchgesehen, die Augen stählerne Halbmonde. Aber nun rücken sie näher, bilden ein schmales Spalier, Stiefelsohlen knallen, Arme schnellen vor wie Lanzen und versperren den hell erleuchteten Hoteleingang. Dazu das Belfern: Heil! Heil! Kulturbolschewiken. Drecksjuden. Perverse, Geziefer, Gesindel, Pack. Die Bluthunde sind von der Kette. Die Arme peitschen herunter, ein derber Stiefeltritt. Juda verrecke!

Else stolpert, fängt sich gerade noch, die Arme vor dem Kopf läuft sie dem Sachsenhof-Besitzer Heinrich Münch entgegen, der schon die Tür aufgestoßen hat und sie hineinzieht.

Die Dame ist Gast meines Hauses, ich muss doch sehr bitten, meine Herren!

Bellen, Höhnen: Judensau, Judenhure. Jud, Jud hast Speck gefressen.

Münch begleitet die Bebende hinauf in ihr Zimmer und sorgt dafür, dass man ihr einen Imbiss bringt.

Ihr Herz zerspringt fast, sie zündet Räucherwerk und blaue Kerzen an, hängt mit Tüchern aus Brokat und weißer Seide die Fenster zu und drapiert einen Baldachin für den lauschenden Prinzen, der den Wind vom Judenfriedhof die Straßen Bagdads heraufklagen hört. Jussuf ruht im Schatten der Palme und ruft die Gefährten Osman und Tecofi, dass sie Fackeln entzünden und Luft fächeln, rote und gelbe Getränke bringen, die in ihren Gläsern gluckern. Jussuf summt sich ins Gebet, gleitet hinauf an die Pforte des Körpers und spricht mit dem Ewigen, an dessen Seite Bulus leuchtet, ein Engel, ein weißer Kelch.

Draußen Stiefeltritte, die Horden grölen das braune Kampflied:

Die Straße frei den braunen Bataillonen.

Der Prinz stählt den Nacken, die Furche zwischen seinen Brauen ist dunkel, Blutstropfen treten hervor und netzen seine steifen Augenlider.

Hochzuverehrender Herr Minister

Trotz Sturm und Hagel habe ich niemals mein Gefühl für Ehre verloren. Die liegt im Blut wie Herbheit im Wein. Ich habe immer noch an Andere gedacht, ob ich arm war oder mich ernähren konnte. ... Ich bin nicht stark wie so viele Menschen glauben. Aber ich habe ein Gerüst gebaut, das einigermaßen steht. Ich finde mich oft selbst kaum wieder zwischen seinen Balken. Ich bin keine Bettlerin wenn ich komme für andere Menschen.

Resigniert ließ der preußische Staatsminister für Wissenschaft, Kunst und Volksbildung Adolf Grimme den Bittbrief Else Lasker-Schülers sinken. Er konnte in keinem Punkt etwas für sie tun. Wie gern hätte er dafür gesorgt, dass ihre Wupper weiterhin gespielt und nicht nach nur sechs Aufführungen ausgetrocknet wurde, wie die Dichterin klagte. Aber der verdiente Intendant des Staatlichen Schauspielhauses in Berlin Leopold Jessner war mit der Begründung abgesetzt worden, sein Spielplan lasse eine drohende Verjudung erkennen, und Grimme hielt es nicht für erfolgversprechend, bei Jessners nazifreundlichem Nachfolger zugunsten der Wupper zu intervenieren. Wie gerne hätte er auch Else Lasker-Schülers Schwager, dem ehemaligen Opernsänger Franz Lindner, eine Apanage aus dem Notfonds für verarmte Künstler verschafft. Aber Grimmes Einfluss galt nur noch wenig und Juden wurden schon seit Längerem grundsätzlich nicht mehr unterstützt. An eine Lesung der Lasker-Schüler in der Dramatischen Funkstunde im Berliner Rundfunk war schon gar nicht zu denken. Mit Freude hätte Grimme der wunderlichen, tapferen, unermüdlichen Streiterin für das freie Wort diesen Wunsch erfüllt und ihr einen Auftritt ermöglicht. Aber die Leitung des Berliner Senders hatte mit Arnolt Bronnen ein strammer Nazi übernommen und bei der Lasker-Schüler konnte man nie sicher sein, wie sie während der Übertragung ihre Redefreiheit nutzen würde. Erst kürzlich hatte in der Frankfurter Zeitung gestanden, sie habe im Südwestfunk ihre Gedichte nicht nur mit viel Ausdruck gelesen, sondern im Anschluss auch allen ihren Frankfurter Freundinnen und Freunden einen munteren Gruß durch den Äther geschickt. *Welch alles überwindende Kraft des Wortes,* schloss der Artikel enthusiastisch, *wenn die Dichterin es lispelt, summt, singt und ruft! ... Sie krähte zweimal wie ein Hahn, und streckte den Hals, hob die Flügel und das bunte Gefieder war im Zimmer.*

Die Herrscherin der Teerosen

Nun ist es ½ 1 Uhr: Sturm noch stärker, später und ferner und noch dunkler. Ich bin, da ich die Gardinen übereinandersteckte, im schwankenden Boot allein und sehr einsam auf hoher See.

Else Lasker-Schüler an Klaus Gebhard

Elses Freude war riesig, als ihr Großneffe Robert Asher, Bobby genannt, aus Chicago nach Berlin kam, um ein Semester an der Universität zu studieren. Der Zwanzigjährige war der Sohn ihrer geliebten ältesten Nichte Alice, der Tochter ihrer Schwester Martha, beide lebten nicht mehr. Bobbys Vater Louis Asher, ein erfolgreicher Kaufhausmanager in Chicago, hatte in den vergangenen Jahren immer wieder Dollars für Lindners geschickt und auch sonst an allen Familiengeschicken Anteil genommen. Else war froh, dass sie nun mit einer herzlichen Aufnahme Bobbys in Berlin ihre Dankbarkeit zum Ausdruck bringen konnte.

Sie genoss die Abende mit dem Großneffen und seinem Freund Maurice Mandelbaum, zu denen auch Edda und Erika kamen. Else reichte belegte Brötchen, der Wein funkelte in den Gläsern, die Lachstürme der jungen Leute taten ihr gut. In einem Kauderwelsch aus Deutsch und Englisch sprudelten sie durcheinander, die Schülerschelme blitzten um den Tisch herum. Else erzählte von ihrer Kindheit im schönen Elberfeld mit den guten Großeltern und von der Zeit, als sie als junge Frau Doktor Lasker mit den Nichten in ihrem Atelier herumgetollt war; Eddchen und Erikklein, die mit ihren winzigen Windelpopöchen herumgekrabbelt seien, und Marthas Töchter Margret und Goldalicelein, die unentwegt gekichert hätten.

Mittags aßen sie oft in einem vegetarischen Restaurant in der Friedrichstraße und Else mahnte Bobby, der wie Paul dünn und aufgeschossen war, viel Sahne und gute Süßrahmbutter zu essen. Gespannt lauschte sie den Berichten der beiden Studenten von den stürmischen Politologievorlesungen in der Universität, bei denen Rechte und Linke sich je nach Überzeugung auf die entsprechende Seite des Hörsaals setzten, klopften, scharrten und immer wieder Tumulte anzettelten.

Else befeuerte die jungen Männer, im Protest gegen die Nazis nicht nachzulassen, und ersann immer neue Widerstandsaktionen.

Sie wolle mal einem richtigen Antisemiten einen Besuch abstatten, den er nicht vergessen werde, gackerte sie, vielleicht dem Bronnen vom Berliner Radio. Gestatten, Lasker-Schüler, Jude, werde sie zu ihm sagen, sie wolle mal richtiges Deutsch mit ihm sprechen. Und wenn man sie noch mal im Radio lesen lasse, funke sie eine Botschaft zum Papst, dass er auf die Juden aufpassen müsse.

Sie besuchten Theater- und Kinovorstellungen, und als es nach der Premiere des Antikriegsfilms Im Westen nichts Neues im Theater am Nollendorfplatz zu von Reichspropagandaleiter Joseph Goebbels angeführten Ausschreitungen mit weißen Mäusen und Stinkbomben kam, standen Else und Bobby Asher Seite an Seite unter den Zigtausenden, die auf der Straße für die Freiheit der Kunst demonstrierten. Nach ihren überwältigenden Wahlsiegen war es für die Nazis allerdings ein Leichtes, sich über die Proteste hinwegzusetzen und den Film durch die Berliner Filmoberprüfstelle verbieten zu lassen.

Den Sommer über wollte die Dichterin sich eigentlich in Kolberg erholen, sie war erschöpft, ihr Herz schmerzte und stolperte. Sie hoffte auf den Besuch von Carl Krall und Klaus Gebhard, mit denen sie schon lange wieder gut war, und freute sich auf Spaziergänge am Wasser, über die Dünen und durch den Wald. Aber es kam alles anders. Die geliebte Pension Agnes und der gesamte ehemals so quirlige Kurort waren verwaist, von den jüdischen Familien, die Else seit Jahren kannte, waren nur wenige gekommen. Diejenigen, die es sich noch leisten konnten, fuhren jetzt zur Sommerfrische ins Ausland, denn immer mehr Bäder in Deutschland rühmten sich, judenfrei zu sein. Kolberg, das wie Heringsdorf immer eine Hochburg jüdischer Feriengäste gewesen war, war nun auch, wie eine jüdische Zeitung schrieb, zu einem der nationalsozialistischen Märkte geworden, wo das Hakenkreuz seine Veitstänze aufführe.

Nachdem man ihr am Strand mehrfach Juda verrecke! und anderen Unflat nachgerufen hatte, blieb die Dichterin im Garten der Pension und schrieb an dem Essay Das Gebet, den die Frankfurter Zeitung drucken wollte. In der Konzentration und äußersten Gottesnähe, die diese Arbeit erforderte, konnte sie manchmal für Stunden das Grauen vergessen. Aber spätestens beim Abendessen holte es sie wieder ein, wenn vor dem seidigen Abendhimmel Hakenkreuzfahnen die Masten hochstiegen, obwohl der Kolberger Oberbürgermeister das Hissen dieser Banner per Polizeiverordnung verboten hatte. Dazu bellten Heil-Hitler-Rufe vom Strand herüber, grölten dumpfe, betrunkene Chöre bis in die Morgenstunden:

Doch wer dir naht mit platten Füßen, mit Nasen krumm und Haaren kraus, der soll nicht deinen Strand genießen, der muß hinaus, der muß hinaus! Hinaus!

Sie floh nach Berlin zurück und arbeitete an dem Buch Konzert, das ihre Gedichte und Essays der letzten zwölf Jahre enthalten und bei Rowohlt herauskommen sollte. Wunderschön der Klappentext, den sie wieder und wieder las: *Die Dichterin, der Gott im Traum die Welt geschenkt und die nun viel zu tun hat, diese geliebte Welt immerzu anzublicken, verkündet hier in vielerlei Prosa, Versen und Spielformen zwischen Vers und Prosa ihre Gotteskindschaft und ist immer ›im himmlischen Bilde‹. Sie belauscht Bäume unter sich und verständigt sich mit ihnen in der ›grünen Sprache‹, der Blutkreislauf der Pflanzen ist ihr vertraut, Schmetterling und Hund sind ihr so befreundet wie Gefährten im Caféhaus und auf der Reise ... Trunkene Weisheit hat sie und heilige Nüchternheit und bleibt ›Prinz von Theben‹ in einer Buchbesprechung so gut wie in einem Psalm.*

Während hunderttausend SA-Männer in Braunschweig aufmarschierten, der Film Das blaue Licht von Leni Riefenstahl uraufgeführt und von den Nazi-Propagandisten bejubelt wurde, wie Else zähneknirschend in der Zeitung las, während Adolf Hitler ankündigte, alle Parteien aus Deutschland herauszufegen und fünfzigtausend Schallplatten mit Propagandareden verteilen ließ, während der Präsident des Deutschen Industrie- und Handelstages von den Heuschreckenschwärmen der deutschen Juden sprach, die ihren raffenden Geist in den deutschen Handel getragen, die deutsche Kultur und Literatur zersetzt und sich im Theaterwesen eingenistet hätten, besuchte Else, ihres einst so begeistert boxenden Bruders Moritz gedenkend, Boxkämpfe im jüdischen Makkabi-Sportverein und bestand gegen den

Rat ihres Lektors darauf, in das Buch Konzert die beiden Ulkiaden Der Schnupfen und Der Kartoffelpuffer aufzunehmen, die ihr in einer leichtfertigen Stunde aus der Feder geflossen und bereits in der Frankfurter Zeitung erschienen waren. Am Telefon las sie Klaus Gebhard kichernd ihre Hymne auf die knusprige Köstlichkeit vor, die man in ihrer Kindheit so oft gebacken und mit Apfelkraut genossen hatte und die als Nationalgericht im ganzen Rheinland beliebt war. *Namentlich im Wuppertal, wo des Reibekuchens Pfanne stand und in Elberfeld-Barmen die Butter der Welt erblickte.*

Hör ens, leven Wupperindianer, wie findste dat Versken, dat is doch schöner wie dat Original:

Wer knuspert so spät durch Nacht und Wind? Es ist ein Puffer in Tantchens Spind.

Wider Erwarten durfte sie doch noch einmal im Berliner Rundfunk aus Konzert lesen und wählte Der letzte Schultag aus, eine Schnurre von schrecklichen Schulträumen, Mäuseschulkindern, Schulmeisterspielen mit dem seligen Papa und davon, wie der Veitstanz die kleine Else von der abscheulichen Schule erlöst hatte. Für die hundertvierzig Mark Honorar ging sie eine Maibowle trinken und ins Kino, kaufte sich Sandalen und einen schwarzen Kleiderrock.

Sie will wieder das Spiel machen und in den Urwald flüchten zu den wilden Pferden, will die Häuptlingstochter Pampeia sein, auf die schon der Kupferindianer wartet, der malende, feuerspeiende Berg mit der Maiglockenhaut. Ein großer Künstler sei er, ein Talent ohnegleichen, der richtige Gefährte für Pampeia, die Herrscherin der Teerosen. Eine Indianerfreundschaft wolle sie mit ihm gründen, einen heiligen Bund, dem Erdboden enthoben, zart wie die Feder, die sie ihm sorgsam zwischen die Briefbögen bettet, in die ihre blauen Wasser fließen und zu goldenen Strömen anschwellen. Sie laufe durch die Pampas zu den Wolfsmilchsträuchern, sammele Löwenzahn, Dahlien und die Beeren der Eberesche, um den feuerspeienden Rotschopf zu entzücken, ihn in die Zelte ihres Stammes zu locken. Dort wolle sie mit ihm gemeinsam die Nacht erwarten, damit sie die Sprache des Syrius sprechen, sich an ihm emporranken, in seinen braunen Augen rasten und Zuflucht suchen könne, sich einnisten in die Grube seiner

Kinnspalte. Einen Skarabäus wolle sie ihm schenken, köstliche Speisen für ihn kochen, gewürzt mit Brosamen von den Ästen des Brotbaums und Rittersspornmehl und – heimlich – dem Fleisch der Weißgesichter, Hand in Hand mit ihm an den Wasserfällen Südamerikas sitzen und säumen, ihm Wangen und Hände färben mit dem Kupferhenna, das der Häuptling gesandt hat für die Hochzeit Pampeias mit dem lavaspeienden Berg. Die Stimme des Gefährten sei wie Champagner, sie liebe es, an seinen Worten trunken zu werden, schlafe in der Nacht an seinem Rücken und lasse sich zur Ader, damit ihr Blut in seines fließen könne.

Ein Stück wagt der Maler Gert Wollheim sich hinein in das Unterholz, in das die Häuptlingstochter ihn lockt mit ihrem Schellengerassel, ihrem Urwaldgetrommel, ihrem holden Doldengerank. Dann ergreift er die Flucht vor dem immer drängender werdenden Ansturm, worauf Pampeia gekränkt ihre Briefe zurückfordert und ihm die seinen schickt. *Heute Nacht träumte ich von Dir, auch vom gelben Pinguin, der ist dein Vetter. Der hat mich betrogen und die Indianer um mich zogen den giftigen Pfeil aus meiner Ferse. Es war sehr trübe wie ich träumte. Auch fühlte ich Deine Liebe erblassen in meinem Leben und hielt mich an einem Zaun fest; aus – Rotdorn – glaub ich – war er. Und ich war Dir nicht böse darum, aber ich war wieder einsam und wanderte oder schwamm durch mein schluchzendes Blut ans jenseitige Ufer.*

Der Prinz von Theben fühlt sich auf den Fuß getreten. Überwertigkeitskomplex, pathologisch. Nebbig, sollten sie doch schreiben, was sie wollten. Die Dichterin nippte ärgerlich an ihrem Muskatwein, rollte die Zeitung Der Tag wieder um den Zeitungsstock und stieß sie in ihr hölzernes Fach zurück. Sie griff noch einmal nach der Berliner Zeitung, die ihren offenen Brief an Heinrich Mann, den neu gewählten Präsidenten der Sektion für Dichtkunst an der Preußischen Akademie der Künste, vollständig abgedruckt hatte. Sicher hatte Heinrich Mann es nobel gemeint, ihr eine Ehrengabe von tausend Mark zuzusprechen, eine geradezu märchenhafte Summe in diesen Zeiten. Aber angesichts der Schmach, die man ihr mit dem Ausschluss aus der Dichterakademie angetan hatte, konnte und wollte sie das Geld nicht nehmen. Er solle, ließ sie Heinrich Mann in ihrer öffentlichen

Antwort wissen, ihren Nichten Edda und Erika jeweils dreihundert geben und der geschätzten Freundin Elfriede Caro ebenfalls. Alle drei seien von der letzten Grippewelle sehr geschwächt und hätten Erholung bitter nötig. Die restlichen hundert solle Franz Lindner bekommen, damit er endlich seine Heimatstadt Würzburg besuchen könne, wonach er sich schon so lange sehne.

Die Dichterin hoffte, dass Heinrich Mann ihr diese Zurückweisung nicht verübeln würde, gehörte er doch zu den hochgeschätzten Dichterkollegen, dessen Bücher sie wirklich liebte.

An Ruth Horwitz schreiben, dass sie zusammen im Zoo den Elefanten besuchen sollen, dessen Rüssel aus dem Wasser ragt wie ein Felsen und der sich mit seinen sechshundertfünfzig Kilo an Land wälzt, wenn der Wärter kommt, der extra eine Leiter hochsteigen muss, um den Koloss zu füttern. Wenn das Tier einen besonders großen Fisch bekommt, gibt es seinem Patron einen wuchtigen Rüsselkuss und stößt ihn ins Wasser.

Schreiben, bis der Stift aus den klammen Fingern rutscht, und die Kälte vergessen, die in weißen Sternen an den Fensterscheiben emporblüht, aus allen Zimmern des Sachsenhofes hört man es schnattern. Und die Angst vergessen, weil man das Morgen nicht sehen kann, und noch ein paar Glanzbildchen für Ruth in den Brief legen mit Vergissmeinnicht, Veilchen, Nelken und überhaupt daran glauben, dass alles gut wird, das wird es doch. Sie solle nicht unruhig sein, hat Giselheer geschrieben, es werde schon nicht so schlimm kommen, wie manche denken.

Alle sind so begeistert und voller Vorfreude auf das neue Stück und seinen kleinen Helden Arthur Aronymus, den Abgott seiner Mutter Henriette, der lachenden roten Beere am Stamm seines Großvaters Rabbi Uriel. Der Erzschelm und Tollkopf liebt Marzipan und reitet auf einem ausgeschnittenen Papieresel durch Hexengeseke, wo in der Nacht die Hexen mit Glotzaugen auf den Tierhecken sitzen. Ein Gedicht über die Familie Schüler aus des geliebten Vaters Kinderjahren ist es geworden, ein frommer Gesang von der Sitte der Väter und der Väter Väter, eine Ode an den kleinen Papa, den weißhaarigen Zwölfjährigen mit dem breiten, krachenden Herzen. Alle, alle sind sie aufmarschiert: Vater Moritz Schüler, Mutter Henriette und ihre dreiundzwanzig Kinder, darunter der geizige Simeon, das gelehrte Lenchen, die Zwillinge namens Meta und Luise, das Elischen, das wackelnde, zappelnde Dörken, das den Veitstanz hat, und Fanny, die den Kaplan liebt. Schornsteinfeger, Friedhofsgärtner, Kaufleute, die Padersteins, der Bischof von Paderborn und Henriettes Vater Uriel, der Landesrabbiner von Rheinland und Westfalen, der sein Herz aus der Brust nehmen und den roten Zeiger nach Gottosten stellen kann.

Unsere Töchter wird man verbrennen auf Scheiterhaufen! ... Nach mittelalterlichem Vorbild! ... Und Greueln ... Der Hexenglauben ist auferstanden ... Aus dem Schutt der Jahrhunderte. ... Die Flamme wird unsere unschuldigen jüdischen Schwestern verzehren ... kein Judenhaus, das nicht gezeichnet ist mit dem Blut der Tochter. ... Die Tage sind gehetzt und die Nächte ruhelos. Wie Erz tönen die Worte, die ihr König David diktiert, als er in einer Nacht hinter ihrer linken Schulter steht. Sie werden den Antisemiten die Augen öffnen und die orthodoxen Juden davon überzeugen, dass Juden und Christen zusammengehören, es gibt doch keinen anderen Weg. *Und mit einem bißchen Liebe gehts schon, daß Jude und Christ ihr Brot gemeinsam in Eintracht brechen – noch wenn es ungesäuert gereicht wird.*

Arthur Aronymus erscheint als Prosa und als Bühnenstück, Gustav Hartung, Generalintendant des Hessischen Landestheaters in Darmstadt, zeigt sich, obwohl er große Aufführungsschwierigkeiten befürchtet, entzückt und erwirbt die Rechte zur Uraufführung im nächsten Februar. Die Frankfurter Zeitung stellt *Arthur Aronymus. Die Geschichte meines Vaters* als Buch der Woche vor. Max Reinhardt telegrafiert begeistert aus Rom und will sich für eine Aufführung in Berlin einsetzen, sein Nachfolger am Deutschen Theater, Karl Heinz Martin, teilt der Dichterin mit, seine Freude sei unsagbar über das himmlische Stück Dichtung.

Strähnen der Rabenschwinge fielen bei der Lesung im Schubertsaal zur Verleihung des Kleistpreises ins blass gepuderte Gesicht der Dichterin, dunkel umrandete Augen funkelten über dem blutroten Mund, aus dem ihre Gesänge schwebten, ihre Drolerien herauspurzelten, ihr dramatisches Wort erklang. Klein und majestätisch, in Schnürjackett und weißem Kragen, Prinz und Prinzessin zugleich, thronte sie hinter dem hohen schwarzen Tisch mit dem wuchtigen Mikrofon.

der kleistpreis so oft geschaendet sowohl durch die verleiher wie durch die praemierten wurde wieder geadelt durch die verleihung an sie ein glueckwunsch der deutschen dichtung gottfried benn

Giselheers Telegramm und die Widmung seines Librettos zu Hindemiths neuem Oratorium hoben die erneute Schmach nicht auf. Der Kleistpreis, ja, gut, aber nur der halbe, den ganzen war sie nicht wert, teilen musste sie ihn mit einem gewissen Richard Billinger, einem drittklassigen Blut-und-Boden-Dichter, als Zugeständnis an die Rechten, damit die Kommentare nicht noch widerlicher ausfielen als ohnehin schon. Allen voran das Kampfblatt, das sie mit Unflat überschüttete und ihr Werk als waschechte Beduinenlyrik bezeichnete: … *als Herausforderung jedes völkisch Empfindenden … dem Takte ihres Blutes nach die Tochter eines Beduinenscheichs, körperlich wohnhaft im Kaffeehause, geistig in der Wüstenoase daheim …*

Da war der Applaus, der nach der Lesung durch den Schubertsaal toste, nur ein schwacher Trost, wieder und wieder musste sie sich verbeugen vor dem dankbaren Publikum, darunter viele getreue Freunde, Regisseure, Schauspieler und die wenigen Berichterstatter, die noch frei schreiben durften.

Viele der jüdischen Gefährten waren allerdings schon fort oder saßen auf gepackten Koffern, auch Else wusste nun, dass die Zeit gekommen war. Sie hatte zunächst Prag in Erwägung gezogen, dort lebten Paul Leppin, Otto Pick, Max Brod und andere ihrem Herzen nahe Indianer. Aber dann entschied sie sich für Zürich. In der Schweiz kannte sie sich am besten aus und konnte mit Lesungen ihr Geld verdienen. Zusammen mit der getreuen Hedwig Grieger überlegte sie, was sie mitnehmen und was in Berlin bleiben sollte. Es war ja nicht für lange, der Spuk musste doch irgendwann vorbeigehen. Hedwig versprach, treu für Pauls Grab zu sorgen, solange Else fort war, und begann, Kisten mit Briefen und Manuskripten zu packen, Inhalt und Nummerierung vermerkte Else sorgfältig in einem Heft. Heinrich Münch versprach, alles sicher im Keller des Sachsenhofes zu lagern.

Klaus Gebhardts Mutter Bertha lud die Dichterin im Namen des Frauenstadtverbandes zu einer Lesung nach Elberfeld ein, eine gute

Gelegenheit, noch einmal in die Heimat zu fahren, vor den Hügeln der teuren Eltern zu stehen und vom Kiesgärtchen in der Sadowastraße Abschied zu nehmen. Und die gute Hulda Pankok zu besuchen, die so trostreich im Düsseldorfer Mittag über die Kleistpreisträgerin und ihren Arthur Aronymus geschrieben, gemeinsam mit ihrem Mann Otto Pankok die Dichterin eingeladen und ihr jede erdenkliche Hilfe und Unterstützung zugesagt hatte. Ina Seidel, der Else Gedichte für eine Anthologie geschickt hatte, dankte ihr mit einem wunderschönen arabischen Becher, den sie mit grüngoldenem Papier und Silberband sorgfältig eingepackt hatte, ein Opfer voller Liebe, das die Dichterin zutiefst rührte.

Bevor sie ging, wollte Else noch die neuntausend Bücher verkaufen, die der Cassirer-Verlag endlich freigegeben hatte, und bot sie Antiquariaten an, aber nicht einmal für fünfzig Pfennig das Stück wollte sie jemand haben. Woher das Reisegeld nehmen, wie überleben in der Fremde? Hugo Bergmann schreiben, dem Direktor der Jewish National and University Library in Jerusalem, der schon Bücher gekauft hatte, vielleicht nahm die Municipal Library in Tel Aviv auch noch einige ab. Sie würde kommen, versprach sie Bergmann, sie würde ins liebe Gelobte Land reisen, nach dem sie solche Sehnsucht hatte.

Einen herzlichen Dankesbrief adressierte sie an Louis Asher, der Else, Edda, Erika und Franz mit einem extragroßen Dollargeschenk ein schönes Weihnachtsfest bescherte. Den Weihnachtsabend neunzehnhundertzweiunddreißig feierten sie zusammen und Else verscheuchte alle aufkommenden Ängste und Tränen mit mutigem Augenblitzen und dem festen Versprechen, sie werde Edda, Erika und Franz auf der Stelle nachholen, sobald sie in Zürich Fuß gefasst habe. Als sie dann aber einen Vers aus ihrer Weihnachtsgeschichte vorlas, das letzte Gedicht, das sie geschrieben hatte, wurden doch die Augen feucht.

Wir stehen längst geknickt wo angelehnt,
Am grauen Steine einer alten Mauer,
So ausgelöscht und haben uns gesehnt,
Nach einem einzigen Lichtchen in der Weltentrauer.

Wie nie auf einmal standen wir im Glanz ...
Und unsere feierlichen Äste hingegeben,
Verklangen ineinander wie im Tempeltanz.

Was soll ich weiter und auch du mit deinem Leben,
Lichtlosem Dasein, das hell brannte in die Nacht
Jäh umgebracht –
Mit meinem funkelte noch eben.

Am dreißigsten Januar wurde Adolf Hitler zum Reichskanzler berufen, am siebenundzwanzigsten Februar brannte der Reichstag, am achtundzwanzigsten traten die Notverordnungen in Kraft. Zur Reichstagswahl am fünften März erhielt die NSDAP zusammen mit den Deutschnationalen zweiundfünfzig Prozent aller Stimmen. Am siebten März schickte Else Lasker-Schüler die Bücher Konzert und Arthur Aronymus an Franz von Papen, Vizekanzler und Reichskommissar für das Land Preußen. Sein persönlicher Referent Ministerialrat Doktor Gritzbach antwortete am zwanzigsten März im Namen des Vizekanzlers, dieser werde gern einige freie Stunden nutzen, um sich mit den Büchern zu beschäftigen. Außerdem betonte Gritzbach, dass, im Hinblick auf die von der Dichterin angeschnittene Frage der Haltung gegenüber Angehörigen des jüdischen Glaubens, von Papen im Krieg mit Kameraden aller Konfessionen gekämpft und niemals nach Parteizugehörigkeit oder Religionsbekenntnis gefragt habe. Die gleiche Einstellung beseele ihn jetzt bei dem Kampf für Deutschlands Freiheit und Aufstieg.

Noch Anfang Februar hatte die Dichterin auf die Uraufführung von Arthur Aronymus in Darmstadt und eine Aufführung im Berliner Schillertheater, für die Leopold Jessner probte, gehofft und mit Klaus und Bertha Gebhard Absprachen über ihre Lesung in Elberfeld getroffen.

Mein Schauspiel wegen – verschoben auch Darmstadt, hatte sie am sechzehnten Februar an Hulda Pankok geschrieben, nachdem der Darmstädter Intendant Gustav Hartung ihr mitgeteilt hatte, er konne das Stück jetzt nicht bringen. Es scheitere schon daran, dass man keine Kinder mehr finden werde, deren Eltern die Mitwirkung erlaubten, außerdem befürchte man massive Störungen der Aufführung.

Am siebenundzwanzigsten Februar hatte sie Marcel Brion nach Berlin eingeladen, die Wälder um die Stadt seien so schön, und Jessner wolle vielleicht doch noch das Schauspiel bringen. *And we all so tired and allways gehetzt, but in Gott.* An Ruth Horwitz schrieb sie am siebten März, verbunden mit Dank für eine Ostergabe: *Wär ich doch so ein Haase! Ich äß' dann nur Chokoladeneier.* Am zwanzigsten März an Paul Leppin: *Meine blaue Glasuhr auf dem Tisch tickt immer die ganze Nacht durch, den ganzen Tag: Weiter, weiter, weiter, weiter!*

Dann, am achten März, ein Brief von Bertha Gebhard aus Elberfeld: *Sehr verehrte Frau Lasker-Schüler! Die Konstellation in unserem Wuppertal zwingt mich, Sie zu bitten, Ihren Vortrag bis zum Herbst zu verschieben. Uns Frauen wird es außerordentlich schwer, uns unter Verhältnisse zu beugen, die wir nicht anerkennen, und an Mut und Kampfeslust fehlt es uns nicht. Aber hier handelt es sich darum, daß wir einen Menschen, dem wir heimatliche Liebe und Verehrung entgegenbringen, unter keinen Umständen Situationen aussetzen möchten, wie nur diese zugespitzte Zeit sie möglich sein lassen.*

Anfang April stattete Bertha Gebhard der Dichterin in Berlin einen Abschiedsbesuch ab. Zu dieser Zeit ging Else Lasker-Schüler nur noch in Begleitung aus dem Hotel, so massiv waren die Beleidigungen und tätlichen Angriffe auf der Straße geworden. Der Hotelbesitzer Heinrich Münch sagte, er könne sie nicht mehr schützen.

Am sechzehnten April, einem frühlingshaften Sonntag, verließ sie Berlin für immer. Bis München wurde sie von einem Bekannten begleitet, den Rest der Fahrt bis zum Badischen Bahnhof in Basel, über den sie in die Schweiz einreiste, überstand sie zusammengekauert und verborgen hinter einem Schal in der Waggonecke und versuchte, die euphorischen Volksgenossen zu ignorieren, die sich Bier trinkend und Schlachtrufe brüllend auf den Gängen breitmachten.

Nur Mut! Nur stark bleiben!

Ach ich bin nun hier und bin sehr traurig, da mirs immer so ergeht; vielleicht ergehen muß und soll – nach höherem Lenken. Ich bin wie in einer kühlen großen Zelle immerzu. Was kann mir der See sein nach all den Dingen. Lieber Daniel Jesus Paul, liebreicher König von Böhmen. Wo ist unser buntes Theben, all die Dromedare und Kameele und Silbertauben. Die flattern blind umher – die Korallen ihnen ausgestochen wie mir mein Herz.

Else Lasker-Schüler an Paul Leppin

Die ersten Nächte in ihrem Züricher Domizil Augustinerhof verbrachte Else ruhelos und schlich sich mehrmals im Morgengrauen zum nahe gelegenen Ufer des Zürichsees, wo sie, eingehüllt in eine Decke, auf einer Parkbank etwas Schlaf fand. Mehr noch als um sich selbst sorgte sie sich um Lindners, die sich in Berlin nur mühsam über Wasser halten konnten. Dem über siebzigjährigen Franz, der sich immer wieder um kleine Engagements bemüht hatte, hatten die Nazis Auftrittsverbot erteilt, solange er sich nicht von seinen jüdischen Töchtern trennte, und er war in eine tiefe Depression gefallen. Edda und Erika trauten sich kaum noch, ihn allein zu lassen. Am liebsten hätte Else alle drei nach Zürich geholt, aber sie wusste ja kaum, wie sie sich selbst durchbringen sollte.

Sofort nach ihrer Ankunft begann sie fieberhaft zu zeichnen, obwohl ihr Arm immer noch schmerzte, und verkaufte einige Blätter an die beiden Direktoren des Kaufhauses Brann, Hugo May und Kurt Ittmann, sowie die Seidenfabrikanten Sylvain Guggenheim und Hermann Reiff, zu denen sie über die jüdische Gemeinde Kontakt bekommen hatte. Die Mäzene stellten weitere Unterstützung in Aussicht und erklärten sich bereit, gegenüber der Fremdenpolizei als Bürgen aufzutreten. Else war erleichtert, als sie noch im April zweihundertfünfzig Seidenläppchen – das Codewort hatte sie mit Edda und Erika für Schweizer Franken ausgemacht – nach Berlin schicken und weitere Sendungen ankündigen konnte. Sie bot Edda an, ihr handschriftliche Abschriften von Gedichten zu schicken, falls sie einen Händler fand, der sie ihr abkaufte, zwölf Mark sollte sie fordern und dann auf zehn heruntergehen. *Nur Mut! Nur stark bleiben!!*, schrieb sie nach Berlin und gleichzeitig als Appell an sich selbst, denn die Nachrichten aus Deutschland übertrafen alles Vorstellbare. Andere Flüchtlinge, von denen täglich mehr im Treffpunkt Café Select erschienen, bestätigten die Nachrichten von den größenwahnsinnigen geistigen Reinigungsaktionen der Nazis, die Deutschland in Euphorie versetzten, wie in der Wochenschau zu sehen und in den Zeitungen zu lesen war.

Schon kurz vor Elses Flucht aus Berlin hatte die Deutsche Studentenschaft zu einer *Gesamtaktion gegen den jüdischen Zersetzungsgeist* aufgerufen und zwölf hetzerische, antisemitische Thesen proklamiert, die in der Forderung gipfelten, jüdische Werke hätten ausschließlich auf Hebräisch zu erscheinen. Man schlug die Thesen in den Universitäten an und druckte sie in den meisten deutschen Zeitungen ab, störte und boykottierte Lehrveranstaltungen von jüdischen Professoren oder hinderte sie am Betreten ihres Arbeitsplatzes. In einigen Hochschulen errichtete man meterhohe Schandpfähle mit den Namen einzelner Wissenschaftler und den Titeln unerwünschter Schriften.

Die Bibliotheken wurden geplündert und die Dichterin verfolgte zusammen mit Klaus und Erika Mann, mit denen sie fast täglich ins Kino ging, in der Wochenschau, wie studentischer Mob die einzigartige, zehntausend Bände umfassende Bibliothek ihres geschätzten Freundes und Begründers des Berliner Instituts für Sexualwissenschaft Magnus Hirschfeld, der sie so oft in die geliebte Pension Agnes nach Kolberg eingeladen hatte, stürmte und die Bücher unter Gejohle auf die Straße warf, um sie dann, begleitet von dumpf-pathetischen Feuersprüchen, der eigentlichen Hinrichtung des Ungeistes zuzuführen: Am Abend des zehnten Mai wurden die Bücher nach zentralen Kundgebungen zu aufgeschichteten Scheiterhaufen gebracht. In Berlin formierte sich ein Fackelzug aus NS- und Korpsstudenten, Hitlerjugend, SA- und SS-Verbänden, auch vielen Professoren in Talaren, der, angetrieben von Hetzreden und den Klängen einer SA-Blaskapelle, mehrere Lastwagen mit rund fünfundzwanzigtausend Büchern zum Opernplatz begleitete. Unter dem Jubel von siebzigtausend Zuschauern, von den Scheinwerfern der Wochenschau in grelles Licht getaucht, weitergereicht von einer euphorischen Menschenkette, wurden Werke von Karl Marx, Heinrich Heine, Kurt Tucholsky, Sigmund

Freud, Erich Kästner und vielen anderen in die Flammen geworfen. Darunter vermutlich auch Bücher von Else Lasker-Schüler, die versteinert zwischen den Geschwistern Mann saß und nur einmal schrill auflachte, als der Wochenschaureporter berichtete, wegen einsetzenden starken Regens hätten die Scheiterhaufen zunächst nicht entzündet werden können und die Feuerwehr habe mit Benzinkanistern nachhelfen müssen. Während Goebbels das Ende eines überspitzten jüdischen Intellektualismus und den Durchbruch der deutschen Revolution proklamierte, fütterte Else das unzertrennliche Geschwisterpaar unter Lachen und lautem Dazwischenreden mit Rotweinbohnen. Erika Mann parodierte vernehmlich den siegessicheren rheinischen Singsang des deutschen Propagandaministers, worauf die umsitzenden Schweizer Bürgerinnen und Bürger in mahnendes Räuspern und Hüsteln verfielen.

Die wachsende Zahl von deutschen Künstleremigranten, denen man nachsagte, mit exaltiertem Gebaren und kommunistischer Ideologie die Schweizer Kulturszene zu infiltrieren und die heimischen Künstler zu verdrängen, wurde zunehmend skeptisch beäugt und polemisch kommentiert. Ein regelrechter Kulturkampf war um Spielplan und Ensemble des von dem geschäftstüchtigen und kunstsinnigen ehemaligen Weinhändler Ferdinand Rieser geführten Zürcher Schauspielhauses im Pfauen entbrannt. Rieser war mit Franz Werfels Schwester Marianne verheiratet und hatte die einmalige Chance erkannt, mit den Emigranten ein hochklassiges deutschsprachiges Ensemble aufzubauen. Er engagierte Künstler wie die Schauspieler Therese Giehse, Albert Bassermann, Ernst Ginsberg, Kurt Horwitz, den Regisseur Leopold Lindtberg und den Dramaturgen Kurt Hirschfeld und spielte, ungeachtet der Proteste von Schweizer Faschisten, Stücke jüdischer Autoren. Vor allem Friedrich Wolfs Professor Mamlock und Ferdinand Bruckners Die Rassen erregten Aufsehen. Das Schauspielhaus und sein Umfeld bildeten den Gegenpol zu einer kulturellen nationalen Erneuerungsbewegung in der Schweiz, die nach dem Ersten Weltkrieg eingesetzt hatte. Sie forderte eine Verschweizerung der Spielpläne und der Ensembles und rief zur geistigen Landesverteidigung auf: Das Schauspielhaus repräsentiere ein gegen die schweizerischen Interessen gerichtetes kulturbolschewistisches Emigrantentheater, gegen das man sich zur Wehr setzen müsse. Die Stimmung wurde feindselig und bekam deutliche antisemitische Untertöne.

Als das Projektorlicht erlosch, sprang Erika Mann auf, ihre Stimme gellte durch den vollbesetzten Saal.

Das war ein Vorspiel nur, dort wo man Bücher verbrennt, verbrennt man auch am Ende Menschen! Das hat schon der gute alte Heinrich Heine gesagt und das wird sich auch jetzt wieder bewahrheiten!

Else und Klaus Mann riefen, klatschten und klopften zustimmend, andere folgten zaghaft, aber dann setzte sich das unwillige Raunen und Zischen der Mehrheit durch und der Vorhang öffnete sich zum Hauptfilm.

Die Dichterin kannte die Manns aus München. Sie liebte die kleine Eri mit den Jungensaugen und den lieben Dichter Klaus, wie sie die lebenslustigen, kompromisslosen und künstlerisch begabten Kinder des Zauberers und noblen Dichterfürsten Thomas Mann nannte, der ihr im Übrigen immer mit Charme und Ehrerbietung begegnet war. Sie trafen sich im Café Select und bildeten eine verschworene Gemeinschaft, diskutierten die politische Lage, tauschten die aktuellen Gerüchte aus und unterhielten einen regen Briefverkehr. Die Geschwister zwinkerten einander zu, wenn Else in ihre wunderlichen Zustände geriet, ins Leere starrte, ihr schweres Dasein beklagte, abstruse Philosophien oder misstrauische Tiraden herausstieß, eifrig kleine glänzende Talmi-Geschenke und Bildchen, denen sie eine magische Bedeutung beigab, aus ihrer unergründlichen Tasche kramte.

Wach und teilnahmsvoll lauschte sie allerdings Erikas Berichten aus dem zu Beginn des Nazi-Spuks noch recht ruhigen München, wo sich nach dem Reichstagsbrand die Verhältnisse dramatisch geändert hatten. Regimegegner wurden in Massen verhaftet, Klaus und Erika hatten sich über Nacht zur Flucht entschlossen, nachdem sie ein ehemaliger Hausdiener, der die Familie Mann jahrelang im Auftrag der Nazis bespitzelt hatte, eindringlich vor einer bevorstehenden Verhaftung gewarnt hatte. Sie überzeugten die Eltern, die in Arosa zur Erholung waren, nicht nach München zurückzukehren. Stattdessen wurde ihr Bruder Golo dorthin beordert, um in der Mann'schen Villa in der Poschingerstraße nach dem Rechten zu sehen. Golo traf auf uniformierte SA-Leute, die das Haus durchsuchten, die Fahrzeuge beschlagnahmten und Thomas Mann als Vaterlandsverräter schmähten. Der Vater sei nach Golos Bericht in eine tiefe Depression gefallen, berichtete Erika, er bange um das Haus, seine Bibliothek, das Grammofon – die gesamte Lebensgrundlage der Familie. Außerdem sei er in großer Unruhe wegen eines Koffers, den Golo in München aufgegeben hatte. Er befürchte, dass er entwendet worden sei, randvoll mit Manuskripten und privaten Tagebüchern.

Es steht einiges darin, was ihn schwer kompromittieren, ich würde sogar sagen: ihn vernichten, kann. Er liebt halt die Knaben, wie sein Ältester, und wenn er zehnmal sechs Kinder gezeugt hat.

Klaus sprach offen und sarkastisch über seine eigenen Obsessionen und die seines Vaters. Thomas Manns Ältester war gezeichnet vom Rauschgift, fahrig, blass, unruhig, raunte von unmenschlichen Albträumen, taumelte von einer Identitätskrise in die nächste, suchte sehnlichst eine feste Beziehung und brachte es doch immer wieder nur zu flüchtigen Begegnungen mit Strichjungen. Besonders hart traf ihn, dass Erika ihrer beider geradezu symbiotische Bindung durch eine leidenschaftliche Affäre mit der Schauspielerin Therese Giehse gefährdete, die in Erikas antifaschistischem Cabaret Pfeffermühle auftrat. Außerdem bedrückte Klaus das Schicksal, als Schriftsteller wie auch als sonstiges Individuum ausschließlich an seinem großen Vater gemessen zu werden. Else dachte oft an ihres Jungen Sensibilität und Verwundbarkeit, wenn Klaus nach dem Kino im Lokal einen Whisky und beim Barpianisten Parlez-moi d'amour bestellte und umdüstert mitsummte.

Klaus und Erika setzten ihre Aktivitäten von Zürich aus fort, immer stärker von dem Wunsch beseelt, Widerstand und Aufklärung gegen die Nazis zu leisten. Therese Giehse kam mit der restlichen Pfeffermühlen-Besatzung nach und wurde gleich ans Zürcher Schauspielhaus verpflichtet.

Unter dem Patronat von Heinrich Mann, André Gide und Aldous Huxley begann Klaus, die literarische Halbmonatsschrift Die Sammlung herauszugeben, in der neben vielen anderen großen Namen auch Else Lasker-Schüler veröffentlichte. Gleich in der ersten Ausgabe druckte Klaus eine vehemente antifaschistische Attacke Heinrich

Manns als Vorwort ab und zog sich damit nicht nur den Zorn der Nazis, sondern auch den Unmut seines Vaters zu, der es sich noch nicht gänzlich mit den neuen Machthabern verderben wollte. Er fürchtete um das Einkommen für die vielköpfige Familie, wenn seine Bücher in Nazideutschland verboten würden.

Obwohl Erika im vergangenen Jahr bei einer Rezitation schon einmal massiv von Nazis angegriffen und ihr aus politischen Gründen ein Engagement gekündigt worden war, hatte sie in München am ersten Januar des Jahres die Pfeffermühle eröffnet und das Kabarett zusammen mit dem Komponisten Magnus Henning, der Tänzerin Lotte Goslar, Therese Giehse und anderen zu einem Riesenerfolg mit umjubelten Vorstellungen geführt. Wieder und wieder demonstrierte Erika der Züricher Caférunde, wie sie und Therese bei einer Vorstellung den gerade ernannten Reichskanzler Adolf Hitler, der sich zur gleichen Zeit im nebenan gelegenen Hofbräuhaus seinen Getreuen präsentierte, augenrollend und unter tosendem Applaus an die Wand parodiert hätten.

Dös war a Gaudi! So gut wie der Schnauzbart und seine Lakaien waren wir schon lange. Da konnten die im Hofbräuhaus noch so herumbrüllen und sich aufführen wie die Oberhanswürste, die Theres und ich waren lauter und überhaupt allemal besser und witziger, die Leut haben sich ausgeschüttet.

Über tausend meist ausverkaufte Vorstellungen spielte die Pfeffermühle in ganz Europa, dann sollte der Erfolg in Zürich fortgesetzt werden. Obwohl Erika in weiser Voraussicht um Polizeischutz gebeten hatte, störten Angehörige der nazifreundlichen Schweizer Front die Vorstellungen und riefen: Juden raus, die Schweiz den Schweizern! Mehrere Zeitungen kommentierten dies mit hämischer Zustimmung und warfen Erika vor, ein jüdisches Emigrantenkabarett zu leiten. Else riet Erika besorgt, ein unpolitisches Theater zu eröffnen, schon um Heinrich und Thomas Mann nicht zu schaden, aber Erika blieb unbeugsam, und als sich das Gerücht verstärkte, sie solle nach Deutschland ausgeliefert werden, verlegte sie ihr Kabarett kurzerhand nach Amsterdam. Klaus folgte ihr und setzte von dort aus seine unstete Wanderschaft durch Europa und später auch durch Amerika fort. Die Dichterin blieb ihm in den folgenden Jahren brieflich treu verbunden.

Ich hoffe, Sie sind ganz wohl? Das ist für uns Waisenkinder die Hauptsache. Ich bewundere Ihren großen reinen Mut und Den Ihres Vaters Thomas Mann und Heinrich Manns. ... Kommen Sie bald hierher? ... Und was treibt das Meer das unvergeßliche? Ich beneide Sie darum.

Den ersten Exilsommer verbrachte Else in Ascona bei Paul Bachrach und seiner Frau Elvira, ihrer Schulfreundin aus Elberfeld. Das Paar hatte dort für seine Tochter, die berühmte Tänzerin Charlotte Bara, das Privattheater San Materno im Bauhausstil errichten lassen, in dem Else mehrmals las und hocherfreut Hulda und Otto Pankok sowie den Maler Gert Wollheim, einen der früheren Indianergespielen, unter den Gästen begrüßte. Sie lernte den Nationalrat Max Gafner kennen, der ihr versprach, sich für eine Aufführung des Arthur Aronymus am Schauspielhaus Zürich einzusetzen. Mit Bachrachs tauschte sie schwärmerische und sehnsüchtige Erinnerungen an Elberfeld, erholte sich und wurde ruhiger, vor allem, als bestätigt wurde, dass die Hilfsorganisation für jüdische Emigranten verbindlich Elses Miete übernehmen würde, und sich namhafte Persönlichkeiten wie Kurt Ittmann, Sylvain Guggenheim und der Verleger Emil Oprecht für sie einsetzten und bei den Behörden ihren Unterhalt garantierten. Wenn sie sparsam lebte und durch Honorare etwas dazuverdiente, würde sie weiter regelmäßig kleine Beträge nach Berlin schicken können.

Im beschaulichen Ascona, in dem das Thermometer im August auf vierzig Grad stieg, wurde es der Dichterin bald zu langweilig. Sie sei ein Stadtmensch, schrieb sie an den Kritiker Carl Seelig, schon allein des Abenteuerlichen wegen, auch gehe ihr das viele Grün schrecklich auf die Nerven. Ihre Verzweiflung darüber, dass man so gar nichts gegen die Nazi-Plage unternehmen konnte, wuchs stetig.

Zurück in Zürich verstärkte Else ihre Bemühungen um eine Überfahrt nach Palästina. So viele der Getreuen waren ins Gelobte Land gegangen, kürzlich erst die gute Freundin Elfriede Caro. Die Jüdische Pressezentrale hatte der Dichterin, die mehrere Zeitungsbeiträge geschrieben hatte, einen Presseausweis ausgestellt, und Else fand Trost in der Jüdischen Synagoge, der der geschätzte Rabbi Martin Littmann vorstand. Aus Berlin kamen beruhigende Botschaften: Lindners kamen halbwegs durch, und die gute Hedwig Grieger, Pauls ehemalige

Kinderfrau, der Else, wann immer sie konnte, ebenfalls kleine Geldbeträge und Zeichnungen für den Verkauf zukommen ließ, schrieb, sie pflege das Grab des Herrn Paul und stelle ihm Geburtstagsblumen darauf: *20 frischgeschnittene Rosen, 6 Vergißmeinnicht. Habe lieben Gruß von gnädiger Frau mit heraufgelegt.*

Bedrohlich nahte allerdings die unvermeidliche Auseinandersetzung mit den Schweizer Ausländerbehörden, die Else immer wieder vor sich hergeschoben hatte. Nach ihrer Einreise im April hatte sie versäumt, sich innerhalb der vorgeschriebenen Frist bei der Eidgenössischen Züricher Fremdenpolizei anzumelden. Sie wusste auch, dass ihre gelegentlichen bezahlten Vorträge, ihre Artikel in der Neuen Zürcher Zeitung und ihre Bilderverkäufe gegen das Arbeitsverbot für Emigranten verstießen. Sie würde sich dafür rechtfertigen müssen, und der Gedanke, sich ohne Beistand den gnadenlosen, obrigkeitlich schnarrenden Schweizer Polizisten und einer Flut von Fragen und Formularen aussetzen zu müssen, versetzte sie in Panik. Außerdem wusste sie nicht, wie sie die mehrfache Änderung ihres Geburtsdatums im Pass – zuletzt war achtzehnhunderteinundneunzig eingetragen, sodass sie für die Behörden erst Anfang vierzig war – erklären sollte.

Anfang November lernte sie bei einer Lesung in Bern den jungen Juristen Emil Raas kennen, der ihr seine glühende Verehrung zu Füßen legte und ihr die Altstadt von Bern mit dem Münsterplatz, dem Mosesbrunnen und der Berner Synagoge zeigte, ein Spaziergang, der die Dichterin tief bewegte. *Der war so unwirklich wie über Wolken fast. Man kann ihn nie vergessen, man kann ihn uns nie rauben ... Solche Spaziergänge, schwebend, lassen das Leben ertragen.*

Raas hatte gerade zusammen mit Doktor Georges Brunschvig eine Rechtsanwaltskanzlei eröffnet und bereitete ein Verfahren gegen die antisemitische Schrift Protokolle der Weisen von Zion vor, ein Pamphlet, das seit Mitte des neunzehnten Jahrhunderts in mehreren Varianten durch die Welt geisterte. Obwohl Veröffentlichungen der englischen Times bereits neunzehnhunderteinundzwanzig eindeutig belegten, dass es sich bei den Protokollen um ein Plagiat und eine plumpe Fälschung handelte, verbreiteten deutsche und schweizerische Antisemiten die absurden Behauptungen weiter, das Judentum strebe mithilfe seines Goldes und einer geheimen Verschwörung die Weltherrschaft an. Auf diese Thesen stützten sich auch Hitlers Mein Kampf und große Teile der nationalsozialistischen Ideologie. Raas und Brunschvig wollten im Namen des Schweizerischen Israelitischen Gemeindebundes und der Israelitischen Kultusgemeinde Bern wegen Verbreitung hasserfüllter, verleumderischer und gefälschter Schriften bei Gericht Klage einreichen und vermuteten, dass das Verfahren weltweite Beachtung finden werde. Die Dichterin interessierte sich brennend dafür und war überhaupt entzückt von dem fürsorglichen jungen Rechtsanwalt, der nicht nur eine hymnische Rezension über ihre Berner Lesung in der Jüdischen Pressezentrale veröffentlichte, sondern auch versprach, ihr als juristischer Beistand und Fürsprecher in allen Angelegenheiten mit der Fremdenpolizei zur Seite zu stehen.

Emil Raas wurde in den folgenden fünf Jahren zum engen Vertrauten und Empfänger von rund zweihundert Briefen der Dichterin, in denen sie ihr Herz ausschüttete und über ihren schweren Alltag und ihre zunehmende Einsamkeit in der menschlichen, aber auch buchstäblichen Kälte des Exils klagte. Im ersten Winter im Augustinerhof flüchtete sie oft aus ihrem kaum geheizten Zimmer in den Aufenthaltsraum im ersten Stock und dämmerte stundenlang an der Heizung vor sich hin oder schrieb wie gejagt – *manchmal empfand ich die Genügsamkeit wie Nirwana*, berichtete sie Emil Raas. Sie versuchte, auch ihn in den Urwald zu locken und ihm das Indianerspiel schmackhaft zu machen. *Irgendwo – geheim wo – auf den Böden des Hauses oder unter dem Leinzelt des Dachs oder in einer Gasse, die zugenäht ist. Oder im Winkel des Herzens, der aber immer von der Sonne beschienen ist, eine Oase mit Bäumen voll wachsenden Spielsachen. Verstehen sie mich?* Der Dreiundzwanzigjährige glaubte zu verstehen und versuchte, sich vorsichtig abzugrenzen. … *aber groß Mißverständniß, denn Jussuf will nie in Wirklichkeit ein Herz einnehmen! Parole d'honneur. … Ich will ja in Palästina die Heerden hüten und mit ihnen weiden auf den Wiesen wo menschenhohe Gräser wachsen und man sich zwischen den Stengeln und Rauschen verstecken kann.*

Nach weiteren Missdeutungen und emotionalen Turbulenzen schrieb sie für Emil Raas eine Gerichtsszene mit einer dreimal vorbestraften, geistesschwachen Angeklagten, die sich selbst der Lüge und der Verleumdung bezichtigt und von Staatsanwalt und Geschworenen zu vier Monaten Einzelhaft und einem Tag Dienst im Kindergarten verurteilt wird, der aber, weil geistig minderwertig, mildernde Umstände zugebilligt werden.

In einer Nacht fließt ihr endlich das Gedicht aus der Seele, das schon eine Weile geschlummert hat, ihr Arm ist wieder so vereitert, dass sie es kaum aufschreiben kann. Das Lied der Emigrantin nennt sie es zunächst, ein Trauergesang, ein Kleinod, dahingeströmt. Trotz starken Regens läutet sie schon morgens um sechs, ein klatschnasses Tigerfellmützchen auf dem Kopf, den Schauspieler und Freund Ernst Ginsberg aus dem Bett, um ihm ihre Zeilen vorzulesen. Sie ist erregt, fragt nach der Bedeutung einzelner Metaphern und staunt mit großen Augen, als er ihr, erschüttert von der Größe des Textes, erklärt, wie er ihn verstanden hat: Ja, Jung, so kann dat gemeint gewesen sein.

Sie bietet das Gedicht Klaus Mann für die Sammlung an und nennt es nun Die Verscheuchte. Die Klage ist ein später Schlusspunkt des poetischen Dialogs zwischen ihr und Giselheer, ein enttäuschter, ergreifender Abschied.

Es ist der Tag im Nebel völlig eingehüllt,
Entseelt begegnen alle Welten sich –
Kaum hingezeichnet wie auf einem Schattenbild.

Wie lange war kein Herz zu meinem mild ...
Die Welt erkaltete, der Mensch verblich.
– Komm, bete mit mir – denn Gott tröstet mich.

Wo weilt der Odem, der aus meinem Leben wich?
Ich streife heimatlos zusammen mit dem Wild
Durch bleiche Zeiten träumend – ja, ich liebte dich ...

Wo soll ich hin, wenn kalt der Nordsturm brüllt?
Die scheuen Tiere aus der Landschaft wagen sich
Und ich vor deine Tür, ein Bündel Wegerich.

Bald haben Tränen alle Himmel weggespült,
An deren Kelchen Dichter ihren Durst gestillt –
Auch du und ich.

Und deine Lippe, die der meinen glich,
Ist wie ein Pfeil nun blind auf mich gezielt.

Entsetzen und Fassungslosigkeit herrschten in den Züricher Emigrantenkreisen und bei der Dichterin über die Aktivitäten des im letzten Vers des Gedichtes angesprochen Gottfried Benn, der in Berlin zum kommissarischen Leiter der Sektion Dichtkunst an der Preußischen Akademie der Künste gekürt worden war. Bereits im März hatte er die Mitglieder der Sektion brieflich dazu aufgefordert, sich uneingeschränkt zum Nationalsozialismus zu bekennen, und der Demokratie in einer Rundfunkrede eine Absage erteilt. Kultur, so der Dichterpräsident Benn, entstehe keineswegs in Geistesfreiheit, sondern in Sklavenstaaten. Gewisse erste Ränge würden leer gefegt, Gedankenfreiheit, Pressefreiheit, Lehrfreiheit müsse dieser Staat aus Rechtsbewusstsein genau überwachen.

Der Dichterin gefror jedes Mal das Blut in den Adern, wenn ihr solche Äußerungen zu Ohren kamen, und Klaus Mann schrieb Gottfried Benn einen flammenden, mahnenden Brief, der in der Frage gipfelte: *Was konnte Sie dahin bringen, Ihren Namen, der uns der Inbegriff des höchsten Niveaus und einer geradezu fanatischen Reinheit gewesen ist, denen zur Verfügung zu stellen, deren Niveaulosigkeit absolut beispiellos in der europäischen Geschichte ist und von deren moralischer Unreinheit sich die Welt mit Abscheu abwendet?*

Benn sah sich zu einer *Antwort an die Literarische Emigration* veranlasst, die er in der Berliner Funk-Stunde verlas. Mit den Flüchtlingen, die ins Ausland reisten, lasse sich nicht diskutieren, sie hätten nicht begriffen, dass es bei den Veränderungen in Deutschland um einen schicksalsbedingten Vorgang gehe, um das Hervortreten eines neuen biologischen Typs, die Geschichte mutiere, ein Volk wolle sich züchten. *Wollen Sie, Amateure der Zivilisation und Troubadoure des westlichen Fortschritts, endlich doch verstehen, es handelt sich hier gar nicht um Regierungsformen, sondern um eine neue Vision von der*

Geburt des Menschen, vielleicht um eine alte, vielleicht um die letzte großartige Konzeption der weißen Rasse, wahrscheinlich um eine der großartigsten Realisationen des Weltgeistes überhaupt.

Mitte November ging Else gemeinsam mit Emil Raas zur Schweizer Fremdenpolizei. Es war der Beginn einer Odyssee durch die eidgenössische Zuzugs-, Duldungs- und Niederlassungsbürokratie für Ausländer, deren Leitlinien *die geistigen und wirtschaftlichen Interessen der Schweiz sowie der Grad der Überfremdung des Landes* waren. Bereits im März hatte das Justiz- und Polizeidepartment die Kantone angewiesen, bei der Zuwanderung von sogenannten Israeliten größte Zurückhaltung zu üben. Neben ihren Personalien hatten die Geflüchteten ihre Beweggründe, die Grenzübergangsstelle, ihre Reiseziele, Unterhaltsmittel und Referenzen in der Schweiz anzugeben. Eine erste, von den Bundesbehörden erteilte Aufenthaltsgenehmigung galt höchstens drei Monate und musste bei der Eidgenössischen Fremdenpolizei vorgelegt werden, die zusätzliche Auflagen erließ und deren Einhaltung durch Kontrolldetektive überwachte.

Emil Raas fasste für die Dichterin den Sinn der Schriftsätze zusammen, die die unfreundlichen Beamten ihr vorlegten, während der Unterschrift schwindelte ihr, und die Buchstaben tanzten vor ihren Augen.

Zürich, 15. November 1933: *Ich nehme davon Kenntnis, daß mir, trotz Einreichung eines Gesuches um Bewilligung der Erwerbstätigkeit als Dichterin diese Erwerbstätigkeit wie überhaupt jeder Stellenantritt und jede Erwerbstätigkeit bis auf weiteres verboten bleiben. Es ist mir eröffnet worden, daß ich im Falle der Zuwiderhandlung gegen diese Weisung Bestrafung nach Art. 22 der Bundesrätlichen Verordnung über die Kontrolle der Ausländer vom 29. November 1921 … und administrative Maßregelung (Weg- und Ausweisung) zu gewärtigen habe …*

Zürich, 16. November 1933: *Frau Lasker ist eingereist am 19. April 1933 und hielt sich bis zum 15. November des Jahres ohne Anmeldung an verschiedenen Orten, jedoch meistens in Zürich auf. In Privatgesellschaften hielt sie ohne fremdenpolizeiliche Bewilligung Vorträge ab und schrieb auch Artikel gegen Bezahlung für die Neue Zürcher Zeitung. Die Fehlbare wurde heute auf diese Übertretung aufmerksam gemacht, von der Verzeigung in Kenntnis gesetzt und zur Leistung eines Bußendepositums im Betrage von Fr. 37,10 verhalten.*

Zürich, 2. Mai 1934: *An den Kontrolldetektivenkreis 1 ... Das Gesuch der Obgenannten liegt seit 15. November 1933 hier pendent und kann nicht erledigt werden, weil die Gesuchstellerin ihren Paß einfach nicht deponiert. Sofern dieselbe hier anzutreffen ist, ist deren Paß nach Rückgabe beiliegenden Schriftenempfangsschein zu unseren Händen einzuziehen. Quittung ebenfalls beiliegend. Ist nicht anzunehmen, daß die Gesuchstellerin immer noch unerlaubterweise erwerbstätig ist???*

Das Hebräerland

Palästina! Waagrecht gleitet die Mondsichel, ein goldener Kahn, durch das heilige Wolkengewässer und verschwindet plötzlich auf dem Grund der Welt. Wir aber kreisen, im Zuge gefangen, immer rund um eines Wüstenfelsens sandige Lenden. Es naht die Frühe, eine asiatische Tänzerin in silbernen Spitzen, noch etwas vom Schattengrau im Haare, und wirft der Welt Kußhände zu. Wüste, nur Wüste um uns. Wüste, weiche, gelbliche Stille! Auf einmal wird es ganz hell, auf einmal! Keine fahle Ouvertüre, auf bleiernen Tasten gespielt, schreitet dem Morgen nach den asiatischen Abenden schwermütig voraus. Hell wird es im Heiligen Lande aus Dunkel ohne trübe Zwischennuance. Und dunkel, von Dämmerung befreit, naht die Nacht.

Else Lasker-Schüler, Das Hebräerland

Im kalten Züricher Januar war Else wochenlang erkältet, verbrachte die Tage an der Heizung des Augustinerhofes und bekämpfte den Schnupfen mit Glycerinwattebäuschen, die sie sich in die Nase steckte. Wie ein Sonnenstrahl drang in diese Trostlosigkeit das Angebot der Kritikerin und Journalistin Margret Pilavachi, die Kosten für eine Passage von Genua nach Palästina zu übernehmen, wobei die Dichterin in Ägypten Station machen sollte. Pilavachi, die in Alexandria mit einem griechischen Kaufmann verheiratet war, hatte Artikel über die Hebräischen Balladen geschrieben und Else in den letzten Jahren schon mehrmals eingeladen. Sie rechne es sich als höchste Ehre an, die Dichterin zu empfangen und zu beherbergen, schrieb sie überschwänglich, sie seien doch Wahlverwandte.

Pilavachi wollte ein Visum besorgen und Lesungen organisieren, versprach Hilfe beim Verkauf von Büchern und, was Else besonders freute, die Organisation einer Ausstellung in Alexandria mit ihren und Pauls Zeichnungen. Außerdem stellte sie Ausflüge mit dem Auto ans Meer und in die Wüste in Aussicht sowie Artikel, die sie in allen Zeitungen schreiben werde. Vor Kurzem, frohlockte Pilavachi weiter, sei sie in Jerusalem gewesen und habe dort alle ihre Freunde auf die Ankunft der schönsten Dichterin vorbereitet.

Else war überglücklich über die Gelegenheit, Europa endlich den Rücken kehren zu können und in Alexandria sogar einen Verdienst in Aussicht zu haben. So musste sie in Palästina nicht als Bettlerin ankommen. Es fehlte nur noch die Zugfahrt nach Genua und Geld für eine leichte Garderobe. Bittbriefe an einige Mäzene, die sie vor Widerwillen kaum schreiben konnte, hatten Erfolg, sodass sie schließlich am einundzwanzigsten März, ausgerüstet mit einer Reisetasche, einer bunten Hutschachtel und einem zwölf Monate gültigen Visum für Ägypten, nach Genua reisen konnte. Im Büro des Italienischen Lloyd nahm sie ihre Schiffskarte in Empfang und ließ sich anschließend die Nägel maniküren. *Jeden meiner Finger behandelte die gewissenhafte Señorita wie ein eben zur Welt gekommenes Bambino. Danach stutzte sie mir die Haare zurecht, ganz nach italienischer Mode. Am Abend besuchte mich aus St. Margherita der mächtige ritterliche Dichter und Dramatiker Friedrich von Unruh und seine Dame. Beneideten mich ob meiner höchstversprechenden Reise nach dem Ägypterlande, die mich, prophezeite er mir voraus, sicher auf dem Märchenkamel meiner Bücher weiter ins Gelobte Land tragen würde.*

Am folgenden Tag stach Else mit dem schnittigen weißen Luxusdampfer Esperia hochgemut in See, genoss die gute Luft und besichtigte bei einem Landgang in Neapel mit einer Reisegruppe den Vesuv. *Es qualmte der dämonische Berg, ein schmockender italienischer Inkashäuptling, der die Gegenden Neapels ab und zu unsicher macht. Neapels Menschen glühen, es leuchten die Früchte der Palmen und der Schmetterling, der sich auf meine Hand setzte.*

In einem Liegestuhl auf dem Sonnendeck ließ sie die Gestade Griechenlands an sich vorüberziehen und versäumte keine der abendlichen Vorstellungen im Schiffskino. Sie mochte die Liebesfilme mit Clark Gable und sah regelmäßig die Wochenschau, in der häufig der italienische Duce gezeigt wurde. Seine jugendliche Ausstrahlung gefiel der Dichterin außerordentlich, auch wenn ihr diese Sympathie für den faschistischen Diktator, aus der sie keinen Hehl machte, von vielen Zeitgenossen verübelt wurde.

Im Hafen von Alexandria erwartete sie Madame Pilavachi im hochherrschaftlichen Wagen, umlagert von Jungen, die sich einen Wettstreit um den Gepäcktransport der Dichterin lieferten. Sie war fasziniert von dem exotischen Leben und Treiben in der großen Hafenstadt und den schönen Ägypterinnen: *Augen, schimmernde Mandeln zwischen zarten Hauthüllen und seidigen, geschweiften Brauen. Und es überraschen mich hinter den Gazen die tätowierten Ornamente auf Wangen und im Kinn. Mit Henna gemalt, enden ihre schlanken Finger in Korallenspitzen, und Glück bringt ihnen und ihren Kindern auf innerer Handfläche der Hennafleck.*

Pilavachi zeigte dem staunenden Gast die quirlige Stadt, die Caféhäuser, das Treiben auf dem Nil, das nubische Volksfrauenbad und führte sie in die Künstlerkreise Alexandrias ein. Der Großrabbiner Prato von Alexandrien, ein außerordentlicher Sänger, der früher die Synagoge von Venedig geleitet hatte, lud die große Dichterin seines Volkes zum Passahabend ein, und sie dachte beim Mahl, als das ungesäuerte Brot gebrochen wurde und der Wein im Kidduschbecher funkelte, an die Passahmahle in Elberfeld mit den Eltern und den fein herausgeputzten Geschwistern.

In den folgenden Tagen konnte das Besichtigungs- und Unterhaltungsprogramm Margret Pilavachis nicht darüber hinwegtäuschen, dass sie den Mund zu voll genommen hatte und die versprochenen Lesungen in den deutschsprachigen literarischen Vereinen ebenso wenig stattfanden wie die Bücherverkäufe und die Ausstellung. Der Grund war die einflussreiche Familie des Hitler-Stellvertreters Rudolf Hess, die seit Langem in Alexandria lebte und das Kulturleben maßgeblich beeinflusste. Als die Gastgeberin unter Qualen nach und nach die antisemitische Verseuchung der deutschen Kulturgemeinde bekannte, zürnte die Dichterin, sie sei einer Betrügerin aufgesessen, verließ Alexandria nach neun Tagen wieder und gelangte nach einer strapaziösen, ereignisreichen Zugfahrt über Suez und die Halbinsel Sinai nach Jerusalem.

Und trotz der großen Anstrengung, die schon der Wechsel der Züge, noch in fremder Nacht, mit sich brachte, möchte ich doch diese Fahrt von Ägypten nach Palästina von Erdteil zu Erdteil per Eisenbahn und dann durch die weite Wüste von mir nicht unterlassen und ungewagt wissen. ›Vonafrikanachasienfahren‹ müßte ein neues Kinderspiel heißen. Wenn auch nicht erfunden, so doch erlebt von mir mit all seinen Strapazen, Überraschungen und Spannungen.

Die nächsten Tage in Jerusalem verbrachte sie im Haus der Freundin Elfriede Caro, die aus Berlin an den Rand der Wüste gezogen war. Gleich in der ersten Nacht erlebte Else eines der heftigen Gewitter mit Hagel, sintflutartigem Regen sowie mächtigem Blitz und Donner, die, so berichtete Elfriede, die Stadt etwa alle sieben Jahre heimsuchten. Die Dichterin war erschöpft, erschlagen von der Reise und der Fremdheit überall, aber auch überwältigt vom Licht und der Schönheit des Morgenlandes. In Jerusalem konnte sie deutlicher als sonst den Atem Gottes spüren und bebte überwältigt von seiner Nähe, wenn sie über das Pflaster schritt. Wie viele Neuankömmlinge träumte sie den Fliegertraum und flog erbarmungslos aus großer Höhe auf die Erde hinunter, aber Adoneus Arm hielt sie und umschloss mit ihr das ganze Palästina und seine Bewohner, sie fühlte das uralte Band. Mit der Zeit gewöhnte sie sich an die plötzlich hereinbrechende Dunkelheit und das gewaltige, zerklüftete Gestein, das die Stadt umgab. Begeistert labte sie sich am Orangennektar der überall auf den Straßen angeboten wurde.

Auf Kosten der Jewish Agency konnte sie ins Hotel Nordia ziehen, das mitten im neuen Teil Jerusalems lag. Der Balkon ihres Hotelzimmers ging zur belebten Jaffa Road hinaus, den ganzen Tag zogen arabische Karawanen, Eseltreiber, spielende Kinder, geschäftige Hausfrauen, fleißige Handwerker, Müßiggänger und versponnene Poeten vorüber, es erschien der Dichterin wie ein endloses Straßentheater.

In der dem Hotel gegenüberliegenden Post unterstützten freundliche Angestellte sie bei ihrem regen Briefverkehr und nahmen Anteil an sich anbahnenden Geschäftigkeiten wie Lesungen, Vorträgen und Zusammenkünften mit lieben alten Freunden aus Deutschland, die inzwischen in Palästina lebten. Neben Elfriede Caro waren dies Friedrich Andreas Meyer, der in Görlitz Rechtsanwalt gewesen war und nun in Jerusalem eine Papeterie betrieb, der Maler Hermann Struck, der Schriftsteller Erwin Loewenson, der Rabbiner Emil Cohn.

Else durchstreifte fasziniert das Araberviertel und entzündete an der Klagemauer in bewegtem Gedenken an ihre Lieben im Himmel und in der deutschen Heimat eine Kerze. Sie besuchte den Oberrabbiner Isaac Kook mit seiner zauberhaften zweijährigen Enkelin Zipora, der als Mäßiger und Ausgleicher zwischen den Strenggläubigen und den freigeistigen sozialistischen Pionieren galt. Mit dem Dichter Uri

Zwi Greenberg, der sich als Kino- und Cafébegleiter anbot, stritt sie über die Lösung des sich mehr und mehr verschärfenden Konfliktes zwischen Palästinensern und jüdischen Siedlern. Während die Dichterin die Gemeinsamkeiten und gleich gelagerten Interessen beschwor und den tiefen Riss aus Hass und Gewalt zwischen den beiden Völkern mit geradezu kindlicher Naivität durch Harmonie glätten wollte, plädierte der glühende Zionist Greenberg für gewaltsame Vergeltung, führte immer wieder das Massaker von Hebron an und wetterte gegen die Opferhaltung und Gleichgültigkeit der Juden, die sich willfährig auf die Schlachtbank führen ließen.

In den kleinen sephardischen und aschkenasischen Synagogen Jerusalems mit ihren heiligen Schreinen wusste die Dichterin sich eins mit der Wiege ihres Volkes und ihrer Religion. *Ich sah die vereinten einigen Chassidimväter, achtzig ehrwürdige Rabbiner in Synagogentücher gehüllt, ein einziges Schaubrot, ein heiliger, einiger, gebenedeiter Leib mit den Lederriemen der Tefillin geschmückt, den Jaffaroad hinab zur Klagemauer schreiten. Diesen Gobelin aus ewigen Fasern und Adern und seidigem Greisenhaar uralten Judenstammes tätowierte die Zeit großzügig in die Haut meiner Schläfen.*

Mit dem Omnibus fuhr sie durch die Wüste nach Tel Aviv und Haifa, besuchte die heiligen Stätten des Bibellandes: Jericho, Tiberias, Bethlehem, den Garten Gethsemane, den mit Mohnblüten übersäten Golgathahügel, der viel kleiner war, als sie sich vorgestellt hatte. Ehrfürchtig stand sie am Grabmal Absaloms, des dritten Sohnes Davids, und beschritt ergriffen den Weg nach Emmaus, den einst Jesus mit seinen Jüngern gegangen war.

Sie trug ihre Gedichte im Habima-Theater in Tel Aviv und in der Buchhandlung Steimatzky in Jerusalem vor, dort wurden auch ihre und Pauls Zeichnungen gezeigt. Arthur Ruppin, Leiter des Jewish Agency Department for the Settlement of German Immigrants, versicherte ihr, sie habe dem Land mit den Hebräischen Balladen ein großes Geschenk gemacht und maßgeblich zum Aufbau Palästinas beigetragen.

Vierzig Grad im Schatten, das Wasser brodelt auf dem Balkon, kaum weiß sie, wie sie bei dieser Hitze über das kochende Pflaster ins

Café Sichel kommen soll. Sie fühlt sich schwach, möchte wieder in die kühle, grüne Schweiz zurück, näher an die Heimat, das geliebte Berlin. Es ist doch immer wieder das Gleiche, auch hier bei ihrem Volk im Land der Juden ist sie zur Bettlerin erniedrigt, muss sich ihren Lebensunterhalt Pfund für Pfund bei Arthur Ruppin erschnorren, als hätte sie nichts Besseres zu tun, sie, die Dichterin des Allerfeinsten, über deren Größe die Zeitungen ehrerbietig berichten, der Indianerhäuptling, Jussuf, der Prinz von Theben mit der Mondsichel auf der Stirn, der doch immer noch Seidenläppchen nach Berlin schicken muss, damit Eddchen und Erikklein die Miete zahlen können, der mal richtig verdienen will und doch immer nur das Nötigste hereinbringt, der Bild um Bild malt und zu Spottpreisen verkauft, immer wieder das bunte Thebenvolk, Indianer, Jussuf mit seinen Tieren. Tief graben sich die Bilder des Hebräerlandes in ihr Gehirn, sie wird sie mit nach Zürich nehmen und herausmalen, auch dort muss es ja weitergehen, die Kraft muss reichen, irgendwie. Und immer wieder die großen Verlegenheiten, immer wieder betteln, dabei tut der Arm so weh vom Zeichnen und den vielen Briefen, zum Beispiel an Hermann Struck in Haifa, er möge ihr Leute vorbeischicken, die an Bildern interessiert sind. Kein reicher Jude kommt auf die Idee, dem Prinzen eine regelmäßige Apanage zu spenden, Noblesse einem Menschen gegenüber zu zeigen, der so viel zur Ehre des jüdischen Volkes getan hat. Bitter wird Jussuf, wenn er über das fortwährende Elend, das sich trotz aller Anstrengungen nicht bessert, nachdenkt, und er beginnt die Juden zu hassen, die die Sängerin ihres ureigenen Liedes zur gemeinsten Bettlerin herabzwingen, die ihre Sprache missachten, für die der Prinz sich hat schlagen lassen in antisemitischen Vereinen, die man kaum noch besuchen mag, weil sie immer denken, man wolle etwas, die einander so fremd sind, dass sie sich noch nicht mal ihr Herz ausschütten können.

Wie freute sie sich über eine Einladung zum Schabbatabend bei dem hebräischen Dichter Samuel Josef Agnon und seiner liebreichen Gewerett, die in der Vorstadt Talpiot lebten. Wie überaus herzlich wurde sie schon an der Omnibushaltestelle von den beiden erwartet, wie traulich lehnten sie bei Tisch aneinander, die lieblichen Kinder, die feine Mama, der dichtende Papa. Mit welcher Ehrfurcht entzündete Agnon die Schabbatkerzen, sprach den Kiddusch über den zuvor sorgsam mit Wein gefüllten Silberbecher, den nun die Dichterin im Überschwang an die Lippen setzte und austrank, wohl wissend, dass es nicht der Zeremonie entsprach. Ihr zur Seite saß ein weiterer Feiertagsgast im schwarzen Kaftan und strafte dieses Sakrileg mit vielsagendem Talmudenblick ab. Man befinde sich hier beim heiligen Schabbatmahl und nicht an einer Geburtstagstafel. Errötend bemühte er sich sodann, die Dichterin zu ignorieren, worauf diese beschloss, ihm eine Lektion zu erteilen. Lange blickte sie in die sieben Flammen der Kerzen, dann in die Augen des Talmuden.

Eine jede Kerze brennt, aber jede nach ihrer eigenen Flamme, sang sie mit splitternder Stimme. Der Dichter Agnon nickte und beeilte sich zu unterstreichen, dass also auch die Dichterin so leben müsse, wie sie sei.

Der junge Mann senkte den Kopf und schwieg.

Zum Abschluss einer ergreifenden Zeremonie, bei der der Adon die mohnbestreuten Challa-Brote in Salz tauchte und verteilte und die Kinder die hebräischen Weisen lieblich in den Nachthimmel sangen, verstieß die Dichterin noch einmal gegen das Reglement. Ohne Einhalt stürzte plötzlich das ehrfürchtige Gebet der Juden, das Schmah, von ihren Lippen. Obwohl es nicht zum Gebetskanon des Schabbatabends gehörte, spendete das Ehepaar Agnon lebhaften Beifall für den fehlerlosen Vortrag, aber der Talmude war tief verstimmt und mokierte sich über der Dichterin Art und Weise, das Gebet zu sprechen, als stünde sie auf einer Theaterbühne. Else antwortete mit dem Gleichnis von einer Dichterin, die nach einer passenden Schale für die unaussprechlich kostbaren Worte des Herrn suchte, jedoch keine fand. *Da spann sie aus den roten Fäden ihres durchsichtigen klaren Herzens einen Kelch, kristallen im Klang und von holder Dunkelheit seiner Darreichung, und legte die bebende Ewigkeit, verwahrt in einem winzigen Tropfen, den Demant der Gebete, das ›Schmah‹ – zwischen den gesponnenen Wänden ihres gottgeopferten Herzens.*

An einem zweiten Schabbatabend geriet sie irrtümlich in das Haus Gershom Scholems, des berühmten Kabbalisten und Inhabers des ersten Lehrstuhls für jüdische Mystik an der Jerusalemer

Universität, dessen Mutter Betty Scholem Else in Berlin bei gesellschaftlichen Anlässen mehrmals begegnet war und von der sie stets den Eindruck gehabt hatte, sie hege eine tiefe Abneigung gegen die Dichterin. Scholem war ein Freund Martin Bubers, des alten Gefährten aus Berliner Zeiten, und Nachbar des hochgeschätzten Jerusalemer Bibliotheksdirektors Hugo Bergmann, bei dem Else an diesem Abend eingeladen war. Plötzlich stand sie, weil sie die Türen der gleich aussehenden und nebeneinandergelegenen Häuser verwechselt hatte, mitten im geschmückten Schabbatzimmer vor Scholem selbst, und es stürzten, nachdem sie ihm Gut Schabbes gewünscht hatte, unvermittelt die Visionen aus ihrem Mund, die sie seit Pauls Tod zunehmend heimsuchten: Die Männer im Morgenland und König David mit den aschefarbenen Augen, mit dem sie eine halbe Stunde gesprochen, und Päulchen, den sie nachts auf einer Anhöhe in der Schweiz gesehen habe. Was die Kabbala zu solchen Erscheinungen sage, fragte sie den Gelehrten, der stoisch das Ende des ohne Punkt und Komma sprudelnden Wortschwalls seines eher an eine mexikanische Indianergreisin als an eine ehrbare Jüdin erinnernden Gastes erwartete, dessen Sätze durcheinanderschlingerten und schließlich verwirrt verebbten.

Selbstgerechtes Kopfschütteln, blasierter, distanzierter Tonfall. Noch einer, der sie für verrückt hielt.

Wie er ihr dann mit zunehmendem Misstrauen Kontrollfragen stellte, das Mysterium der Erscheinungen und dazu gleich noch alle Legenden Israels mit gestelztem Talmudengeschwätz zu enthimmeln versuchte, sie wollte es gar nicht hören. Das Wunder mit Schulmeisterlogik zu verehelichen, ergebe eine Mesalliance, konterte sie hilflos, aber mit spitzer Lippe und wollte nur noch hinaus, den Rückzug zu Bergmanns antreten, wo die Kinder, reinlich gekleidet und geschmückt, schon um den in sieben Flammen erstrahlenden, mit mohnsamenbestreuten Broten und gefüllten Schüsseln bedeckten Tisch standen und warteten. Aller Augen waren auf den Kleinsten gerichtet, der, sobald die Dichterin in ihre Mitte getreten war, mit aufgeregtem, aber klarem Stimmchen begann, die Schabbatgebete zum Herrn zu sprechen.

Zerbrochen ist die Klaviatür

– Das Durchmachen jedes Menschen bedeutet nichts anderes als Geschliffenwerden eingefaßt einst zu werden in Sternenzacken –

Else Lasker-Schüler an Emil Raas

Nach ihrer Rückkehr ins ungastliche Zürich zögerte die Dichterin den Gang zur Fremdenpolizei wieder so lange hinaus, bis er unvermeidlich wurde. Man setzte ihr eine vierwöchige Frist zur Ausreise, Emil Raas erreichte eine Verlängerung, weil die Herren May und Ittmann wieder für ihren Unterhalt garantierten. Die Einsamkeit umfing Else wie eine Schlucht, die sie mit dem Strom von Worten füllte, der sich schon in Jerusalem herangedrängt hatte und seitdem mächtig angeschwollen war. Sie begann mit der Niederschrift ihres Reiseberichtes Das Hebräerland und schrieb Briefe: erbitterte oder bittende an Mäzene wie den Seidenfabrikanten Sylvain Guggenheim, sorgenvolle an Edda, Thebenbriefe an die Freunde, Geschäftsbriefe, etwa an Martin Buber, ob er die Restauflage ihrer Cassirer-Ausgabe nicht dem Verleger Salman Schocken anbieten könne. Ihre alltäglichen Umtriebe, ihre Beschwerden und Kümmernisse, ihr Weh und ihr Leid, ihre Träume, ihre Streifzüge durch den Urwald und die Thebenstadt, ihre Wut, ihr Sehnen und Verlangen, ihre heiligen Visionen schrieb sie in seitenlangen Ergüssen an Emil Raas. Sie war Prinz und Pampeia, die Bändigerin der Jaguare, schrieb atemlos gegen die Angst an, machte den jungen Juristen zum Vertrauten, zum Blutsbruder, zum Geliebten, zum Teilhaber ihrer Not, ihrer heimlichsten Wünsche und Gefühle.

Meistens saß sie im Café Select, füllte trotz heftiger Schmerzen im Arm, der wieder operiert werden musste, Bogen um Bogen in fahriger, schlingernder Schrift oder klapperte in ihrem neuen Domizil Glockenhof ihre Texte und Briefe wie rasend aus der Maschine mit dem klecksenden Band, teilte zum Beispiel dem Germanisten Fritz Strich ihre Visionen mit. *… die oft eine Stunde gar dauern und ich vollständig im Wunder des Geschehniss überlegen kann das Unbegreifliche zwar ganz concentriert mein Gehirn schmilzt zusammen fast nussklein aber scharf. ganz scharf.*

Sie las in der Zeitung von den Gepeinigten in den deutschen Konzentrationslagern, andere Emigranten bestätigten die Schreckensberichte. Die Herzkrämpfe kamen wieder, sie wurde schwach und wirr, schrie und verletzte sich nachts im Traum, wachte blutend und erhitzt auf, sah Sterne vor den Augen. Trotz allem musste sie Geld für die nächste Palästinareise verdienen, denn sie wollte im Heiligen Land aus dem neuen Buch vortragen, an dem sie Tag und Nacht arbeitete und von dem sie hoffte, dass Salman Schocken es in Berlin verlegen und ihr zur Rettung aus allen Verlegenheiten einen guten Vorschuss zahlen würde.

An Mussolini, der als Freund der Künste galt und für den sie immer noch schwärmte, schickte sie einen Gedichtband und ein handkoloriertes Thebenbuch. Der Duce antwortete umgehend mit einem freundlichen, verehrungsvollen Brief, den er der Dichterin in Locarno durch seinen Vizekonsul überreichen ließ. Daraufhin keimte in ihr die Hoffnung, Mussolini, den Förderer d'Annunzios, Puccinis, Mascagnis und Giglis, in Rom besuchen und ihn bewegen zu können, bei seinem Freund Hitler zugunsten des jüdischen Volkes zu intervenieren. Lange überlegte sie mit dem Bühnenbildner Teo Otto, der zum Ensemble des Schauspielhauses gestoßen war und den sie wegen seiner Abstammung aus dem nahe Elberfeld gelegenen Remscheid Bergischer Kräher getauft hatte, was auf den Diktator mehr Eindruck machen würde: der Prinz in schneidiger Husarenuniform oder in Indianertracht.

Empört reagierte sie auf die öffentlichen Würdigungen zu ihrem sechzigsten Geburtstag – der eigentlich ihr siebenundsechzigster war – und bezeichnete sie als taktlose Gemeinheiten, man rede in der Öffentlichkeit nicht über das Alter einer Dichterin. Schließlich sei sie sechzehn und tausend, antwortete sie Thomas Mann, der ihr zu ihrem Werk und ihrem feierlich gehobenen Leben, das er immer mit Freude und Ehrerbietung betrachtet habe, gratulierte. Dem Ensemble des Zürcher Schauspielhauses, das sie ebenfalls beglückwünscht hatte, schrieb sie: *Die Welten stehen ganz im Blut Und – ausgerechnet, ich, ärmster Mensch hab Geburtstag!!*

Wie vogelleicht fühlte sie sich nach der Nachricht, dass die gute Anni Oppenheimer in Berlin gleich sechs Bilder auf einmal für zweihundertfünfzig Mark das Stück hatte verkaufen und tausend Mark an Lindners und zweihundertfünfzig an Hedwig Grieger hatte senden können, sodass die treue Seele fünf Monate die Miete sicher hatte und sich wenigstens eine Woche in Kolberg erholen konnte. Und es gab weitere Bilderbestellungen, Else zeichnete und zeichnete, immer von der Angst getrieben, der Zauber könne ausbleiben, der ihr das Dichten und Malen möglich machte.

Der Direktor des Züricher Rundfunks Jakob Job ließ sie in der Pause eines Orgelkonzertes gegen ein gutes Honorar lesen, was allerdings wegen ihres angeblich zu pathetischen Vortrags zu Hörerprotesten führte. Die Dichterin bot an, ihr Honorar zurückzuzahlen, Job lehnte ab und ließ stattdessen beim nächsten Mal die Essays Vögel und Die weiße Georgine, die er ebenso nobel honorierte, von einem Sprecher lesen. Da die Dichterin kein Radio besaß, bat sie die Verkäufer in einem Musikladen, ob sie dort zuhören könne. Die freundlichen Menschen rückten ihr sorglich ein Sesselchen vor den Lautsprecher und servierten ihr einen Süßwein, dann lauschte Else gerührt ihren eigenen, in die fremde Stimme gekleideten Worten.

Sie aß in einem preiswerten Schnellrestaurant und kaufte sich billige weiße Turnschuhe, die schnell verschmutzten, aber bequem waren. Überhaupt lebte Jussuf nun minimal, unterwarf sich keinerlei Äußerlichkeiten mehr und fühlte sich freier und freier. Die Regierungsgeschäfte und Theben erforderten seine ganze Aufmerksamkeit. Nach einer wohltuenden Geldsendung von Sylvain Guggenheim konnte er sogar eine modische schwarze Samthose erstehen und war dankbar, dass er das gekrümmte Weiblein mit den klappernden Ohrgehängen, in deren verwittertem Gesicht nur noch die Augen majestätisch glänzten, im Spiegel des Geschäftes lediglich verschwommen wahrnahm. Der Prinz würde das liebwerte Fräulein Friedel Reinle, rechte Hand des Gönners und Kaufhausbesitzers Kurt Ittmann, bitten, ihm zu der Hose den gewebten schwarzen Jumper zu senden, der in der Auslage ausgestellt war, eine Rüstung, die vielleicht den Rücken vorteilhaft umspielen konnte.

Nach dem obligaten Besuch im Cinematheater Nord-Süd, das der Freundin Anna Indermauer gehörte, der einzigen Frau weit und breit, die alleine ein Kino führte und ihre Plakate selbst entwarf, schlenderte der Prinz ins Café Select vis-à-vis der Limmat, wo die verscheuchten

Künstler aus Deutschland sich zwischen nicht verscheuchten Schweizer Künstlern den Tag vertrieben. *Einlullende Radiomusik wiegt unsere Emigration leise ein. Und warten doch im Traume nicht mehr auf das Wunder.*

Zürich, 27. November 1934: *Wir teilen Ihnen in Erledigung ihrer Eingabe vom 8. November a. c. mit, daß wir die Ihnen auf den 5. November a. c. angesetzte Frist zur Ausreise aus dem Kanton Zürich endgültig bis zum 30. Juni 1935 erstreckt haben. Im übrigen bleibt unsere Verfügung vom 30. Oktober 1934 weiterhin zu Recht bestehen. Die Fristerstreckung berechtigt Sie ausschließlich zum Erholungsaufenthalt. Die Ausübung einer Erwerbstätigkeit (bezahlter oder unbezahlter) sind Ihnen ausdrücklich untersagt. Bei Ablauf der vorstehenden Bewilligung hat Ihr unbedingter Wegzug zu erfolgen. … Fremdenpolizei des Kantons Zürich*

Zürich, 5. Juni 1935: *Wir beziehen uns auf Ihre Eingabe vom 3. Juni a. c. und bedauern, Ihnen mitteilen zu müssen, daß Ihrem Begehren um weitere Aufenthaltsbewilligung nicht entsprochen werden kann. Sie haben somit am 30. Juni 1935 auszureisen. Der Aufenthaltszweck ›Erholung‹ dürfte bis zu diesem Zeitpunkt hinlänglich erfüllt sein. … Fremdenpolizei des Kantons Zürich*

Die Dichterin verließ Zürich und bezog in Ascona ein Zimmer bei der Familie Berger-Signorelli, die das Café Verbano und eine Patisserie betrieb. Hier war die Miete günstiger als in Zürich und Else konnte in Ruhe ihr Buch fertig schreiben. Allerdings litt sie unter der Langeweile des malerischen Kurortes und den steilen Treppenaufgängen, die sie mit ihrer Herzschwäche kaum noch bewältigen konnte. Auch setzte im Herbst eine starke Kälte ein, die die Dichterin an die Heizung des Cafés trieb, wo sie mit ihrem gläsernen Füllfederhalter immer neue Varianten des Hebräerlandes schrieb, Bilder zeichnete, Bittbriefe an Mäzene und Angebote an Verleger verfasste. Sie verstand sich gut mit ihren Wirtsleuten, verbrachte Weihnachten und Silvester in geselliger Runde im Café, frischte mit Franz Werfel, der zu Besuch kam, die alte, immer wieder krisengeschüttelte Freundschaft auf und gab ihm

Arthur Aronymus zu lesen. In Ascona pflegte sie auch freundschaftliche Beziehungen zu den Schweizer Nationalräten Robert Grimm und Max Gafner, die sich bei den Behörden für sie einsetzten.

Engagiert verfolgte sie den Prozess gegen den Medizinstudenten David Frankfurter, der in Davos den Landesgruppenleiter der Schweizer NSDAP Wilhelm Gustloff erschossen hatte. Sie wollte Frankfurter im Gefängnis besuchen und als sie keine Erlaubnis bekam, schickte sie ihm Blumen und ersuchte seinen Anwalt, dem Gefangenen auszurichten, die Engel bäten für ihn. Zusammen mit Marianne von Werefkin, die in Ascona lebte und der Dichterin vor Urzeiten geholfen hatte, für Senna Hoy ein Einreisevisum nach Russland zu bekommen, setzte sie sich für einen deutschen Fluglehrer ein, der Deutsche illegal in die Schweiz eingeschleust hatte und dem die Ausweisung ins Hitlerland drohte. Else sprach bei Behörden vor, fuhr nach Locarno, um ihren langjährigen Schwarm, den Kantonsrat Paolo Pedrazzini, für die Sache einzunehmen, und hatte schließlich Erfolg: Der Fluglehrer konnte unbehelligt nach Italien weiterreisen.

Entzückt und ergriffen war sie von einem Aufsatz der Psychiaterin Doktor Franziska Baumgarten, die unter dem Titel Supranormales Zeichnen eines Kindes über Paul Schülers einmalige zeichnerische Begabung als Kind und seine ungewöhnliche Perspektivwahl geschrieben hatte. Die Autorin hatte sich lange mit Pauls Kinderzeichnungen befasst und ein ausführliches Gespräch mit der Mutter geführt, bevor der Artikel in einer Zeitschrift für Kinderpsychiatrie erschien. Wunderbar und süß zogen die Worte *der kleine Paul* in das Herz der Dichterin und sie las die Würdigung ein zweites Mal am Schabbatabend feierlich im Licht der Kerze, die sie stets für ihre Lieben entzündete.

Nachdem sie zuerst monatelang mit dem Berliner Schocken-Verlag und später mit dem Amsterdamer Querido-Verlag, in dem viele Exilautoren veröffentlichten, vergeblich über die Herausgabe ihres Hebräerlandes verhandelt hatte, wollte nun der Züricher Buchhändler und Verleger Doktor Emil Oprecht das Buch herausbringen. Mit Oprecht, der zu den Garanten für ihren Aufenthalt gehörte, fühlte sich die Dichterin verbunden, bei ihm wusste sie ihr Werk in verantwortungsvollen Händen. Sie hatte jedes Wort vergoldet, sich in unzähligen Entwürfen ihrer Vision angenähert, ein Bild des von Theodor Herzl geträumten idealen, vom himmlischen Odem aus der erzalten Mumie erschaffenen Hebräerlandes mit genügsamen, toleranten, friedlich und einträchtig zusammenlebenden Bewohnern zu verwirklichen und ein Jerusalem zu besingen, das nicht nur in Palästina, sondern an allen heiligen Orten dieser Welt zu finden war. *Jeder Garten der ewigen Rast beschirmt Gott und Seine Engel wie Jerusalem. ... Jerusalem ist die Sternwarte des Jenseits, der Vorhimmel des Himmels.* Jerusalem stand auch für Elses kindliche Spiele mit dem Bruder Paul und dem Papa mit dem krachenden Herzen, deshalb hatte sie viele Jugenderinnerungen aus Elberfeld in die Erzählung eingestreut.

Nach der erlösenden Nachricht, dass die Verlagsfrage geklärt sei, konnte sie sich etwas entspannen, zeichnete schon fast übermütig kräftige, herrliche Bilder von Jussufs Reise ins Morgenland für eine von Oprecht geplante Luxusausgabe und ging ins Volksbad schwimmen.

Ihre Sehnsucht nach Deutschland und Berlin wuchs, obwohl sie von der Verhaftung des Berliner Freundes und Rabbiners Emil Bernhard Cohn durch die Gestapo las und ein Ausschnitt aus dem Schulungsbrief der Reichsorganisationsleiter der NSDAP ihr einmal mehr die neue Geisteshaltung in der Heimat vor Augen führte. In einem Beitrag mit dem Titel Das Ringen gegen die Bolschewisierung des geistigen Lebens wurden die Gedichte der Lasker-Schüler als zwischen Verbrecherkaschemme und Bordell angesiedelte Beispiele für Hemmungslosigkeit, Schmutz und Kloake verunglimpft.

Manchmal nahm ihr Heimweh so überhand, dass sie das geputzte und gewienerte Grün des Tessins zu hassen, sich geradezu vor der Gegend zu ekeln begann.

Aus dem Nirwana der Trauer und der Einsamkeit klangen wieder Gesänge heran, von denen einer zu den ewigen zählen würde.

Ich habe zu Hause ein blaues Klavier
Und kenne doch keine Note.

Es steht im Dunkel der Kellertür,
Seitdem die Welt verrohte.

Es spielen Sternenhände vier
– Die Mondfrau sang im Boote –
Nun tanzen die Ratten im Geklirr.

Zerbrochen ist die Klaviatür …
Ich beweine die blaue Tote.

Ach liebe Engel öffnet mir
– Ich aß vom bitteren Brote –
Mir lebend schon die Himmelstür –
Auch wider dem Verbote.

Mehr Takt!

Die Kritik hat mich überschätzt. Ich bin nur eine Dichterin, vielmehr – es wird in mir gedichtet, es dichtet in mir … Im Dichter wird gedichtet!! Er kann sich selbst nichts vornehmen zu dichten, sich nicht einmal den Stoff seiner Dichtung aussuchen, wie man sich die Seide zu seinem Kleide wählt. Im Dichter wächst der Stoff; der fertige Vers ob rauh wie eine Nuß oder süß wie ein Paradiesapfel, fällt ihm in den Schoß, genau wie die Birne reif vom Zweige seines Baums in den Rasen fällt. Ja plötzlich streift ein wetternder Vers, ein feuriger oder ein sanftschmeichelnder, des Dichters Leben. Genau wie es dem Baum oder dem Strauch ergeht, erlebt der Dichter Blütezeit und Herbst, geplündert von den launigen Stürmen der Welt.

Else Lasker Schüler an die Neue Zürcher Zeitung

Bericht des Kontrolldetektivs: *Frau Wwe. Lasker-Schüler Else, deutsche Staatsangehörige, geb. den 11. Febr. 1891 ist seit dem 2. September a. c. im Hotel Seehof Schifflände 28, Zch. 1, wohnhaft. Sie hielt sich vorher 13 Monate in Ascona im Tessin auf. Sie erklärte mir, daß sie immer noch von den Herren May und Ittmann finanziell unterstützt werde. Im Hotel hat die Gesuchstellerin sogar vorbezahlt. Sie erklärte ferner, daß sie auch noch andere gute Leute an den Händen habe. Unter andern erwähnte sie Nationalrat Dr. Gaffner in Bern. Sie werde trotz der ihr angesetzten Ausreisefrist den Versuch machen, noch weiter in der Schweiz verbleiben zu können. Im Uebrigen ist gegen die Gesuchstellerin nichts Nachteiliges bekannt. Die Verpflichtung, sich jeder Erwerbstätigkeit zu enthalten, ist von ihr unterzeichnet worden. Binn/Wachtm.*

Die Schweizer Behörden setzten die Frist, innerhalb derer Else Lasker-Schüler auszureisen habe, auf Ende Oktober neunzehnhundertsechsunddreißig fest. Emil Raas beantragte erneut eine Verlängerung, die dieses Mal jedoch nicht gewährt wurde. Ein Verbleiben der Dichterin sei nicht im Interesse der Schweiz, hieß es zur Begründung, die Gefahr der Überfremdung sei immer noch gegeben. Die Dichterin könne ihr Vorhaben, ein Buch im Verlag Emil Oprechts herauszugeben, auch vom Ausland aus verwirklichen.

Sie will ja überhaupt nicht Schweizerin werden, Spanierin würde ihr viel besser gefallen, will nur ein bisschen Ruhe finden, eine gastliche Stätte, bis in der Heimat die Barbaren zum Teufel gejagt sind. Auf Anraten Doktor Oprechts und des Nationalrats David Farbstein setzt sie sich in einer Novembernacht nach dem Besuch einer eindrucksvollen Aufführung von Gorkis Nachtasyl im Schauspielhaus in den Zug nach Mailand, um einige Tage außer Landes zu verbringen und dann wieder einzureisen, ein Verfahren, mit dem die Ratgeber glauben, die Fremdenpolizei vorerst beschwichtigen zu können. Im Zug bekommt sie große Angst, weil zwei Stahlnacken immer wieder auffällig am Abteil vorbeischlendern und die alte Jüdin provozierend mustern, sodass sie sich nach siebenstündiger Fahrt kaum in das Morgengetümmel des Mailänder Bahnhofs hinaustraut, schließlich aber doch einem Kofferträger in der Bahnhofshalle zaghaft den Zettel mit der Adresse von Frau Professor Rosa Giolli und ihrem Mann zeigt, die Oprecht ihr aufgeschrieben hat, und in die Richtung hinausstolpert, die der freundliche Mann ihr weist. Bei all den breiten Straßen weiß sie gar nicht wohin und landet in einer unbelebten Quergasse, wo die grinsenden Stahlnacken plötzlich wieder auftauchen und sie sich instinktiv zu Boden wirft, wie früher bei den Demonstrationen in Berlin, und mit angehaltenem Atem und geschlossenen Augen den ersten Schlag erwartet. Davor wird sie von gütigen Menschen bewahrt, die die Schläger verscheuchen, der Geschlagenen aufhelfen und sie ins Haus einer lieben, deutsch sprechenden Ärztin bringen, die sie bettet und pflegt, ihr die Rippen verbindet, Kuchen serviert und den Gast, nachdem er seine missliche Lage in der Schweiz erklärt hat, mit großer Freundlichkeit einlädt, ein paar Tage in ihrem Haus zu verbringen. Die Dichterin schlägt das Angebot aus, weil sie zu unruhig ist und wieder zurück möchte in ihr vertrautes Zimmer mit der Chaiselongue und der kleinen Maus, die sie am Abend im grauen Samtfrack besuchen kommt, zu den neuen Manuskripten, die dringend an die Redaktionen geschickt werden müssen. Und so begleitet die Ärztin die poetessa tedesca zusammen mit einem reizenden Liftboy vom Hotel nebenan, der den Wunsch äußert Matrose zu werden, zum Bahnhof und setzt sie in den Nachtzug nach Zürich, achtend, dass sie bei wohlmeinenden Menschen Platz findet, und die Dichterin mehrmals mahnend, sie möge sich in Zürich gleich ins Bett legen, was sie tut, nicht ohne über einen Brief an den Duce nachzudenken, in dem sie ihn bitten wird, den Jungen auf die Marineschule zu schicken.

Dat weeße doch, ming leven bunt gescheckten Panther, dat ming Urgroatvatter, dä Oberpriester von Rheinland un Westfalen wor, meck manchmal dä Hand führt un ut meck dichtet. Denn ragt sein Kopp übern Dachgiebel raus.

Ich dachte immer, es wär der Prinz von Theben, der Ihnen die Hand führt.

Der auch, aber der schickt mir hauptsächlich Nachrichten.

Bekamen Sie heute schon welche?

Ein Brief erreichte mich, in meine Hand tätowiert, aber ich darf nicht sagen, was drin stand, geheime Regierungsgeschäfte. Zweifeln Sie niemals daran, Teo Otto, dass es den Prinzen gibt, Sie sehen ja die vielen Bilder von ihm, die ich zeichne. Ich schleppe ihn mit mir, immer herum und herum auf dem Buckel, bin schon ganz krumm.

Orpheus' Schwester in der Hölle der Zeit.

Nu red nich so geschwollen, bess doch nur en dollen Bergischen Kräher. Lot us ens nach Elberfeld gehn, Reibekuchen essen un Karussell fahrn un dän Muckern eins op de Rübe gäben, wat meinsse, leven Jung?

Irgendwann wird auch diese raue Stadt begreifen, was für ein Kind der Sterne in ihren Mauern zur Welt gekommen ist. Wie schön und reif Ihr Arthur Aronymus ist, verehrte Meisterin, welch innere Wahrheit, welche Versöhnlichkeit. In Ihren Stücken prüft ein Gott die Menschen.

Wenn er doch nur die Bürde der Dichtung von mir nähme.

Dass der Direktor des Zürcher Schauspielhauses Ferdinand Rieser sich zu einer Aufführung des Arthur Aronymus zu Weihnachten neunzehnhundertsechsunddreißig entschloss, war nicht zuletzt der

Fürsprache seines Schwagers Franz Werfel zu danken, der geschwärmt hatte, er habe bei der Lektüre von Elses neuem Stück mindestens siebenundzwanzig Mal heulen müssen. Es habe das derzeit gefährlichste, heikelste und unausdrückbarste Thema in einem Spiel menschlicher und religiöser Süße aufgelöst.

Wie glücklich war die Dichterin, dass Leopold Lindtberg die Regie, Teo Otto das Bühnenbild übernahm und die getreuen Freunde Ernst Ginsberg als Nachtwächter Altmann und Kurt Horwitz als Erzbischof Matthias von Paderborn mit von der Partie waren. Den Kaplan spielte Wolfgang Langhoff, der gerade den Bericht Die Moorsoldaten über seine Haft und die himmelschreienden Zustände im deutschen Konzentrationslager Börgermoor veröffentlicht hatte. Das während der Gefangenschaft entstandene gleichnamige Lied, das Hanns Eisler im vergangenen Jahr überarbeitet und Ernst Busch gesungen hatte, rührte und erschütterte die Dichterin tief.

Mit höchstem Interesse verfolgte sie die Besetzung der mehr als fünfzig Rollen in ihrem Stück, vor allem der dreiundzwanzig Kinder. Nur zehn Tage Probenzeit standen Leopold Lindtberg und seinem hoch motivierten Ensemble zur Verfügung, angesichts der vielen Personen ein abenteuerliches Wagnis. Lindtberg leitete die Proben mit konzentriertem, heiterem Ernst und die Dichterin verliebte sich auf der Stelle in die exzellenten Schauspieler. Der Regisseur nahm aufmerksam ihre Anregungen auf und baute sie behutsam in sein Konzept ein, dirigierte die Darstellerscharen über die kleine Bühne des Pfauen, choreografierte an Rembrandt erinnernde Szenen in die Bilder Teo Ottos, der Arthur Aronymus' Heimatdorf Hexengeseke mit seinen frisch geschnittenen Tierhecken in zauberhaften Miniaturen auf die Bühne gemalt hatte. Die Dichterin saß zwischen Marianne und Ferdinand Rieser in der Intendantenloge und ihr Herz klopfte, als sich zur Premiere im voll besetzten Schauspielhaus der Vorhang vor der prächtigen Bühne hob. Alle wichtigen Kritiker waren erschienen, die Emigrantengemeinde, darunter auch Thomas und Katia Mann, war vollständig versammelt und alle sahen die zauberhafte Vorstellung mit dem von Teo Otto so zart, bunt und tief gestalteten Traum des Arthur Aronymus und dem hingebungsvollen Spiel der Darsteller. Warm und rauschend war der Applaus,

Hochrufe brandeten auf, als die Dichterin, winzig und hoheitsvoll, am Arm von Leopold Lindtberg auf die Bühne trat und sich unter den anhaltenden Beifallsbekundungen wieder und wieder verbeugen musste.

Und dann der Schock, als zwei Tage später in der Neuen Zürcher Zeitung die Kritik Max Weltis erschien, der die im Stück enthaltenen Friedensappelle geradezu beleidigt zurückwies: *Das Bekenntnis Else Lasker-Schülers zur konfessionellen Toleranz in Ehren, aber so dick aufgetragen hätte sie es uns denn doch nicht zu demonstrieren brauchen; man kann uns Schweizern in solchen Dingen keine derartige Schwerhörigkeit nachsagen, daß es dieses Winkens mit dem Holzschlegel bedurft hätte, um sich Aufmerksamkeit zu verschaffen. ... Einzelne Bilder sind in sich hübsch und wirksam geschlossen, andere zerflattern in der Vorstellungswelt einer Frau, als deren bestes dichterisches Gut wir nach wie vor ihre Lyrik schätzen.*

Else war unendlich gekränkt. Wie konnte der Redaktionsleiter Eduard Korrodi, den sie verehrte, der ihre Sachen druckte und ihr eigentlich immer gewogen gewesen war, eine ihr Werk derartig vernichtende Beleidigung durchgehen lassen? Noch kürzlich hatte er in einem kontroversen Briefwechsel mit Thomas Mann um die Bedeutung der Exilliteratur die hervorragende Stellung der Lasker-Schüler betont, freilich nicht in ihrer Eigenschaft als deutsche, sondern als morgenländische, exzentrische Dichterin, die lieber unter den Zedern des Libanon wandele und unter einem Granatbaum raste. Und es meldete sich die Erinnerung an Korrodis bereits vor zwei Jahren unter der Überschrift Mehr Takt! ausgesprochene Aufforderung an das Ensemble des Zürcher Schauspielhauses, im Umgang mit der Judenfrage, die von außen an die Schweiz herangetragen werde, zurückhaltender zu sein. Weltis Kritik passte zu den wachsenden Repressionen gegenüber dem Ensemble des Schauspielhauses, das, wie die Bundesanwaltschaft im Juni hatte verlauten lassen, unter der Leitung des Juden Ferdinand Rieser als Herd kommunistischer Umtriebe und Hetze gegen Deutschland verschärft überwacht werde. Insbesondere gelte dies im Hinblick auf das Verbot für alle nicht schweizerischen Künstler, sich politisch zu äußern. Neben anderen waren Teo Otto und Wolfgang Langhoff entsprechend verwarnt worden.

Die Schmähkritik verfehlte ihre Wirkung auf das Publikum nicht. Nach einer weiteren Aufführung vor einem nur noch kleinen Zuschauerkreis setzte Rieser das Stück zum Entsetzen aller Beteiligten ab.

Die Dichterin brauchte vier Wochen, um eine ausführliche Antwort an die Redaktion der Neuen Zürcher formulieren zu können. Sie begreife nicht, schrieb sie, *wie ein Kritiker meinem Schauspiel, weiß gedeckt, ein aufrührerisches Tafeltuch zu unterlegen vermag.* Es liege ihr fern, sich etwa zu rühmen, niemals politisch tätig gewesen zu sein, aber dies im Gastland zu tun, sei ihr nicht eingefallen, sie sei ja nur eine Dichterin. Im Übrigen habe sie ihr Schauspiel *mit einem einfachen Faberstift geschrieben und nicht mit einem ›Holzschlegel‹*. Welti antwortete, er könne ihren Brief nicht abdrucken, weil er zu lang sei und zu spät komme, außerdem wirke ihre Einlassung tendenziös auf Menschen, die aus ihrer protestantischen Lebenshaltung heraus das theatralische Zurschaustellen religiöser Fragen nicht schätzten. Diese Auffassung erlaube er sich als Protestant in der Zwinglistadt Zürich zu vertreten.

Else fühlte sich so vernichtet, dass sie dem Drängen Emil Oprechts, zum Erscheinen des Hebräerlandes eine Lesung zu halten, zunächst nicht nachgeben wollte. Als sie schließlich doch einwilligte, bereute sie es bald, denn Korrodi hatte vergessen, den Termin in der Neuen Zürcher rechtzeitig anzukündigen, sodass nur acht Personen erschienen, unter ihnen Katia, Klaus und Elisabeth Mann, die eine persönliche Einladung erhalten hatten. Thomas Mann selbst war wegen einer schwierigen Zahnbehandlung verhindert, dabei hatte Else extra für den Dichter der Josephsromane die Rezitation ihres Gedichtes Joseph wird verkauft vorbereitet. Sie las dennoch und gab sich ihrem handverlesenen Publikum hin, konnte im Augenblick des Dahinfließens ganz bei sich sein, wie sie Emil Raas gleich danach berichtete. *Man entkommt für eine Stunde bürgerlichen Situationen. Ich hab hier wie nie ein Schaudern bekommen vor diesen Dingen – darum sagt Frau Dr. med. Bagotzky, spuck ich immer wie ein Cowboy. Psychoanalyse wie diese, daran glaub ich fest. Und ich trinke aus den Rest. Ich kann gar nicht schlafen. ... Dr. Korrodi sagte mir, er habe auf mein schön Gedicht: ›Das blaue Klavier‹ von Schweizern so viele Schmähbriefe erhalten.*

Mehrmals sprach sie bei Rieser vor, um eine Wiederaufnahme des Arthur Aronymus zu erreichen, aber der Theaterdirektor entschuldigte sich wortreich und verlegen, der politische Druck in der Schweiz wachse, wie sie ja wisse, ein Privattheater könne es sich nicht leisten, ein Stück zu spielen, das von den Schweizern derart vehement abgelehnt werde. Außerdem könne er ohne Einnahmen weder die vorzüglichen Schauspieler noch die Dichterin des großen Werkes entlohnen.

Oft saß Else im Restaurant des Pfauen mit dem Ensemble zusammen und wusste sich mit den Getreuen einig, etwas Schönes und Bedeutungsvolles für das Theater und die Dichtung geschaffen, einen glänzenden Traum verwirklicht zu haben. Leopold Lindtberg ereiferte sich wieder und wieder und geißelte die Lieblosigkeit der Theaterleitung, die Stumpfheit und den Unverstand der Presse.

Platz machen für Gott

Korruption und Feigheit – Hitler braucht die Schweiz nicht zu erobern, sie wird ihm als Frucht in den Schoß fallen.

Carl Albert Loosli 1938 an Jonas Fränkel

Elses Plan, spätestens zum ersten April wieder nach Palästina zu reisen, zerschlug sich, weil die erwarteten Einnahmen ausgeblieben waren und nicht nur die Reisekosten und ein Freifahrtschein für die Schiffspassage organisiert werden mussten, sondern Einreisewillige auch auf Weisung des britischen Generalgouvernements in Palästina eine Kaution von sechzig Pfund in der Schweiz zu hinterlegen hatten. So schrieb sie wieder die verhassten Bittbriefe, während Emil Raas sich fieberhaft bemühte, eine Verlängerung der Ausreisefrist zu erreichen. Außerdem hoffte die Dichterin, dass der Verkauf von fünfzig Subskriptionsexemplaren des Hebräerlandes mit handkolorierten Frontispiz-Zeichnungen noch einiges in die Reisekasse spülen würde, zwanzig Franken Honorar waren ihr pro Exemplar versprochen worden. Aber der Verkauf lief schleppend und so verfasste sie, nachdem ihr in der Oprecht'schen Buchhandlung an der Rämistraße die niederschmetternden Verkaufszahlen bestätigt worden waren, im Café ein Gedicht, das sie unter dem Titel Ein paar Tagebuchblätter aus Zürich einem *Potporie* aus stürzenden, sprudelnden Einfällen – von Reflexionen über das Emigrantendasein, das Jenseits, das Malen, das Dichten und die Dichtung, bis hin zu Schüttelreimen und nicht immer ernst gemeinten Stück- und Gedichtfragmenten – hinzufügen wollte:

Kochbücher gehen noch haben Absatz auf den Märkten:
Wär eine Theewurst mein Hebräerland
So ging mein Buch wie heiße Semmel von der Hand
In den Mund.
So aber ist mein Buch ein Buch –
Das sagt für den – Bedarf genug.

Nach dem Debakel der Welti-Kritik zu Arthur Aronymus mochte sie die Kritiken zum Hebräerland kaum noch lesen. Wie erwartet warfen ihr einige Rezensenten vor, sie habe die Zustände in Palästina verklärt und unrealistisch geschildert, andere stießen sich heftig an ihrem Faible für Mussolini, so auch Heinrich Mann, der mahnte, man dürfe der Diktatur in keinem Punkt entgegenkommen. Viele Stimmen lobten und feierten das Werk aber auch als Wachtraum, als berauschtes Wort, als große Dichtung und Offenbarung. Hochgeehrt fühlte die Dichterin sich durch eine ausführliche Würdigung Marcel Brions, der zu dem Schluss kam, die Poesie der Else Lasker-Schüler sei keine Flucht aus der Wirklichkeit, sondern ihre Vollendung, die Gesamtheit aller Dinge.

Nachdem Sylvain Guggenheim die Kaution gestellt hatte, bestieg die Dichterin – mit einem Reisepass, der ihr eine Wiedereinreise in die Schweiz nicht vor dem einunddreißigsten März neunzehnhundertneununddreißig gestattete – im Juni neunzehnhundertsiebenunddreißig mit ihrem Hebräerland im Gepäck in Triest den Luxusdampfer Galiläa mit dem Ziel Haifa. Die Reise verlief angenehm, Else lernte ein freundliches Doktorenehepaar aus Haifa kennen, mit dem sie im Liegestuhl auf dem Erste-Klasse-Deck vor dem Hintergrund des nächtlichen Meeres anregende Gespräche führte. Trotz eines sich gelegentlich meldenden schlechten Gewissens genoss sie die Luxus-Passage, die die italienisch-schweizerische Schifffahrtsgesellschaft Lloyd Triestino gespendet hatte.

In Jerusalem bezog sie wieder ein Zimmer im Hotel Vienna. Mehr noch als bei ihrem ersten Aufenthalt litt sie unter der Hitze, ihre Augen wurden wund, sie konnte kaum essen, war von Insekten zerstochen und erkrankte an Durchfällen. Zu Tode erschöpft schrieb sie Anfang August an den Schweizer Bundesrat Albert Meyer: *Nun möchte ich so gern wieder in die Schweiz zurück, genau wie ein Flugvogel, der etwas früher wieder an die Seen zu kommen sucht – und vorher an Herrn Bundesrat schreibt, daß er auch wieder hereingelassen wird. ... Ich war auch auf dem Schweizer-Consulat. Herr Consul war so liebenswürdig zu mir. Ich glaube er hatte fast Mitleid mit mir, so schlecht ging es mir körperlich und ich schlich gewiß nur so ins Buereau. Herr Consul hat nach Triest geschrieben an Schweizer-Consulat und hofft das Beste. In meinem Paß sah ich nämlich plötzlich, daß ich*

1939 erst wieder kommen kann. Hier meinte ein Schweizer, daß könne nur irrtümlich geschrieben sein. Nun erlaube ich mir, Herr Bundesrat hochverehrter, Sie zu bitten, mich einzulassen, nach Triest schreiben zu lassen, oder an die Grenze wo? daß ich in die Schweiz kommen kann?

In Haifa und in Jerusalem las sie aus Hebräerland und anderen Dichtungen und reiste einmal unter der fürsorglichen Obhut von Grete Krakauer ans Tote Meer und nach Tiberias. Nazareth erlebte sie nur vom Omnibusfenster aus, wegen der anhaltenden Unruhen war es verboten auszusteigen und umherzugehen, wie die Dichterin es sich sehnlichst gewünscht hätte.

Im abgedunkelten Zimmer fluten Bilder heran, ein Film sich aneinanderreihender und überblendender Szenen der Reise auf den schäumenden, gefährlichen Wasserhöhen, den blauen Wellen, der auf- und niedersteigenden Galiläa, einem wunderbaren schwimmenden Hotel, vorbei an Zypern mit seinen grünen Bäumen und hohen Bergen, zu denen manche der Passagiere einen kurzen Bootsausflug machen, wovon die Dichterin aber aus Erschöpfung absieht. Stattdessen setzt sie die tiefen Gespräche mit dem freundlichen Doktorenpaar über Gott und die Welt fort – und über die Gesichte der Dichterin, denen der Doktor in eindringlichen Examinationen auf den Grund geht. Sie berichtet, wie sie am Weihnachtsabend bei Schneefall in die warme Stube des gastlichen Berliner Sachsenhofes zurückkehrte und später, im Bett sitzend, vollständig wach, mit vornübergebeugtem Kopf, die grandiose Gestalt Davids in übergroßer Menschengestalt, wie durch eine Lupe gesehen, aus dem Jenseits empfing und er ihr schräg zur Seite saß im faltenschweren Trauergewand, das Haupthaar von einem hohen dunklen Turban umschlossen. Mit verglühenden Augen habe er ihr das Leid um ihren Jungen gekündet, das schon kurz danach eingetreten sei. Und wie sie auf des Doktors um der Wissenschaft willen insistierendes Nachfragen nichts anderes zu sagen weiß, als dass es sich um ein Wundersehen des Gemütes handeln müsse, bei dem sie die heilige Verpflichtung fühle, den magischen Vorgang aufmerksam zu beobachten, bei dem sie im anderen Zeitspalt der Welt sitze wie Bileam in der Zeit der Engelserscheinung, wach und klar wie nach ausgeruhtem Schlaf. Ob sie denn dort ohne Furcht in Zeit- und Raumlosigkeit sitze, fragt atemlos der Doktor. Ohne Furcht, beschützt vom höheren Willen, bestätigt die Dichterin. Und wie lange ein Gesicht andauere. Vielleicht eine Stunde oder länger. Wie die Befehle lauteten, die sie entgegennehme. Sich nicht zu fürchten, sich ruhig zu verhalten, das Empfangene gewissenhaft zu erleben und danach ihr bis dahin geführtes Leben ohne besondere Weihe fortzuführen, den Weg weiterzuschreiten und auch nicht das freudvolle Dasein zu meiden, ist die Antwort der Dichterin. Ob sie nicht gebebt habe vor den Gestalten des Himmels. Sie verneint, sie habe sich wohl selbst nicht mehr auf Erden befunden mit ihrem auf Walnussgröße geschrumpften Gehirn bei totaler Auflösung des Körpers.

Während der Fahrt über das nächtliche Meer erscheint ein Freund des Doktorenpaars, ein Professor der Astronomie, und stellt der Dichterin das Horoskop. Sie sei im Wasserstern geboren, im dritten Tang- und Algenhaus von der giftspritzenden Seeschlange umzischt, was ihr schweres Leben, ihr immerwährendes Unglück erkläre, ihr Verjagtwerden aus dem Paradies, kaum habe es seine Pforten geöffnet. Wie sie dann mit klingenden Pokalen, reichlich gefüllt mit köstlichem Wein, den Sternenbruder Uranus hochleben lassen, die Dichterin auf inständiges Bitten der Tischgenossen hin die hebräischen Psalmen spricht und plötzlich mittendrin laut auflachen muss bei der Erinnerung an etwas, das kein Gesicht, sondern eine Halluzination genannt werden muss, eine Erinnerung an die früheste Jugend, als sie bei einer fiebrigen Entzündung der Zahnwurzel der sie umsorgenden teuren Lieblingsschwester Anna zugerufen habe, eine lebendige Birne laufe über die Kommode, und sie an diesem Beispiel den Unterschied erläutert, nämlich, dass die Halluzination eine von des Kranken Glut selbst ausgebrütete Fiebererscheinung sei, während dem Gesicht eine Verarmung des Leibes und seiner Gefäße vorausgehe, man jeder Eigenschaft und des kleinsten Wunsches bar sei, man sei nicht mehr und sei doch, der Zustand habe nur ein Ziel: *Platz machen für Gott.*

Zürich, 13. September 1937, Bericht des Kontrolldetektivs Gerlach: *Zu dem Gesuch der obgenannten Lasker, Else, ist folgendes zu berichten: Auf gemachten Vorhalt betr. dem Rückreiseverbot bis 31. März 1939 erklärte die Gesuchstellerin, daß sie den betr. Vermerk im Reisepaß nicht beachtet habe. Wie lange sie in Zürich bleiben will, weiß die Petentin nicht. Event. reist sie in etwa 14 Tagen oder erst in einigen Monaten nach Ascona. Die Petentin scheint ein unstetes Wesen zu sein und weiß selber nicht recht, was sie will. Sie konnte mir einen Barbetrag von Fr. 200,– vorweisen. Nachteiliges über die Gesuchstellerin konnte ich nicht in Erfahrung bringen. Frau Martin, die Ehefrau des Hotelinhabers, erklärte mir, daß die Lasker eine harmlose Person sei und ihre finanziellen Verpflichtungen erfülle. Auch polizeilich ist über die Gesuchstellerin hierorts nichts Nachteiliges bekannt. Sie hat sich unterschriftlich verpflichtet, während ihres Aufenthalts in Zürich sich jeglicher Erwerbstätigkeit zu enthalten.*

Zürich, 29. Oktober 1937: *Die obgenannte Lasker, Else beabsichtigt, bis Ostern 1938 in Zürich, nicht in Ascona zu bleiben, um dann für drei Monate nach Palästina zu reisen. Darauf will sie wieder in die Schweiz zurückkehren. Wie meine Erhebungen ergaben, erfüllt sie ihre finanziellen Verpflichtungen immer. Sie erklärte mir, daß sie von Bekannten (Deutsche in Zürich) unterstützt werde. Nach den Angaben der Ehefrau des Hotelinhabers, Frau Martin, machen sich bei der Lasker bereits Anzeichen von Verfolgungswahn bemerkbar. Auch der beiliegende Brief vom 1. August 1937, den die Genannte an den Bundesrat gerichtet hat, zeigt, daß die Rubrikantin einen geistigen Defekt aufweisen dürfte. Sonstwie Nachteiliges ist über die Rubrikantin hierorts nicht bekannt. Gerlach Det.*

Nach der Rückkehr von ihrer zweiten Palästinareise bezog Else wieder ihr Zimmer im Hotel Seehof und stürzte sich, nachdem Emil Raas bei der Züricher Fremdenpolizei eine Aufenthaltsbewilligung zunächst bis zum einunddreißigsten April, dann eine Verlängerung bis zum einunddreißigsten Dezember neunzehnhundertachtunddreißig erreicht hatte, aufatmend in Aktivitäten. Sie plante Lesungen und Vorträge in Zürich und Serbien, korrespondierte mit Arnold Schönberg, der nach Hollywood emigriert war und eine Musik zu Arthur Aronymus komponieren wollte, schrieb am nächsten Palästinabuch unter dem Arbeitstitel Tiberias, bekam wieder Sehnsucht nach dem Heiligen Land und kündigte den Jerusalemer Freunden einen Besuch im nächsten Jahr an. Mehr noch als die frische Schweizer Herbstluft weckte eine hundertsechzig Exponate umfassende Ausstellung von Päulchens Zeichnungen im Künstlerhaus am Hirschengraben ihre Lebensgeister. Eine gute Besprechung in der Neuen Zürcher, die sie bei Kerzenlicht las, sorgfältig ausschnitt und in einem Umschlag verwahrte, versetzte sie in Hochstimmung: Paul Lasker-Schüler sei ein trefflicher Könner, die schwebende Atmosphäre seiner Zeichnungen nehme den Betrachter gefangen, der Zeichner setze die zeichnerische Tradition der Simplicissimus-Künstler fort, er wahre die Gelassenheit des Beobachters, auch wenn er Empfindung und Mitgefühl gestalte. Zu Weihnachten freute sie sich über eine großzügige Gabe Sylvain Guggenheims und besuchte eine Nachtvorstellung im Schauspielhaus, bei der Ernst Ginsberg zugunsten des Schweizer Hilfswerks für Emigrantenkinder aus den Werken Else Lasker-Schülers las.

Manchmal stärkte sie sich morgens mit gymnastischen Übungen oder vertrieb sich die Zeit mit Albernheiten.

Karl die Bouillon wird kalt!
Karl, Karl schallt es aus der Stube.
Und es kommt gerannt sein jüngster Bube:
›Mutti lässt dir sagen die Bouillon wird kalt.‹
Karl, Karl schalt es durch sein Haus am Wald,
Durch die Lüfte schalt es Karl, Karl und es widerhalt:
Karl, Karl die Bouillon wird kalt!

Im Café Select traf sie sich manchmal mit Klaus Mann, damit sie einander ein wenig blautun und nach schönen Knaben Ausschau halten konnten. Nach einigen Gläsern gestand Else kichernd, sie habe mal einen mit eidechsengrünen Augen geliebt, dass alles an ihr gefunkelt habe.

Sie schickte Ines Asher, der zweiten Frau ihres Schwagers Louis Asher, Arthur Aronymus nach Chicago mit dem dringlichen Vorschlag, Ines möge einen Übersetzer und interessierte Theater in Amerika für eine Aufführung suchen, von dem Verdienst solle Ines ein Viertel, Edda und Erika das zweite Viertel und die Dichterin die verbleibende Hälfte erhalten. *Ich käme gern zwischendurch nach Chicago. Wir machen es dann. ... Könnten enorm verdienen – sagen Alle. Nur es müßte mal in Schwung kommen!! Ich habe auch prachtvolles*

Kleid Vortg – Schwarzatlasrock Sammtjacke mit Husarenschnüren etc. Strümpfe Schuhe von Samt. ... wenn wir zusammen den Plan ausführen, enorme Aussicht. Selbst Cinema wäre famos. Wir beide sind doch energisch und können mit dem Kopf durch die Wand.

Sie bot wieder kolorierte Bücher und Bilder an, auch Thomas Mann, der inzwischen in Amerika war, und nahm die Gelegenheit wahr, dem Dichterfürsten eine Gardinenpredigt hinzuschleudern, die ihr schon länger auf der Seele gebrannt hatte. *Ich hatte doch immer mal gehofft, daß Sie verehrtester Thomas Mann und die noch sehr schöne Kalifentochter mich mal nach Küsnacht eingeladen hätten; ich wünsche mir ja so sehr, Ihnen beiden meine Seele auszuschütten – wem hier sonst? – Ich bin so traurig denn immer mußte ich wie ein Tagelöhner herumlaufen. Dann hoffte ich mein Schauspiel reiße mich heraus und ich saß dann aber wie nach einem Begräbniß lange Wochen ...*

Zürich, 16. Mai 1938, Bericht des Kontrolldetektivs: *Mit beiliegendem Gesuch wünscht die Petentin um Fristerstreckung ihrer auf 31. April 38 angesetzten Ausreisefrist nach. Nach ihren Angaben möchte sie sich bis zum 1. Juni 38 in Zürich aufhalten, um dann für drei Wochen nach Palästina zu fahren und hernach wieder in die Schweiz zurückzukehren. Als Grund zu ihrer Fristerstreckung gibt sie ›verschiedene vernünftige Gründe‹ an. Nach diesen Gründen befragt, erklärt sie, daß sie eine Nichte aus Berlin erwarte, welche im Monat Mai nach der Schweiz kommen sollte, es sei dies ein Frl. Edda Lindner, welche in Berlin wohnhaft sei und welche sie nun seit fünf Jahren nicht mehr gesehen habe. Beweise, daß dem so ist, z. B. Briefe etc. kann sie aber keine vorlegen. Sie erklärt lediglich, man müsse ihr glauben. Betr. ihrer beabsichtigten Palästina-Reise verhält sich die Sache wie folgt. Bis dahin hat die Pet. aber auch noch gar nicht vorgekehrt, das daraufhin deuten würde, daß sie wirklich eine Reise unternehmen würde. Darüber befragt erklärte sie, daß sie beim Reisebüro Schweiz-Italien vorsprechen werde und um eine Gratisfahrt von Genua nach Tel-Aviv bitten werde. Dies werde ihr ohne weiteres erlaubt, weil sie schon in ihren Büchern über die ital. Linien geschrieben habe und auch schon italienische Dampfer gemalt habe. ... Laut ihren Angaben möchte sie sich die Überfahrt in der Weise verdienen, daß sie auf einem Schiffe*

Vorträge und Vorlesungen über ihre Eindrücke von früheren Palästina-Reisen halten könnte.

Was ihre finanziellen Verhältnisse anbelangt, ist darüber folgendes zu berichten. Die Pet. Ist vollkommen mittellos. Im Feburar 1937 hat sie bei der Fa. Dr. Oprecht & Helbing, Buchhandlung, Rämistraße Zch. 1 ein Buch herausgegeben, welches sich ›Hebräerland‹ betitelt. Für dieses Buch habe sie während sechs Monaten von Dr. Oprecht Frs. 100,– erhalten, also total Frs. 600,–. Damit ihre Tätigkeit, welche ihr meines Wissens nie erlaubt wurde, nicht so hervortrat, gab man ihr dieses Honorar in Form von monatlichen Unterstützungen. Heute erklärte mir aber die Pet. daß sie mit Dr. Oprecht noch nicht ganz abgerechnet habe. Im weiteren wird sie zur Zeit von der Fa. Hermann Reif, Mythenstr. 27 Zch. 2 & Silvain Guggenheim, Enigmattstr. 20 Zch. 2 finanziell unterstützt. Diese Herren zusammen lassen ihr monatlich einen Betrag von Frs. 200,– zukommen. Sie will in den nächsten Tagen die Postquittung als Beweis einsenden. Die Pet. ist also auf die Wohltätigkeit Dritter angewiesen. Dabei ist aber besonders darauf aufmerksam zu machen, daß der Paß der Pet. am 25. Januar 1939 abläuft und wahrscheinlich nicht mehr erneuert wird, es seien ihr denn auch bereits bei der bekannten Buchverbrennung in Berlin 9500 Exemplare verbrannt worden. Als ihren besonderen Feind sieht sie den Hr. Minister Goebbels an. …

Ich möchte aber am Ende meines Berichtes nicht unterlassen, darauf hinzuweisen, daß bei dieser nun erst 49jährigen Frau sich bereits sichtbare Anzeichen wahrnehmen lassen, die darauf hindeuten, daß sie von einer Art Verfolgungswahn befallen sein dürfte. Schon aus diesem Grund und weil sie völlig mittellos ist und von Drittpersonen unterstützt werden muß wäre es angebracht, einmal ihr Aufenthaltsverhältnis gründlich zu regeln. Ihren Verpflichtungen ist sie bis dahin, wenn auch schleppend, nachgekommen. Der Logisgeber wäre aber froh, wenn er sie vom Hause fern haben könnte, weil sie zusehends unsauber wird. Künden kann man ihr nicht, sie läßt sich nicht fortjagen. Man wird hier Mühe haben, einmal diese Person vom Land fern zu halten. Zur Zeit arbeitet sie an einem neuen Roman, betitelt ›Tiberias‹. Sie ist aber hier noch nicht über die Anfänge hinaus. Natürlich will sie diesen Roman ebenfalls hier in Druck geben und bei Dr. Oprecht und Helbling verlegen.

Mehr von Nachteil konnte über die Nachgefragte nicht erfahren werden.

Zürich, 17. Mai 1938, Schreiben der Fremdenpolizei: *Wir bedauern, von unserer bisherigen, konsequent ablehnenden Stellungnahme nicht abgehen zu können. Nach unserem Dafürhalten sind sogar genügend Gründe zur Verfügung, eine Ausweisung gemäß Art. 10 Abs. c, des B. G. ANA vom 26. März 1931 vorhanden. Die Schweiz ist als Absatzgebiet der Bücher der Petentin zu klein, während ihr das übrige deutsche Sprachgebiet verschlossen ist, so daß diese früher oder später gänzlich der privaten oder öffentlichen Wohltätigkeit zur Last fallen wird. Ihre Fernhaltung wird sich mit der Zeit immer schwieriger gestalten, wie das Beispiel ihrer Übertretung des Rückreiseverbotes und ihrer Motivierung zeigt. … Wir verweisen insbesondere auf den Schlußabschnitt des Detektivberichtes vom 16. Mai 1938.*

Nun waren sie von drei Seiten umzingelt, nach Deutschland und Italien war jetzt auch Österreich unter der faschistischen Knute, des sogenannten Führers Heimat war im Handstreich genommen worden. In Wien hatte es Massenverhaftungen gegeben, bevor die Nazis in einer Volksabstimmung, begleitet von beispielloser Propaganda, eine fast hundertprozentige Zustimmung erzielten, wie die Emigranten fassungslos in den im Select ausliegenden Zeitungen lasen.

Else schrieb dem Schweizer Zionisten Jakob Zucker und bat ihn, bei Mussolini zugunsten der Juden zu intervenieren, und sie sandte einen eingeschriebenen Bittbrief an Mussolinis Tochter Edda Ciano, in den sie auch Blumenblätter aus dem Garten Gethsemane und Kieselsteinchen vom Toten Meer hineinlegte.

Im Juni mussten der Dichterin vereiterte Stellen am Arm und im Mund operiert werden, die der Arzt auf Unterernährung zurückführte, und Else schrieb an Emil Raas, im Falle ihres Todes solle man den Rechtsanwalt Heinz Kahn in Elberfeld verständigen, sie wolle bei ihrem Sohn in Berlin begraben werden.

Im Herbst las sie im Café in der Neuen Zürcher, der Reichsanzeiger habe eine neue Liste von Ausbürgerungen aus dem Deutschen Reich veröffentlicht, auf der auch der Schriftsteller Walter Hasenclever und die Schriftstellerin Else Lasker-Schüler verzeichnet seien. Emil Raas stellte gleich Recherchen an und zitierte am Telefon die Begründung, die die Gestapo dem Reichsführer SS und dem Polizeichef des Deutschen Reiches zugeleitet hatte: Lasker-Schüler sei eine typische Vertreterin der in der Nachkriegszeit in Erscheinung getretenen emanzipierten Frauen, die versuche, den seelischen und moralischen Wert der deutschen Frau verächtlich zu machen. In Zürich habe sie ihre deutschfeindliche Einstellung durch Verbreitung von Gräuelmärchen zum Ausdruck gebracht. Vermögenswerte seien nicht zu beschlagnahmen, da keine vorhanden seien.

Die Dichterin lachte bitter auf und versuchte, ruhig in ihr krampfendes Herz zu atmen.

Wo soll ich hin?
Oh Mutter mein, weißt du's? ...

Ich habe keine Schwestern mehr und keine Brüder.
Der Winter spielte mit dem Tode in den Nestern
Und Reif erstarrte alle Liebeslieder.

Zürich, 14. Oktober 1938, Schreiben der Fremdenpolizei: *Da nun Frau Lasker-Schüler durch die erfolgte Ausbürgerung schriften- und heimatlos geworden ist, muß ihr Aufenthaltsverhältnis neu geregelt werden und die erteilte Aufenthaltsbewilligung bis 31. Dezember 1938 ist dahingefallen. Bei dieser Gelegenheit möchten wir denn doch die Äußerung des Schriftstellervereins haben, ob der Gesuchstellerin auch heute noch und trotz der durch die polizeilichen Feststellungen bekanntgewordenen Verhältnisse, die schriftstellerische Tätigkeit weiterhin gestattet werden soll.*

2. November 1938, Schreiben des Rechtsanwalts Dr. Karl Naef, Sekretär des Schriftstellervereins: *Sehr geehrte Herren, Detektiv Rusterholz hat zweifellos Recht, wenn er auf die geistige Sonderbarkeit von Frau Lasker-Schüler hinweist. Sie ist in allen Dingen des Lebens und der Kunst eine Phantastin – und nicht nur das. Vielleicht darf man aber in diesem Zusammenhang auf den berühmten chinesischen Sänger Su-Tong-Po aufmerksam machen, der vor 1000 Jahren schrieb: ›Seht, der ist ein Dichter! Er ist wirr im Kopf.‹ Diese geistige*

Absonderlichkeit ist es gerade, die Frau Else Lasker-Schüler zu einer eigenartigen und sicherlich bedeutenden Dichterin gemacht hat. …

Gewiß, es ist nur ein kleiner Kreis, der sich noch heute für das Schaffen der Dichterin interessiert, es ist aber eine Schar von lyrisch Empfindsamen, auf deren literarisches Urteil gehört werden muß. Eine gewisse Ritterlichkeit, gerade dieser Frau gegenüber, nötigt einzuwilligen, daß ihr auch weiterhin die Erlaubnis zur Berufsausübung als Schriftstellerin erteilt wird. Nach Ablauf dieser Zeit sollte der Fall neu untersucht werden. Mit vorzüglicher Hochachtung

Zürich, 8. November 1938, Schreiben der Fremdenpolizei an den Kontrolldetektiv: *Die Genannte sucht wegen Ausbürgerung um Duldung nach. Sie hat heute hier vorgesprochen und mitgeteilt, daß sie sich vorübergehend nach Palästina begeben wolle; sie hat sich auch bei der Einwohnerkontrolle zur vorübergehenden Ausreise abgemeldet bis 1. März 1939. Wir haben ihr mitgeteilt, daß sie ihren, noch bis 25. Janr. 1939 gültigen Reisepaß hier abholen könne, wenn sie wirklich das Visum des britischen Konsulats entgegen nehmen könne, was sie in den nächsten Tagen erwartet. Ueber die Finanzierung der Reise, sagte sie, sie habe das Geld bereits von einer engl. Familie (Fr. 1.250,–) für Hin & Zurück erhalten. Hinsichtlich der Duldungskaution gab sie an, daß ihr diese ebenfalls gestellt werde. Der Unterzeichnete hat ihr mitgeteilt, daß die Forderung der Kaution dahinfalle, wenn sie sich definitiv abmelde. Bei beabsichtigter Rückkehr müßte dann allerdings ein Einreisegesuch gestellt und der Entscheid in Palästina abgewartet werden. Eine Rückreisebewilligung kann ihr aber wegen des ungültigen Passes nicht erteilt werden, sie müßte sehen, daß ihr in Palästina ein Identitätspapier ausgestellt würde.*

Zürich, 24. November 1938, Schreiben der Fremdenpolizei an die Kantonalbehörde: … *Frau Lasker-Schüler sucht um Duldung nach, hat aber die Absicht, sich wieder vorübergehend nach Palästina zu begeben. Die Reise wird bzw. wurde ihr durch Freunde finanziert. Sie hat aber von 40 engl. Pfund, die ihr zugekommen sind, bereits deren 15 Pfund verbraucht und es steht auch noch gar nicht fest, daß sie das Visum neuerdings erhält; wenn ja, dann hätte sie bis dahin kaum genügend Mittel zur Hinreise. … Die Gesuchstellerin besitzt noch den beiliegenden, bis 25. Januar 1939 gültigen Paß, mit dem sie möglicherweise noch nach Palästina durchkommen könnte. Wir können jedoch angesichts der Verhältnisse die Bewilligung eines Rückreisevisums sowenig wie die Duldung befürworten. Falls Frau Lasker-Schüler – wie wir glauben voraussehen zu können – nicht ausreisen sollte, beantragen wir ihnen die Verweigerung der Duldung. Eine Kaution ist nicht geleistet.*

Sie schrieb an Bundesrat Meyer, ob er ihr helfen könne, eine Duldung zu erreichen, und legte ihm ein Leporello aus den letzten Gedichten in den Brief, mit der Hand geschrieben, drei Meter lang, zusammengeklebt, in edlem Schuber, außerdem das Hebräerland, in Rohseide gebunden und handsigniert. Aber es half nichts, die Duldung wurde längstens bis Mitte Februar neunzehnhundertneununddreißig erteilt, dann musste die Dichterin endgültig die Schweiz verlassen. Ihre Angst vor Kontrolldetektiven und Spitzeln wuchs und die Angst vor Menschen, die ihr böse wollten, Telefongespräche abhörten, Post kontrollierten, sie ausspionierten und beschatteten, um sie fortjagen zu können. Mit der Hilfe von Marcel Brion bekam sie kurzfristig eine Freipassage von Marseille nach Haifa in der dritten Klasse in einer Sechsbettkabine. Eine Reise nach London zur Eröffnung der Exhibition of Drawings by Else Lasker-Schüler, poet and novelist in der Matthiesen Gallery, zu der man sie eingeladen hatte, konnte sie nicht antreten, weil sie zu erschöpft war. Auch die geplante Reise nach Palästina traute sie sich kaum noch zu.

Akribisch listete sie in einem Notizbuch ihre Besitzstände auf, die zum Teil noch in Berlin waren, die anderen wollte sie in Zürich im Keller von Doktor Oprecht einlagern. Ein letztes Mal besuchte sie Emil Raas in Bern und schrieb mit Blick auf die herrliche Stadt mit dem Mosesbrunnen und den alten Kastanien nieder, was sie an ihrem von der Israelitischen Cultusgemeinde ausgerichteten Abschiedsabend vortragen wollte.

Von Gott und seiner Liebe würde sie sprechen, mahnende Worte über die letzten Dinge, eine Predigt für den Frieden halten. Und die ihr nahen Seelen lobpreisen, von denen sie guten Angedenkens scheiden wollte, die ihr wohlgesonnenen Schweizer Bürger aus der flusshellen Stadt, den freundlichen Arzt und Gastgeber Walter Moos, den hochverehrten Rabbi Doktor Littmann, dessen Josephserzählungen ihr so manche tröstliche Stunde in der Synagoge bereitet hatten, und allen voran Sylvain Guggenheim, den Philanthropen und wahren Wohltäter der Schweizer Judenschaft. Als Zwischeneinlage Muß i denn, muß i denn zum Städteli hinaus pfeifen, dann zu den Freunden aus Wien und Berlin, die ebenfalls in Zürich Zuflucht gefunden hatten, überleiten, verscheuchte Vögel wie die Dichterin, unter ihnen die wunderbarsten Schauspielerinnen und Schauspieler, die meisterlichsten Bühnenkünstler: die Giehse oder auch Alfred Döblins Bruder Hugo, ein erstklassiger Grabbespieler, und der verehrte Leopold Lindtberg, wie überhaupt das ganze wunderbare Ensemble des Schauspielhauses. Und besonders der charmanten Ann Indermauer danken, deren Nord-Süd-Kino ihr so oft geholfen hatte, über *der Dämmerung Melancholie grauer Nebelbrücke hinüber zu kommen.*

Bat Davies and the Catherine,
May West die Löwenbändigerin,
And you and you.

Und schließlich nimmermüde vom Leid ihres Volkes künden: *Wieder verfolgt man die Kinder Jakobs, uns Juden, vollzählig diesmal; der Zug der Vertriebenen verdichtet sich täglich gedrängter auf dem Wege in unser ureigenes Land. Wir ziehen von Gott selbst geführt wieder durch das rote Meer. … Je heftiger man uns zu verfolgen pflegt je inniger treibt man Gottes Schafe und Lämmer, weiße, aber auch die schwarzen, uns Juden in Gottes väterliche Arme. Aber auch Ihm sterben seine Kinder, die auf der Erde weilen. Viele – allzu früh.*

Gottes Lächeln bewegt die Welt. Hüte sich also der Mensch, ihn zu betrüben. Der Talmut erzählt: Gott kam zur Erde und weinte mit den Juden über den zweiten zerstörten Tempel. Irrig, hält man Gott für einen Gott der Rache. Er, der Alleinige, Einzige Melech der Liebe: ›Und kommst du noch zur späten Stunde, meine Tore sind dir geöffnet.‹ Spricht der Herr.

Jussuf in Jerusalem

Man glaubt sich auf dem fernsten Stern, einem Schleppstern der Mondsichel, die gleitet wagerecht, ein grandioser goldener Nachen durch das weite Wolkenmeer am Strand des Horizonts entlang. Nach der Reise ins Heilige Land gibt es nur noch eine einzige Reise: Die Himmelfahrt.

Else Lasker-Schüler, Ich erzähle etwas von Palästina

Schalom Ben-Chorin erschrak, als er die Dichterin unmittelbar nach ihrer Ankunft in Jerusalem im Hotel Vienna besuchte. Jussuf war so anders, als er ihn sich nach dem lebhaften Briefwechsel der letzten Jahre vorgestellt hatte, erinnerte ihn eher an eine wahrsagende Zigeunerin als an einen Prinzen. Ben-Chorin sah zerstörte Schönheit und tiefe Müdigkeit, schwarze, verstörte Sulamithaugen, einen Menschen, dem man Schonung gegönnt hätte und nicht das Schicksal, im Alter noch aus der Heimat vertrieben zu werden. Bei drückender Hitze kauerte sie in einem Sesselchen in ihrem Zimmer, auf dem Kopf eine schief sitzende Pelzmütze, unter der rote Ohrgehänge klunkerten, schimpfte auf das Hotel, wollte aber keinesfalls, dass Ben-Chorin, der Freund, Dichter und Friedenskämpfer aus Jerusalem, sich um eine andere Bleibe kümmerte. Das Drahtgeflecht gegen die Mücken vor dem Fenster empfand sie als Anschlag auf ihre Freiheit, Ben-Chorin konnte sie gerade noch daran hindern, es mit einer Nagelschere zu zerschneiden. Sie geriet in Panik, als er sich in der irrigen Meinung, sie brauche Ruhe nach der anstrengenden Fahrt, bald wieder empfehlen wollte, und bat flehentlich, er möge sie nicht verlassen, beruhigte sich aber schnell, als er blieb und ihr für den nächsten Nachmittag ein Treffen im Café mit anschließendem Besuch im nahe gelegenen Kino versprach, in dem sie schon während ihrer früheren Aufenthalte Stammgast gewesen war. Außerdem lud Ben-Chorin sie ein, am folgenden Schabbatabend mit ihm, seiner Adona Gabriella und dem Söhnchen Tobi in des Prinzen Leibspeise, Schokoladenpudding mit Himbeersoße, zu schwelgen, und stellte einen Besuch im Geburtshaus des erhabenen Magiers Rabbi Isaak Luria in Aussicht, über den er, Ben-Chorin, ein Büchlein verfasst habe und viele Geschichten wisse.

Urplötzlich sprangen Schelme aus den gequälten Augen der Dichterin und sie erklärte dem verdutzten Adon, er solle den anderen Jerusalemer Freunden keinesfalls von ihrer Ankunft berichten, da sie zur Essenszeit als Überraschungsgast zu den Fenstern hereinsteigen werde, fügte atemlos eine Erinnerung an Stefan George hinzu, wie sie dem Gott, dem Erzengel, einmal als junge Frau in Berlin, als er im schwarzen priesterlichen Rock wie ein nordischer König aus den Sagas durch die Stadt geschritten sei, eine Blume in die Hand gedrückt und ihm zugeflüstert habe, dass sie Joseph von Ägypten sei, worauf er die Blume genommen und ihr zugelächelt habe, bevor er im Gewühl der Straße verschwunden sei. Ein zweites Mal sei sie ihm bei Karl Wolfskehl begegnet, George habe aber geschlafen, weshalb sie auf Zehenspitzen durch die Küche wieder davongeschlichen sei. Und wie sie einmal in Monte Carlo einen Mann mit goldener Haut getroffen und von dessen übernatürlicher Kraft des Blickes blutige Wunden davongetragen habe.

Ich bin ein Tiger, ein Fürst, splitterte sie dem erschöpften Ben-Chorin hinterher, als er durch den schwach beleuchteten Hotelflur dem Ausgang zustrebte.

Im schäumenden rotgelben Licht der sinkenden Sonne schlenderte die Dichterin über die Jaffa Road, Esel trotteten ihr entgegen und Kamele mit aufgerichtetem Haupt, edle Wüstenkönige, und die Zeitungsboys riefen die Abendzeitungen aus: Ha'aretz! Palestine Post! Davar! Sie hatte ihre monatliche Zuwendung von zwanzig Pfund von der Jewish Agency abgeholt und heftete alle paar Meter Zettel mit der Ankündigung für eine Lesung an die die Straße säumenden Bäume. Bei einem arabischen Straßenhändler kaufte sie einen Ring mit einem riesigen roten Stein und ließ ihn gleich auf der Hand funkeln. Ihr Ziel war das Bezalel-Museum, in dem der verehrte Rabbi Doktor Kurt Wilhelm die Synagogengemeinde Emet weEmuna – von der Dichterin Doktor-Wilhelm-Synagoge genannt – gegründet und eine freundschaftlich verbundene Gemeinde von liberal gesonnenen deutschsprachigen Emigranten um sich versammelt hatte. Darunter waren alte Bekannte Elses wie Hugo Bergmann, Martin Buber und Arthur Ruppin, die die Dichterin gleich nach ihrer Ankunft in ihren

Kreis aufgenommen hatten. Politisch traten sie für die Versöhnung zwischen Juden und Arabern ein und unterstützten das binationale Modell, eine Bewegung, die anstrebte, mit einem Commonwealth aus Juden und Arabern endlich den Friedensprozess in Israel einzuleiten. Die Situation wurde zunehmend kritisch, täglich wurden neue Angriffe und Opfer auf beiden Seiten bekannt. Das britische Generalgouvernement wollte der palästinensischen Seite entgegenkommen und gab im Mai neunzehnhundertneununddreißig ein Weißbuch heraus, das vorsah, die jüdischen Einwanderungen für die nächsten Jahre auf fünfundsiebzigtausend Menschen zu beschränken. Daraufhin gab es zahlreiche Protestaktionen, auch Else Lasker-Schüler marschierte in einer Frauendemonstration mit.

Kurt Wilhelm war Rabbi in Frankfurt und davor im westfälischen Dortmund gewesen, deshalb – und wegen seiner derben, humorigen Art, seiner Großherzigkeit und Menschenliebe – hatte die Dichterin ihn sofort in ihr Herz geschlossen. Sie schwelgte, wenn er in seinem wohltönenden Organ vortrug, überreichte ihm anschließend Blumen, wartete im Museumsgärtlein auf ihn, damit sie über den Frieden sprechen, die letzten Gottesfragen wälzen, einander ihre Herzen ausschütten und ihre Sorgen teilen konnten.

Mit Martin Buber, seit dem vergangenen Jahr Philosophieprofessor an der Universität von Jerusalem, ihrem Statthalter von Irsahab, hochverehrten Palästinäer und Mïr von Zion, verband die Dichterin eine alte, wenn auch nicht immer ungetrübte Freundschaft. Sie seien verschiedene Akkorde, schrieb sie über Buber an Ernst Simon. Manchmal hasste sie Bubers eitle, gelehrte, professorale, hochnäsige Besserwisserei, die er ihr gleich beim ersten Wiedersehen hinschleuderte wie einen Fehdehandschuh, und seine dilettantischen Bibelübersetzungen, auf die er über die Maßen stolz war. Als die Dichterin nach einem seiner Vorträge vor der Gemeinde ihre himmlischen Gesichte bekannte, wollte er sie ihr gleich absprechen und als dichterische Imagination abtun, wie er überhaupt immer ihre Gottesnähe als eine zu große Vertraulichkeit mit Gott abqualifizierte, direkt lächerlich hatte er sie vor allen gemacht. Sofort schrieb sie ihm, dass das heilige Jerusalem kein geeignetes Pflaster für Boxkämpfe und ähnliche unfaire Angriffe sei.

Obwohl sie sich verspätet hatte, wartete Schalom Ben-Chorin getreulich vor der Synagoge. Leise betraten sie den Raum, in dem bereits ein Vortrag über den Propheten Jeremia begonnen hatte. Rabbi Wilhelm kam auf das Wesen der Prophetie zu sprechen, die Dichterin meldete sich, als er eine Pause einlegte, zu Wort. Sie berichtete vom Besuch König Davids in ihrem Zimmer und davon, wie sie sich einmal in Berlin am hellen Mittag in einen Menschen aus grauer Urzeit mit sechs Armen verwandelt habe und an ihrem Körper amharische Schriftzeichen erschienen seien, zumindest habe sie sie als solche gedeutet, und möglicherweise sei dies als eine Ankündigung des Untergangs von Äthiopien zu verstehen.

Der Rabbi brachte eine Mietzinsquittung in amharischer Schrift und fragte die Dichterin, ob es diese Schrift sei, die sie an ihrem Leib gesehen habe. Sie verneinte und erzählte von anderen Erscheinungen, etwa einem schwarzen Adler auf dem Bett ihres Gatten Doktor Lasker, der eine Inkarnation ihres Urgroßvaters Zwi Hirsch Cohen, des Oberrabbiners von Westfalen, gewesen sei. Außerdem kenne sie viele Gestalten aus der Bibel persönlich, zum Beispiel König David oder Joseph von Ägypten.

Im Auditorium entstand Unruhe, hochrot sprang eine junge Frau auf und entfernte sich prustend. Dumme Gans, schleuderte ihr die Dichterin hinterher.

Man muss etwas tun, Gemeinsamkeiten zur Freude aller schaffen, ein Jahrmarkt, ja, das ist es, ein Rummelplatz für Juden und Araber, eine Kirmes wie dereinst in Elberfeld, mit Reibekuchen, Karussell und Glückshafen, Tum Tingelingeling. Else hat einen kleinen Platz nahe Rehavia entdeckt, der ideal wäre, ein Leierkastenmann und vier bis fünf Buden passen darauf, mehr braucht es nicht, auf jeden Fall eine Waffelbude, lieblich geschmückt, wo sich alle versammeln. Gott könnte unter ihnen weilen, die Kinder Judas und Arabiens würden einträchtig und voller Liebe füreinander sein. *Für Gott* müsste über dem Eingang stehen. Sie hat schon mit Handwerkern gesprochen, einfache Holzbuden zum Zusammenklappen würden genügen, mit Schnüren aus Glasperlen verziert wären sie schön anzusehen. Und sie, die Dichterin selbst, würde das Karussell führen und hebräische und arabische Volkslieder mit den Kindern singen. Sie könnten von vier bis neun Uhr abends kommen, dazu auch sonst alle Menschen, die einander gut sind. Man könnte auch einen künstlichen Wald anlegen, frisch und grün, mit murmelndem Bächlein und Miniaturschwänen darin, mit kühlendem Schatten an den heißen Sommertagen, an denen einem die Augen verbrennen bei bald fünfzig Grad. Wenigstens die Illusion von etwas Kühle schaffen und alle Hebel in Bewegung setzen, dass sie zurück nach Zürich kann, der Hitze entkommen, der Trockenheit, der Armut, den Beschwernissen im zerrissenen Heiligen Land, das sie schwächt, dessen Berge sie nicht zu erklimmen vermag, in dem die Menschen so gehetzt sind, viele haben gar nichts, die Kinder leiden, überall herrscht Not, und es gibt nichts Warmes für den Winter.

Die Dichterin sammelt Kleider und Wäsche für die Kleinen, schreibt außerdem Briefe an Gott und die Welt, um Hilfe zu suchen, der Einsamkeit zu entrinnen und den Temperaturen, die sie kaum noch erträgt. Sie muss zurück, um wieder Luft zu bekommen, wenn schon nicht nach Berlin, dann wenigstens in die Schweiz. Auch soll nicht das große Meer zwischen ihr und den Ihren und vor allem Päulchens Grab liegen. Emil Raas, Eduard Korrodi und anderen schreiben, täglich schreiben, wie dringend es ist, sie hat sich doch niemals etwas zuschulden kommen lassen, sogar die Kontrolldetektive haben es vielfach bezeugt. Sie möchte in die Schweiz einreisen und jederzeit wieder herauskönnen, wenn dort die Unmenschen einfallen. Eigentlich ist alles geregelt, Sylvain Guggenheim will die Kaution hinterlegen und der Verleger und Mäzen Salman Schocken, der auch in Jerusalem lebt, hat bereits fünf Beiträge für seine Zeitung Ha'aretz geordert, sodass ihr Lebensunterhalt in Zürich gesichert wäre. Sie wird ihm auch ein Plakat zeichnen, wird also fleißig sein und keinem auf der Tasche liegen. Es muss Emil Raas einfach gelingen, sie zurückzuholen, er wird nicht locker lassen, man kann sie doch nicht einfach aussperren, einfach vor die Tür setzen, wo sie das Land der Eidgenossen in so vielerlei Farben besungen, ihm gehuldigt, seine Gastfreundschaft gepriesen hat.

Am dreizehnten August neunzehnhundertneununddreißig schreibt Else Lasker-Schüler an Emil Raas: *Wir sind im Krieg und ich wollte nichts anderes tun und denken. Im Krieg mit ewigen und fremden Brüdern …*

Kurze Zeit später kommt der endgültige Bescheid, der sie dazu verdammt, fern der Heimat zu verkommen, zu verdorren, zu verbrennen.

Das Gesuch um Erteilung der Aufenthaltsbewilligung in Zürich ist von der kantonalen Fremdenpolizei Zürich abgewiesen. Die Einreise in die Schweiz zu jedem anderen Zwecke als zur Durchreise innert 24 Stunden vor dem 23. August 1941 ohne ausdrückliche Bewilligung der Eidgenössischen Fremdenpolizei in Bern ist untersagt. Nachher gelten die allgemeinen Vorschriften über Einreise- und Aufenthaltsregelung. Begründung: Aus vorsorglich armenpolizeilichen Gründen – Uebfremdung.

Weitere schlechte Botschaften kamen. Der alte Freund Ernst Toller lebte nicht mehr, Selbstmord in New York. Er habe sich selbst vom jungen Zweige abgebrochen, schrieb die Dichterin in einem Nachruf in der Jerusalemer Tageszeitung Tamzit Itonejnu. Sie erinnerte sich an das verzauberte Päckchen, das Toller ihr einst nach einem Besuch in Elberfeld schickte, das Gärtchen der Eltern en miniature: kristallene Kieselsteine, die zackigen Blätter, glänzenden Früchte und grünen Igel der großen Kastanie, ein winziger Akazienzweig und eine Jasminblüte des Lieblingsstrauches der Dichterin, sorglich in eine weiße Pappschachtel gebettet. Sie schrieb ein weiteres Trauergedicht, das sie dem treuen Freund weihte, und legte es zu den anderen Exilgedichten in eine Schachtel.

Ich pflücke mir am Weg das letzte Tausendschön ...
Es kam ein Engel mir mein Totenkleid zu nähen –
Denn – ich muß andere Welten weiter tragen.

In der traurigen Dimdumim, dem Anbruch der Dämmerung, schrieb sie auf dem Bett liegend mit Bleistift und, weil wieder eine Entzündung im Anmarsch war, verbundenem Handgelenk dem verehrten Adon Salman Schocken, dem in Jerusalem lebenden Kaufhaus-Magnaten und großartigen Verleger Samuel Josef Agnons, Franz Kafkas und der Buber-Rosenzweig'schen Bibelübersetzung. Die Dichterin hatte bereits in der Schocken Library an der Balfour Road vortragen dürfen, Schocken hatte ihr darüber hinaus schon häufiger etwas zugewendet und unterstützte auch andere verfolgte jüdische

Künstler, zum Beispiel Karl Wolfskehl. Der Verleger und seine liebenswerte Gewerett Lilly hatten den Prinzen charmant und ehrerbietig in ihrem Haus empfangen, ihn mit Orangensaft bewirtet und ihm den traumschönen Garten und die eindrucksvolle Handschriftensammlung ihrer sechzigtausend Bände umfassenden Bibliothek gezeigt, wobei vor allem Heinrich Heines Testament die Dichterin tief bewegt hatte. Mit Interesse hatte das Ehepaar Jussufs Plänen für einen jüdisch-arabischen Jahrmarkt gelauscht und ihm ans Herz gelegt, sich mit allen Sorgen vertrauensvoll an Schockens Sekretärin Judith Swet zu wenden. Großes Verständnis zeigte das Ehepaar Schocken für die Klagen und die Enttäuschung des Prinzen über die Provinzialität und Kleinbürgerlichkeit Jerusalems, in der Jussuf, der doch die Großstadt gewöhnt war, immer einsamer und trauriger wurde und Menschen mit Herz und Wärme, überhaupt jegliches Vertrauen vermisste, ihm alles Zwischenmenschliche wie Berechnung und Diplomatie vorkam. Niemanden hatte er in seinem neuen Land gewonnen, der ihm Trost zusprach, alle waren ihm fremd geblieben, aus Eretz Israel war Eretz Misrael geworden.

Die Bleistift-Briefe mit den Stoßseufzern und Danksagungen an Schocken sahen aus, als seien die Hühner darübergelaufen, aber der großherzige Adon, ein wirklicher Grandseigneur mit Savoir-vivre, würde darüber hinwegsehen, wusste er doch, wie geschwächt und am Ende sie war, dass sie vor Traurigkeit und Einsamkeit kaum den Stift halten konnte und eigentlich sterben wollte, dass ihr Dasein seit der Flucht unerträglich war. Wie ihr ihre Lieben zu Hause fehlten, jemand, der mit ihr überlegte, wie sie ihr Leben unter den neuen Umständen einrichten konnte. Vielleicht gab es doch noch die Möglichkeit, dass Schockens, die nach Zürich reisen wollten, sie mitnahmen, wenigstens bis Italien. Und von dort einfach weiter über die Grenze nach Berlin, zu Lindners und ihrem Kind, das vereinsamt auf dem Friedhof ruhte. Sollte man sie doch abschießen, es war sowieso alles egal. Ihre schönsten Originalzeichnungen aus dem Hebräerland würde sie dem Adon und seiner Gewerett schenken für ihre großherzigen zusätzlichen Zuwendungen, die ihr immerhin eine kleine Reise in die Umgebung gestatteten, wenn es mit Zürich schon nicht klappte.

Aus dem Gedächtnis rekonstruierte die Dichterin für Schocken, der es sich gewünscht hatte, den Brief, den sie an den Heiligen Vater in Rom in der Hoffnung geschrieben hatte, er werde den Antisemitismus ebenso eindeutig verdammen wie sein Vorgänger Pius XI., der von einer miserablen Bewegung gesprochen hatte, an der Christen keinen Anteil haben dürften. Nur die neuen Minister der Stadt Theben Adon Gershon Swet, der liebreiche Redakteur des Ha'aretz und Mann von Judith Swet, und Kurt Wilhelm hatten den Brief gelesen, bevor sie ihn per Einschreiben abgesandt hatte.

Sie glaube, dass er ihre Verse lieben müsse, hatte sie Pius XII. geschrieben und ihm namentlich die Hebräischen Balladen ans Herz gelegt. Auch hatte sie sich selbst für das Geschenk glücklich gepriesen, den Heiligen Vater in der Wochenschau im Cinema, das sie so gern besuche, sehen zu dürfen – *seine Augen sind flammende Engel. Heiliger Vater in Rom, verzeiht diese meine lange Ouverture, die ich ganz aus meinem Gemüte spielen lasse. Bevor ich nun meine Bitte ausspreche, da Ostern wie ein Kind mit dem Korb voll Osterbrot vor unserer Türe wartet. Ich bitte den Heiligen Vater zu erklären, daß wir in Jeschurun oder wo, in welchem Lande auch, nie im Leben, ein Jude oder eine Frau eines Juden je Christenblut getrunken haben noch je ein Kind geschlachtet haben zu Ostern. Wir, die wir ein kleines Ei verboten zu genießen, befindet sich ein kleiner Tropfen Blut in ihm. Heiliger Vater in Rom, als ich noch ein Kind war und mein Vater und mein zweiter Bruder, meiner von mir angebeteten Mama und meinen älteren Geschwistern einst von solch einer ungeheuren Anschuldigung berichteten, ja da saßen wir um unseren runden Abendbrottisch in unserem großen Hause und weinten alle wie Kinder, Heiliger Vater. Mein guter Vater, der Tyll Eulenspiegel, seiner drolligen Streiche wegen so genannt in der Stadt Elberfeld, weinte ganz laut und unaufhörlich. Ich erinnere mich plötzlich ganz genau. Jesus Christus war doch auch ein Sohn Davids, die goldene Dolde an seinem Stamm und er hätte innigst geliebt unsere Heiligen: Lurja, Simeon Ben Jessaye, Maimonides und Spinoza den Balchem. … ›Hüte meine Lämmer‹, sagte Er doch dreimal zu St. Petrus Seinem ältesten Jünger. Ich küsse die Hand des liebsten Papstes, des Heiligen Vaters, in dessen Leben sich sicher die Seele Jesus Christus senkte und immer wieder aufgeht und untergeht wie Morgen und Abendrot.*

Else Lasker-Schüler

Sie reiste nach Tel Aviv und brachte dem Direktor des Ohel-Theaters Friedrich Lobe ihre Stücke in der Hoffnung, er werde sie aufführen, dann weiter über Haifa in den Kibbuz Tel-Yosef zu dem Archäologen Nehemia Cymbalist, den sie mit Frau und Kindern in die Indianerfamilie aufgenommen hatte. Zurück in Jerusalem freute sie sich über eine Ausstellung ihrer Zeichnungen durch den Buchhändler Ulrich Salingré, schrieb einen Essay über das Jerusalemer Marionettentheater, reiste nach Galiläa und an den Jordan, korrespondierte mit Übersetzern, gab Lesungen, schlug Schocken vor, in Jerusalem einen kleinen Platz einzurichten mit einem Esel, auf dem man in die Altstadt reiten könnte, schrieb an den englischen Premierminister Churchill und schickte den Brief nach London an den einstigen Indianergefährten Jethro Bithell mit der Bitte, ihn dem Adressaten zuzuleiten. Mit einem leidenschaftlichen Bittbrief an den britischen Militärgerichtshof setzte sie sich für Siegfried Lehmann ein, den Leiter des zwischen Jerusalem und Tel Aviv gelegenen Kinderdorfes Ben Schemen, den man wegen angeblich illegalen Waffenbesitzes verhaftet hatte.

Sie arbeitete weiter am Manuskript des zweiten Palästina-Buches Tiberias und trug sich mit dem Gedanken, ein Schauspiel einzufügen: Der bekehrte Satan, ein Höllenspiel mit Doktor Faustus und Mephisto als Hauptpersonen. Gleich schrieb sie Max Reinhardt nach Hollywood, ob er es nicht inszenieren wolle, sie habe ihm auch eine Rolle zugedacht. Die neuesten Manuskriptseiten zeigte sie Adon Schocken, wenn sie ihn auf ein Stündchen in seinem Garten mit den Goliathbäumen und den prachtvollen Zypressen besuchte. Dieser und andere Jerusalemer Gärten, darunter der indisch angelegte des Augenarztes Doktor Ticho, wären passende Schauplätze für das neue Stück, berichtete sie Schocken. Er sollte sehen, dass sie was tat für das Geld, das sie jetzt regelmäßig von ihm und der Jewish Agency erhielt und für das sie unendlich dankbar war.

Zwanzig Pfund bekam sie im Monat, ein Betrag, von dem eine vierköpfige Familie bescheiden leben konnte, aber dem Prinzen zerrann auch in Jerusalem das Geld zwischen den Fingern. Meistens saß er im Café Sichel auf der Ben-Yehuda-Straße oder kaufte Hofstaat und kleine Geschenke, glitzerte vor immer neuem Schmuck, spendete großzügig den Straßenkindern und armen Zeitungsjungen und ließ sich stundenlang in einer Droschke durch die Stadt kutschieren. Damit versuchte er, die immer wieder jäh hochsteigende Angst zu bekämpfen, die Schwäche, den ziehenden Schmerz im Herzen – seine treuesten Begleiter.

Im Winter fiel die Dichterin mehrmals, war manchmal kaum fähig zu denken und wusste nicht, was sie tat. Die Augen wurden immer schlechter, fast täglich hatte sie Herzkrämpfe und manchmal das Gefühl, in einem Silbersturm zu sitzen. Im Frühjahr reiste sie nach Tel Aviv, erholte sich für einige Tage am Strand und dankte dem Leiter der Jewish Agency Georg Landauer mit einem Postkartengedicht für die Zuwendungen:

Am Strand
Im Sand
Zwischen Muschel und Muscheln
Sitz ich seit früh und höre die Wellen tuscheln.
Und bin schon dunkelbraun gebrannt.
Ich gebe dankend, Ihnen, Sir, die Hand noch einmal fürs Budget.
Tatsächlich herrlich ist die See.

Sie besann sich auf die Methode der Selbstsuggestion, die ihr ein Arzt in Berlin beigebracht hatte, und teilte sie Schocken mit, dessen Frau Lilly ebenfalls unter Herzbeschwerden litt, wie Else bei ihrem letzten Besuch erfahren hatte.

Adon, ich möchte so gern ihre Gewerett gesund machen. Ich hab seit Kind, durch Schreck, irgendetwas am Herzen. Bemühe mich mein Herz zu vergessen, (es spielt nun eine Nebenrolle.) Gewerett darf nie, wenn sie nicht selbst davon spricht, erinnert werden, daß sie überhaupt ein Herz hat, nie auf den Puls horchen. Ich legte mir immer meine Taschenuhr nachts auf die Herzseite, schlug es heftig, gab ich dann der Uhr schuld und umgekehrt. Ich möchte Gewerett lehren, wie man ausatmet oder sich zum Gähnen bringt. Das Herz wurde mir direkt damals ein Schaufenster, ich konnte direkt richtig seinen Umriß beschreiben. Ich würde Gewerett überzeugen, daß es sich um die Überempfindlichkeit der Herznerven handelt. Die Ärzte sprechen da immer vom erhöhten Blutdruck, von Blutstörungen. Die hat zeitweise jeder und merkt es nicht. Ich hatte oft so Angst und wußte nicht warum, ich schrie oft. Wirkliche Fehler merkt selten ein Mensch; angeboren wach-

sen sie mit ihm auf. Ich habe den festen Glauben, und die Kraft Ihre Gewerett, die so lieb zu mir war, zu heilen, auch Ihnen zur Revanche, Adon.

Ihr Prinz Jussuf, Adon.

Naomi Rothschild, Sekretärin des Jerusalemer Büros der Einwanderer aus Deutschland, starrte entgeistert auf den gelben Kanarienvogel, der mit in die Luft gestreckten Krallen reglos auf der Hand des Blumenladenbesitzers an der Ben-Yehuda-Straße lag. Darüber schnappte der Mann mit zornrotem Gesicht nach Luft. Der Rapzin, der heiße Wüstenwind, fegte die Straße herauf und strich über den zitternden Flaum des gelben Knäuels.

Ausgestopft ist er, brüllte der Mann, der lebt gar nicht mehr! Den ganzen Tag haben mich schon die Nachbarn mit diesem Vogel belästigt, und schuld ist nur die verrückte Alte. Heute ganz früh am Morgen war sie schon da und hat gekeift, ich müsse den Vogel reinholen wegen des Rapzins, der bringe ihn um, sie selbst sei auch schon halb tot davon, und dann hat sie alle Nachbarn aufgehetzt und hierhergeschickt, einen nach dem anderen: Warum holen Sie den Vogel nicht rein, der Vogel muss rein. Gar nichts muss er, der merkt nämlich gar nichts von dem Rapzin.

Naomi Rothschild hielt sich den Bauch vor Lachen, das war typisch für Else Lasker-Schüler mit ihrem Tierschutztick. Vor ein paar Tagen hatte sie vom Einwandererbüro aus den Leiter der Veterinärabteilung in Jerusalem angerufen, einen Deutschen, und ins Telefon gequäkt: Hier spricht ein Kalb, man führt mich gerade mit verbundenen Augen über die Yaffa Road, ich frage Sie, was Sie dagegen tun wollen.

Ganz Jerusalem kannte inzwischen die winzige gebückte Alte mit der schmutzigen Pelzkappe, den bunten Halstüchern, den großen Ohrringen, dem abgeschabten Mantel, die überall auftauchte und sich einmischte, den Kindern Bonbons und Geld schenkte oder sie schimpfend fortjagte, wenn sie sie verspotteten und Hexe! Hexe! riefen. Manchmal saß sie bei den Straßenjungen auf dem Bürgersteig, streute den Vögeln Brotkrumen hin, spielte mit den Ameisen und murmelte dabei absonderliches Zeug. Wenn sie lachte, legte sich ihre gepuderte Haut in Fältchen und ihre schwarzen, mit einem Farbstift vom Arabermarkt in der Altstadt blau ummalten Augen leuchteten. Die beste Geschichte über die Lasker-Schüler hatte Naomi Rothschild kürzlich von Rabbi Wilhelm gehört. An Jom Kippur, dem höchsten Feiertag und strengsten aller Fastentage, habe die Dichterin in der Synagoge gesessen und Schokolade gegessen. Der Synagogendiener sei zu ihr gegangen und habe gesagt: Das geht doch nicht, dass Sie hier essen, Frau Lasker-Schüler, worauf sie ihn angefahren habe: Stören Sie meine Andacht nicht!

Wilhelm hatte dröhnend gelacht und sich auf die Schenkel geschlagen, aber seine Frau Ilka teilte die Begeisterung für die Dichterin ganz und gar nicht. Mein Mann ist zu gutherzig, beklagte sie sich bei Naomi Rothschild, der hat einfach ein Händchen für Verrückte, und sie ist sein Hofnarr. Immer redet sie davon, dass sie ihm Reibekuchen backen will, und schwärmt von seiner schönen Stimme. Jungbüffel sagt sie zu ihm, geschmackloser geht es ja wohl nicht. Mich behandelt sie von oben herab, wie alle Frauen, hinter deren Männern sie her ist. Stell dir vor, sie hat mir geraten, nicht immer diese unschönen Tirolerhüte zu tragen, zu schnadahüpfl Tyrol, hat sie geschrieben, wortwörtlich, der Anblick habe sie am Schabbat direkt deprimiert. Lieber den runden Russischheiligenscheinhut oder ein Silbertuch, sie verstehe was davon, weil sie Zeichnerin sei. Die spinnt doch! Immer kommt sie ausgerechnet um die Mittagszeit bei uns vorbei, meistens hat sie kleine Rosen auf die Wangen gemalt, dann sitzt und sitzt sie, verdreht und egozentrisch wie sie ist, und buhlt mit allen Mitteln um die Aufmerksamkeit meines Mannes.

Ich schrieb es mir zunächst aus von mir zu mir kopfüber unerwiederter Liebe; aus ewigem Grübeln, Übeln und so weiter, oft ist es schrecklich ernst, doch auch recht heiter – man kann, und kann oft doch nicht weiter, schreibt die Dichterin an Salman Schocken über ihr neues Höllenspiel in sechs Akten, das sie nun IchundIch nennt. Mit ihrem Blut habe sie es auf rostiges Papyrusleder dahingeschleudert, geknittelt à la Alt- und Neumeister Goethe, nur mit mehr Pfiff und Augenzwinkern. Varieté, Ulk, Ernsthaftes durcheinandergeworfen, über Kopf gewirbelt und gezwirbelt, nie da gewesen. Die Dichterin selbst betritt zu Beginn die Bühne und besucht, begleitet von dem Redakteur Gershon

Swet, eine Probe ihres neuen Stückes im Freilichttheater im Hinnomtal, der Müllhalde Jerusalems, wo es nach Pestilenz stinkt und Feuer glimmen, wo man in Urzeiten dem Moloch Kinder opferte. Dort im Höllental kündigt sie den deutschesten aller Stoffe an, das Spiel um Faust und Mephisto, und prophezeit gleich zu Beginn, dass Satanas kapituliert habe. Schauspieler, Regisseur, Zuschauer und Theaterarzt sind dabei, die steinernen, bunt und golden bemalten Könige Saul, David und Salomo sitzen in der Loge, Theaterdirektor Max Reinhardt ist eigens aus Hollywood angereist und die Mutter der Dichterin fungiert als Patin des Spiels. Im Höllenpalast stellt Faust die Frage, ob Gott nicht nur Himmel und Hölle, sondern auch diese Welt mit ihren Fehlern und Mängeln erschaffen habe, was Mephisto, Alter Ego und Liebling der Dichterin, zweifelsfrei bejaht: Auch ihn, den Teufel, habe Gott erschaffen. Die drei Ritz Brothers erscheinen, die beiden Attentäter Herschel Grynszpan mit dem kahl rasierten Kopf unter dem Arm und der auf einem Holzscheit geigende Marinus van der Lubbe sowie anderes buntes Personal. Dann brennt der Reichstag, Blitze gleißen, Tanzteufel und Tanzteufelinnen wirbeln, ein Flammenballett tritt auf, eine Walpurgisnacht wird mit brennenden Weinbechern gefeiert. Die Nazi-Clique mit Satanas an der Spitze marschiert auf, Marthe Schwerdtlein kokettiert mit Göring und wird von den funkelnden Sonnen und Monden auf seiner Brust geblendet, der Antisemit geifert. Nach vielem Hin und Her versinken die Nazis und ihre aufmarschierenden Heere samt Führer in den Lavamassen der Hölle, begleitet von Mephistos Nachruf:

Er stiftete die Jugend an zum Mord! Er!!
Ein feiger Mißton in der Menschheit kreisenden Accord!
Er hinterläßt nicht Asche, nicht das kleinste Häufchen Schutt!
Es folgt ein unerlöster Tod dem Antichrist und Antijud!

Am Ende trifft die Dichterin im Garten des Augenarztes Abraham Ticho eine Emigrantin, eine hungernde Vogelscheuche. Der Redakteur Mr. Swet kommt dazu und fragt die Dichterin, ob sie mit ihrem Stück das Rätsel der Welt gelöst habe, was sie verneint. Was er denn dann seinen verwöhnten Lesern beim Frühstück vorsetzen solle. Einen Reim solle er reimen, rät sie ihm, dabei könnten sich die Nerven entspannen.

Und dann das Lächeln der Dichterin beim Ausatmen des wundersamen Schlusses, der sich im Jerusalemer Winter von ihren klammen, flüsternden Lippen, ihren steif gefrorenen Fingerspitzen löst, der Gesang eines Vogels.

Apoll

Komm zu mir in der Nacht – wir schlafen engverschlungen.
Müde bin ich sehr, vom Wachen einsam.
Ein fremder Vogel hat in dunkler Frühe schon gesungen,
Als noch mein Traum mit sich und mir gerungen.

Es öffnen Blumen sich vor allen Quellen
Und färben sich mit deiner Augen Immortellen …

Komm zu mir in der Nacht auf Siebensternenschuhen
Und Liebe eingehüllt spät in mein Zelt.
Es steigen Monde aus verstaubten Himmelstruhen.

Wir wollen wie zwei seltene Tiere liebesruhen
Im hohen Rohre hinter dieser Welt.

Else Lasker-Schüler, Ein Liebeslied

Der Alfred Berger Club in Jerusalem war heiß und überfüllt, als die Dichterin am zwanzigsten Juli aus ihrem neuen Stück las. Die Jerusalemer Künstler und Intellektuellen waren fast vollständig versammelt, auch Martin Buber war gekommen und lauschte auf dem Boden sitzend den Auszügen aus dem Satyrspiel, die die Dichterin mit allen Finessen der Vortragskunst darbot. Sie malte die Rollen mit unterschiedlichen Stimmen aus, drapierte ihren Schal zu Stola oder Turban, schlug den Gong, deutete Tanzschritte an, so grazil und jung, dass man erst am Ende, nach zahlreichen Verbeugungen merkte, dass sich ihr Rücken immer mehr krümmte. Sie war aufgeregt, hatte sich mit Sorgfalt gekleidet und geschminkt und reichlich Indianerschmuck angelegt, denn auch *er* war gekommen, stand bescheiden ganz hinten an der Wand, küsste ihr die Hand, als sie sich überglüht zu ihm drängte, lobte überschwänglich ihren Vortrag, der blonde, zweiundvierzigjährige Dozent an der Hebräischen Universität Doktor Ernst Simon, der zum Freundeskreis von Doktor Wilhelm gehörte und in den sich die Dichterin während seiner klugen Vorträge in der Synagoge unsterblich verliebt hatte. Er war schön, jung und tapfer, ein Streiter für die Versöhnung von Juden und Arabern. Gegen alle Proteste hatte er im Kinderdorf Ben Schemen in einem Vortrag zur Orientalischen Woche für Frieden und Versöhnung gesprochen. Das hatte die Eiferer auf den Plan gerufen, die seine Entlassung aus der Universität forderten, sogar einen Bombenanschlag auf sein Haus hatte es gegeben, bei dem zum Glück niemand verletzt worden war.

Else wich die Farbe aus dem Gesicht, als sich nach einigen Minuten seiner ungeteilten Aufmerksamkeit die blonde Frau Simon dazwischenschob, die Dichterin ohne Gruß gehässig anfunkelte und ihren Mann wegzog, eine Gans ohne Manieren, die seiner überhaupt nicht würdig war.

Sie hatte wieder das Spiel begonnen, vielleicht zum letzten Mal, und es konnte noch einmal gewaltig werden. Noch einmal wagte sie sich in den Dschungel und ließ ihren Gefühlen freien Lauf, stürzte Indianerbriefe heraus, zündete sich ein Licht an am Ende des Tunnels. *Es hat mir immer so gefallen, wenn verirrte Kinder in Geschichtenbüchern endlich zwischen den hohen Stämmen den Weg glitzern sahen. Ihr Brief an mich ist so lieb und ich wickelte mir, als es Abend wurde, mein Herz darin ein. … Als ich Sie sah, befanden wir uns im anderen Spalt der Welt. Niemand begegnete uns; und der Mond sagt nichts wieder. … Ich glaube Sie sind auch ein Indianer und man raubte Ihnen den Federschmuck, den Gürtel aus Adlerflügeln. … Bitte verwundert Euch nicht, da ich nicht ›übliche‹ Briefe schreiben kann, stylgemäße und wie es Sitte; mein Gemüt schreibt, es besitzt keinen Schreibtisch, kein Tintenfaß.*

Ernst Simon war ihre Cypresse in Jerusalem, ihr Erzengel Gabriel, und er verstand das Spiel, behandelte die Dichterin zwar distanziert, aber mit Zartheit, Noblesse und Ehrerbietung. Verjüngt durch seine Existenz schwärmte sie schrankenlos und tat ihm blau, schenkte ihm duftige Taschentücher und widmete ihm die leuchtendsten, funkelndsten Liebesgedichte. Sie schrieb ihm zunächst wöchentlich, dann beinahe täglich, mehr als einhundert Mal in ihren letzten fünf Lebensjahren. Die Dichterin besuchte alle Vorträge des jungen Philosophen, balzte, kokettierte, promenierte zu der Zeit, zu der er gewöhnlich von der Universität heimkam, vor seinem Haus in der Ben Maimon Street auf und ab, ignorierte seine beiden Kinder, die hinter vorgehaltenen Händen kichernd aus dem Fenster starrten, und deren hysterische Mutter, die die Läden zuknallte.

Wieder und wieder schüttete Else ihm ihr Herz aus, feierte ihr letztes Konzert mit Apoll, dem Gott des Lichtes und des Frühlings, dem Beschützer der Künste und der Musen. *Ich lag wieder auf Ihrer Hand unsichtbar und fühlte doch Ihren Feinen Herzschlag Adon.*

Simons wohlgesetzte briefliche Antworten auf ihre Suaden bezeugten Zuneigung und großen Respekt. *Aber wie können Sie denken, ich mißbillige das, was Sie Ihr ›Spiel‹ nennen. Weiß ich doch, daß es für den Dichter nichts Ernsteres gibt als sein ›Spiel‹.*

Manchmal geriet der Prinz in Zorn und warf dem Geliebten nach einem Zusammentreffen vor, sein Lächeln sei kühl und werfe eisige Schatten. *Warum geizt hier alles mit der Seele? Kann hier Niemand recht viel loben wie der Baum der Gold und Silber wirft über ein Aschenputtel oder Aschenbrödel? – Ich möchte Ihre Augen vergleichen mit braunem Lapis, – die wohl Steine, aber in der Sonne süßen. Streng und weich sind zu gleicher Zeit.*

Ernst Simon antwortete mit dem Bericht von einem philosophischen Vortrag zum Thema Die Keuschheit des Künstlers, den er als Sechzehnjähriger verfasst hatte: *Ich fragte mich staunend: wie kann der Künstler seine Seele der fremden Menge preisgeben und auf dem Markt verkaufen? Ich fand schon damals die Antwort, die mir noch heute gilt: ›Des Künstlers Keuschheit ist seine Form‹.*

Die Dichterin badete in seinen Briefen, schmiegte ihre rosengeschmückte Wange in die Bögen mit seiner ausdrucksvollen Schrift. Lange schon hatte sie ihm verziehen, dass er ihr zu Beginn der Korrespondenz erst einmal den Kopf über die Art und Weise gewaschen hatte, wie sie im Hebräerland mit seinen Freunden umgesprungen war: *… wirkliche Indiskretion – das heißt Ausplaudern ohne gültige Formgebung. Da Sie so scharf über Menschen sprechen, die meine Freunde sind, wie Buber und Scholem – was ich natürlich nicht albern ›übelnehme‹, wäre es unernst und unehrlich von mir, Ihnen nicht dies zu sagen. Ich glaube auch, daß ein Teil der Fremdheit, die Sie hier umgibt und über die Sie sich sicher zu Recht beklagen, auf dieses Buch zurückgeht …*

Bis in die Nacht saß Else mit ihrem Vertrauten, dem Schriftsteller Werner Kraft, der auch ein Freund Ernst Simons war, kräuselte, schwärmte, fiepste, mutmaßte, stritt, kam immer wieder kokett auf *ihn* zu sprechen, überhöhte ihn bis zur rasenden Begehrlichkeit, um ihm dann heroisch zu entsagen, beschwerte sich, dass sie zu einem geselligen Abend bei Simons nicht eingeladen wurde, und schüttete Gift über Frau Simon, bis Werner Kraft genug hatte und nichts mehr hören wollte. Ihre Stimmung schlug jäh um in Klage und Wut über die jüdischen Spießer in Jerusalem, die ihr übelwollten. Gott habe sich verdunkelt, sie sei müde und wolle fort, vielleicht nach London. Sie fuhr hoch, als Werner Kraft einmal vorsichtig auf die Krankheit Hölderlins anspielte, er solle damit auf der Stelle aufhören, sie keifte, verdammte diejenigen, die alberne Gerüchte über ihr Alter streuten, zweiundsiebzig, geradezu lächerlich, despektierlich, total vernichten wolle man sie, wo sie doch eine Dichterin und niemals älter als tausendundzwei gewesen sei. Dann zeigte sie Werner Kraft ihr neuestes Gedicht, und die Tiefe, der reine Klang verschlugen ihm den Atem.

Ich liebe dich!
Ich liebe dich!
Ich liebe dich!

Es öffnen deine Lippen sich …
Die Welt ist taub,
Die Welt ist blind

Und auch die Wolke
Und das Laub –
– Nur wir, der goldene Staub
Aus dem wir zwei bereitet:
– Sind!

Es erinnerte Kraft an das vor Urzeiten geschriebene ewiggültige Gedicht Sulamith aus den Hebräischen Balladen, in dem die liebende Seele nicht in goldenem Staub unsterblich wird, sondern im Weltraum verweht, in den Abendfarben Jerusalems verglüht, und sprach seine tiefe Berührung aus, aber die Dichterin konnte nur greinen und jammern, davon habe sie nichts, nicht das Geringste habe sie von der ganzen Dichterei, im Gegenteil, sie fühle sich nur jedes Mal wie geplündert.

Einmal noch ein wenig Konzert machen, eine Verbindung gründen, einen Kraal Gleichgesinnter, einen Zusammenschluss von lieben, wertvollen Menschen wie einst in Berlin. Der Umzug vom Hotel Atlantic in ein weiträumiges möbliertes Zimmer zur Untermiete bei der Polin Leokardia Weisenfeld an der Mehov Ha'amalot beflügelte die Dichterin, dieses Vorhaben, das sie mit Werner Kraft, Leopold Krakauer und Samuel Wassermann ausgesponnen hatte, in die Tat umzusetzen. Lesungen und Vorträge über Themen aus Dichtung, Religion und Philosophie sollten im Kraal stattfinden. Um dem Ganzen Gewicht zu geben, bat sie Martin Buber, den Reigen mit einem Vortrag über jüdische Mystiker zu eröffnen.

Buber sagte umgehend zu, erfreut, der Dichterin einen Wunsch erfüllen zu können, und so trug sie persönlich eine Vielzahl von liebevoll handgeschriebenen und bemalten Einladungen aus, informierte die Zeitungen, plante und organisierte, trug alle Termine und Referenten sorgfältig in ihr eigens angelegtes Kraal-Buch ein. Der Kraal traf sich nicht, wie ursprünglich vorgesehen, alle zwei Wochen in ihrem Zimmer, sondern in der Doktor-Wilhelm-Synagoge, in Privatwohnungen und anderen Lokalitäten. Die Themen waren vielfältig und reichten von Jüdischen Wanderungen durch den Nahen Osten über Die Gebirge Gilboas, Das Inka-Reich und das Nazi-Reich bis hin zu Du und der Luftschutz, Friedrich Sally Grosshuts Novelle Napoleon in Potsdam oder auch Liedern von Jacques Offenbach, dessen Musik schon die Mutter der Dichterin entzückt hatte. Sie selbst sprach an mehreren Abenden Arthur Aronymus, den Wunderrabbiner von Barcelona und die Hebräischen Balladen sowie zum Thema Freundschaft, Liebe und vom Gutsein.

Obwohl im Kraal nur deutsch gesprochen wurde und es immer wieder zu Missverständnissen und kleineren Eklats kam über die Vorstellungen der Dichterin, wer vortragen durfte oder überhaupt würdig war, dem Kraal beizuwohnen, hatten die Versammlungen guten Zulauf und wurden bis zum August neunzehnhundertvierundvierzig abgehalten.

Auf Einladung des Antiquars Friedrich Sally und seiner Frau Sina Grosshut fuhr sie nach Haifa, um dort das neue Stück und ausgewählte

Gedichte vorzutragen. Sie begründete eine Indianerfreundschaft mit dem freundlichen Ehepaar und nahm es in den Kreis derer auf, denen sie ihr immer schwerer werdendes Herz ausschüttete. Grosshuts waren tief beeindruckt von der ersten Begegnung. Ein zierlicher, graziöser Kobold saß ihnen gegenüber, der ein schwarzes Samtcape, knielange, schwarz-weiß karierte Tafthosen und mit Glöckchen besetzte Schuhe trug. Unter einer Leopardenmütze quollen schwarze Locken hervor, zwischen denen rote Glasohrringe schaukelten. Das Gesicht der Dichterin mit den leuchtenden schwarzen Augen war alterslos, sie erzählte ausschweifend und witzig, kicherte, wütete und begütigte im gleichen Atemzug.

Der Gedichtband Mein blaues Klavier erschien, Martin Bubers ehemaliger Assistent Moritz Spitzer gab das Bändchen mit zweiunddreißig Gedichten in der Schocken-Bücherei heraus – mit einer schlichten Zeichnung des Prinzen und der Widmung: *Meinen unvergeßlichen Freunden und Freundinnen in den Städten Deutschlands – und denen, die wie ich, vertrieben und nun zerstreut in der Welt, in Treue!* Die Kritiker überschlugen sich, ergriffen stehe man vor diesen Gesichten, die den Atem Gottes, Hingabe, Verlassensein und Abschied in sich trügen, schrieb Gerson Stern im Tel Aviver Mitteilungsblatt.

Die meisterlichen Gesänge der Trauer, der Sehnsucht, der Todesgewissheit stammten zum größten Teil noch aus der Schweiz, aber die Liebe in ihrem schönsten, reinsten Wort hatte die Dichterin in Jerusalem in der Anbetung Apolls gefeiert. Beglückt, beschämt, tief erschüttert sei er über die herrlichen Gedichte, schrieb Ernst Simon und es werde immer sein großer Ruhm sein, als Anlass zu solchen Kunstwerken gedient zu haben. Er hoffe, dass der Leidenspreis, den sie dafür habe zahlen müssen, nicht zu hoch gewesen sei, und dankte ihr, dass sie auf eine namentliche Widmung verzichtet und den elf Liebesgedichten, die den Abschluss des Bandes Mein blaues Klavier bildeten, nur die Worte *An Ihn* vorangestellt hatte. *Alle Tasten des Blauen Klaviers schwingen nun auf einmal in ihren Saiten, in Ihren Händen, und die Melodie ist so groß wie süß. So darf ich Ihnen danken für das Buch und Ihre Hände küssen.*

Sie verging fast vor Seligkeit und bewahrte den Brief als Heiligtum an ihrem Herzen.

Immer seltener kann sie sich an den Strand ihres Herzens flüchten, wo es kein Alter gibt und der Atem der Ewigkeit weht, wo die Worte gleiten wie Nachen. Die Zeitkrankheit schiebt sich in den Vordergrund, die Schwäche, der Verfall. Oft fühlt sie sich, als bluteten ihr die Schläfen, und wenn es regnet, weint sie mit dem Himmel. Schon morgens ist sie müde, beschimpft den Fotografen, der sie in der Gasse zwischen Jaffa Road und King George Street zusammen mit dem Löwen von Juda aufnehmen will, ob seiner geschniegelten, eitlen Fotos, auf denen sie in ihrer Hässlichkeit sowieso nicht abgebildet sein will.

Und dann der gemeine Angriff der Leokardia Weisenfeld, die sich als Verbrecherin, als Teufel von Vermieterin entpuppt, als gefährliche, hinterhältige Person. Geschrei, Getöse, ein Überfall in aller Herrgottsfrühe: ein von dem Weisenfeld-Dragoner angeführtes Reinigungsgeschwader mit Masken vor dem Gesicht und scheppernden Lysoleimern, das Pfui, pfui! und Unrein, unrein! ruft, von Wanzen schwafelt und ihr befiehlt, regelmäßig das Bett auszuklopfen. Putzen, putzen, putzen, was anderes hat diese Person nicht im Sinn. Unrein, eine Unverschämtheit, reine Hysterie, keine Ahnung, wen sie vor sich hat! Aber der Prinz von Theben weicht und wankt nicht und bleibt stur in seinem Lehnstuhl liegen, sei es auch im Angesicht des Todes.

An Friedrich Grosshut schreiben, dass er aus Haifa kommt und als Jurist ein Machtwort über die Megäre spricht, die ihr mit ihrer Keiferei das Leben zur Hölle macht, und Doktor Wilhelm von den Undingen berichten, die ihr Tag um Tag widerfahren, den beispiellosen Gemeinheiten der Weisenfeld und ihrer polnischen Freunde, die alle unter einer Decke stecken, zusammenstehen und reden, ihr übelwollen. Mit ihrem Sauberkeitsfimmel traktiert Leokardia auch ihre fünfzehnjährige Tochter Meira, ein Engelskind, das der Dichterin anstellig zur Hand geht und ihr zur Gefährtin wird in den immer dunkleren Tagen. Nach den Auseinandersetzungen mit ihrer Umwelt ist sie wie betäubt, kann sich kaum erinnern, wem sie begegnet ist, weiß manchmal nicht, wo sie ist, könnte schreien, so deprimiert ist sie. Besser geht es, wenn sie die Wut herauslässt und schimpft, auf die Zimmerwirtin und die ganze übrige Spießerei in Jerusalem, auf all die unerzogenen, beschnittenen, verfaulten Bäume, unter denen sie nicht leben kann, sollen sie ihr doch alle den Buckel raufsteigen.

Weeße wat, Meira, pscht, wenn eck kleen wor, denn hab eck met meine schönen Schwestern ömmer so gelacht un gekichert, un denn hat unsere Köchin, dat Emilie, ömmer gesagt: *Kenger, Öhr möſst Önk nich so unanständig erzählen.* Un pscht, weeße wat dä Doktor Simon gemacht hat, weeße dat? Pscht, nich weitersagen, dä hat mich dat Herz aus dä Brust gerissen un in Brand gesetzt, ganz helle, lichterloh, un dä guckt immer in mein Granatsee, dä pocht so rot wie Blut.

Ich verstehe Sie nicht, wenn Sie so komisch reden, Frau Lasker-Schüler, hören Sie doch endlich auf damit.

Vergiss nicht, dass du Elschen zu mir sagen wolltest, wie meine liebselige Mama mich immer gerufen hat.

Nur wenn du mir nicht immer Schande machst, dann sage ich Elschen, aber du machst mir Schande, weil du so komisch redest und mit den Ameisen spielst, alle lachen mich aus wegen dir. Und am meisten Schande machst du mir wegen dem Herrn Doktor Simon, davon will ich überhaupt nichts mehr hören, darüber lacht sich schon die ganze Stadt kaputt.

Das sind doch nur die dummen Spießer, Schande, Schande, denen mach ich 'ne lange Nase und die Zunge streck ich denen auch noch raus, guck mal, die geht bes an dä Nasenspitze.

Die Straßenjungen feixen und johlen vor dem Fenster des Café Sichel, in dem die grimassenschneidende Dichterin und Meira Weisenfeld – im Einvernehmen darüber, dass weder Meiras Mutter noch sonst jemand in Jerusalem etwas von ihren kostspieligen Schwelgereien erfahren darf – vor großen Stücken Schokoladentorte sitzen. Hinterher wieder Kino, hat die Dichterin in Aussicht gestellt, dreimal in der Woche gehen sie Hand in Hand in die Vorstellung und lutschen Bonbons. Am liebsten würde Else zum nächsten Film gleich sitzen bleiben, aber Meira drängt nach Hause, weil sie Ärger mit ihrer Mutter befürchtet, die sowieso in der letzten Zeit nicht mehr aufhören kann zu schimpfen.

Das egoistische alte Monstrum, hält Empfänge ab wie eine Primadonna, die große Dichterin, oh, oh, ja, ja, der das gemeine Volk zu dumm und zu gewöhnlich ist, für die man sich die Hacken abrennt und der man es doch niemals recht machen kann, die den Dreck nicht mehr sieht, den sie hinterlässt, die sich nur und nur beklagt, obwohl sie das größte und schönste Eckzimmer mit dem großen Baum davor hat, der man die Fenster putzt und tut und macht, und die hinterher trotzdem behauptet, man kümmere sich nicht. Und wie es bei der aussieht, unvorstellbar, ein Durcheinander, überall liegt was rum, gefegt wird auch nicht, höchstens mal drübergehuscht, wenn sie zur Audienz bittet. Ja, ja, Madame Großkotz, vor deren Tür die Anbeter Schlange stehen und warten, bis Ihre Heiligkeit Einlass gewährt, um sich anhimmeln zu lassen, das ist das Einzige, was die interessiert, dass man ihre angeblich so große, tiefe Seele vergöttert. Dabei ist sie böse und egozentrisch und manipuliert die Leute, grausen kann es einen. Meine Meira hat sie auch schon behext, sie hetzt das Kind gegen mich auf, dass es Widerworte gibt, und stopft es mit Süßigkeiten voll. Jetzt soll Meira auch noch abends bei ihr sitzen, damit ihr Herz nicht so klopft und sie besser einschlafen kann. Wer außer der Lasker-Schüler könnte auf so eine Idee kommen. Und meine Kleine bettelt, sie will es unbedingt, sie sagt, dass es lustig ist und dass sie die Alte besänftigen kann, aber ich glaube, eigentlich geht es ihr nur um die Bonbons.

Meira sieht es so gern, wenn Else mit ihren hüpfenden Schritten zum Herd läuft, um Kakao heiß zu machen, oder den heiligen Tibetteppich betritt, in Wirklichkeit ein abgeschabter kleiner Läufer, und sich auf ihrem Thronsessel zwischen den Püppchen, Spiel- und Nippsachen niederlässt. Ihre Augen sind wild und stark bemalt, sie hat ein schönes Lachen und so viel Witz, und wenn sie zusammen einkaufen gehen, kommt Meira kaum mit, so große Schritte macht die kleine Person. Obwohl alle Leute nur Pfui, pfui! über sie sagen, riecht sie reinlich nach Lavendelwasser. Meira liebt es, als Verbündete an der starken Prinzenhand mit den kräftigen Fingern zu gehen und sie abends zu halten, wenn Else ohne Perücke und in Decken eingehüllt in ihrem Lehnstuhl liegt, in dem sie auch zu schlafen pflegt. Oft ist sie leidend, manchmal aber auch entspannt und fröhlich. Dann erzählt sie Schnurren aus ihrer Kindheit, rezitiert Gedichtzeilen, kräuselt und fiepst mit Clownsgesicht, nippt am Weinglas, bis sie in einen leichten Schlummer fällt und Meira ängstlich forscht, ob sich noch Atemzüge von ihrem zerfurchten Mund lösen.

Kein Blau will mehr blühen

Mr. Swet: Mir ist, sie stirbt? …
Die Vogelscheuche: Das rechte Augenlid bewegt sich leise auf und zu und – zirpt –

… Sie ist so klein – sie ginge in das neu aufgeworfene Maulwurfsloch hinein –

Else Lasker-Schüler, IchundIch

Im Café Sichel wagten sie im Kreis der Getreuen nur zu flüstern über die immer unfassbarer werdenden Nachrichten von der Ausrottung ihres Volkes und trauten sich kaum noch, in der Öffentlichkeit deutsch zu sprechen. Judenrein. Weil sie gehört hatte, dass die ehemalige Schauspielerin Emmy Göring den Schweizer Regisseur Leopold Jessner und seine Frau einmal versteckt hatte, schrieb Else einen Bittbrief an die Gattin des Reichsmarschalls, den Werner Kraft ins Französische übersetzen sollte, damit das Schreiben die Zensur passierte. Er weigerte sich allerdings, genauso wie er ihr abriet, ein Telegramm an *Marchall Stalin Stalingrad.Kreml* abzusenden: *Marchall, Ihr seid der mutigste und liebste Mensch der Welt. Die Dichterin Else Lasker-Schüler.*

Tief erschüttert war sie, als sie von der heftigen Bombardierung Wuppertals und des Rheinlandes hörte, bei einem Besuch der Immigrantenvereinigung bat sie den Vorsitzenden Heinz Gerling, er möge die Bombardierung des Wuppertals verhindern. Manchmal überfielen sie angesichts der Barbarei die alten Gotteszweifel, die sie nur Rabbi Wilhelm gestehen konnte. Sobald sie etwas kräftiger war, entwarf sie Programme für die notleidenden Kinder in Jerusalem und setzte sich für die Gründung eines Tierschutzvereins ein, um für die gequälten Kreaturen zu streiten und insbesondere das schwere Los der Jerusalemer Lastesel zu mildern.

Mit der Vermieterin und anderen Untermietern schwelte der Streit weiter und eskalierte immer wieder, Krankheiten und Krisen nahmen zu. Die Einsamkeit war schlimmer als alles andere, deshalb schleppte Else sich, wenn es eben ging, ins Café und ins Kino. Ihre Sehkraft schwand dahin, sie konnte kaum noch ihre geliebten Zeitungen lesen. Abends versuchte sie, die Angst mit Alkohol zu betäuben. Mehrmals fiel sie auf der Straße, mitleidige Menschen halfen ihr auf. Einmal fanden Erich Gottgetreu und Ulrich Salingré die Dichterin fassungslos schluchzend auf der steil ansteigenden King George Street an eine Hauswand gelehnt; ein Hund habe das Bein an ihr gehoben. In einem Café flößten sie ihr Cognac ein, bevor sie sie nach Hause brachten. Manchmal zog sie Selbstmord in Erwägung, war dann aber zu feige, wie sie Ernst Simon gestand: *Das Leben ließ mich noch nicht los ... für ein Bonbon lebe ich weiter.*

An besseren Tagen plante sie Vorträge für den Kraal, zeichnete und versuchte, das Manuskript Tiberias zu vollenden. Die Ereignisse im Großdeutschen Reich veranlassten die Dichterin zu dem Essay Der Antisemitismus, ihr letztes großes Credo für die Liebe und die Versöhnung unter den Menschen, das sie in vier Fassungen wie gejagt über die Bögen schlingerte und in die Maschine klapperte. *Es gibt ja nur einen Himmel und ein Land unter ihm. Wie in der Schöpfung bestimmt: ein blau umhülltes Land mit Menschen, mit werdenden Menschen und mit liebebedürftigenTieren. Es hat nie einen Engel den zweiten gefragt, welchem Glauben er angehört, oder der Mensch etwa im Gebet den Engel in den Höhen.*

Nicht so gierig, du brauner Vielfraß, lass den anderen was übrig, ich kann uns doch nicht alle ernähren, mehr gibt's heute nicht. Murmelnd streut sie den vor dem Fenster pickenden Tauben Brotkrumen und Schokoladenreste hin, zirpt, schnalzt, macht einer Ameise, die über das Fensterbrett krabbelt, mit großer Geste den Weg frei, spricht zu den Blumen, singt, flötet, schwärmt. Manchmal, wenn die reizende Nachbarin Gewerett Rachel Katinka den Kopf zur Tür hereinsteckt, um einen guten Morgen zu wünschen, sitzt Else am Tisch und wickelt Bonbons in buntes Papier, um sie später den Bettlern zu geben, wenn sie mit ihnen ein Schwätzchen hält über die Schande der Not in Jerusalem und wie man die Familie durchbringen kann in diesen Zeiten. Einmal berichtet einer unter Tränen vom Typhustod seines kleinen Sohnes, Else weint den ganzen Nachmittag um das Kind und um Päulchen, ihren so früh gestorbenen Jungen, von dem sie der Nachbarin immer wieder erzählt. Auch von ihren Freunden und Dichterkameraden spricht sie, die schon in der Ewigkeit sind, von den Streichen ihres Papa, der liebseligen Mama, den schönen Schwestern. Sie schenkt Rachel ihren blauen Lieblingsring und will die Freundin mit ins Tessin nehmen, sobald man wieder reisen kann.

Für eine Lesung aus dem Hebräerland und eine Gedenkfeier für Max Reinhardt, der im vergangenen Herbst in New York gestorben ist, rafft die Dichterin im Frühjahr noch einmal alle Kräfte zusammen. Und dann die Einladung Rachels, ob sie nicht ihr und dem Dichter Kariw, der am Abend zu Gast sein werde, ihre Gedichte vortragen wolle? Wie sie hochgemut zusagt und schneidig auftritt mit glühenden Augen, glatter Rabenschwinge und samtenem Jackett. Ihr Antlitz ist seidig gepudert, an den Ohren trägt sie Holzringe, die sie in Bethlehem gekauft und im Zustand der Verliebtheit hellblau gefärbt hat, um den Hals eine braune Glasperlenkette, in deren Funkeln sie ihre Hebräischen Balladen singt und webt, eine schwingende Saite.

Rebekkas Magd ist eine himmlische Fremde,
Aus Rosenblättern trägt die Engelin ein Hemde
Und einen Stern im Angesicht.

Der Dichter Kariw dankt überwältigt und äußert den Wunsch, die Gedichte ins Hebräische übertragen zu dürfen, was die Dichterin allerdings entrüstet mit der Begründung zurückweist, sie seien doch bereits hebräisch geschrieben. Rachel Katinka gerät in Erklärungsnot und kann es vor Peinlichkeit kaum übersetzen.

Kein Blau wolle mehr blühen, kein dichterischer Zustand sich mehr einstellen, in dem man eine Krone trage und zaubern könne, das Wort zur Königin, zum Fürsten werden lasse, klagt sie Werner Kraft, der sie gemeinsam mit den anderen Getreuen Schalom Ben-Chorin, Leopold Krakauer, Andreas Meyer und Samuel Wassermann regelmäßig im Café trifft oder in ihrem mehr und mehr verwahrlosenden Zimmer besucht. Seine Versuche, die Dichterin aufzuheitern oder zu unterstützen, sind meistens zum Scheitern verurteilt und tragen ihm Angriffe bis zur Unflätigkeit ein, vor allem, wenn er sie dringlich bittet, eine Putzhilfe ins Zimmer zu lassen und vernünftig zu essen, abgemagert, wie sie sei. Sie schaffe alles allein und brauche seine Fürsorge nicht, und schon gar nicht die von den Putzteufeln, zetert sie, kocht sich, um ihn Lügen zu strafen, ein Ei und isst es im Stehen, läuft durch das heruntergekleckerte Eigelb, wirft einen Topf mit Kakao, den sie warm machen will, auf den Boden und hindert den Freund wutentbrannt, einen Eimer zum Aufwischen zu holen.

Manchmal noch ein erwartungsvoller Glanz in glimmenden Augen, wenn sie auf Ernst Simon zu sprechen kommt und von Werner Kraft ein wenig blauhören will, Signale, herübergeweht aus dem Land Apolls.

Wenige Stunden am Tag kann sie noch schreiben und zeichnen, die Freunde sind erschüttert von einem erhängten Jussuf, mit Bleistift auf einen karierten Bogen gekritzelt: *Im Grauen der Einsamkeit.* Im Herbst veranstaltet sie noch einmal eine Lesung im Zeichensaal des Bezalel-Museums, lädt handschriftlich dazu ein und zeichnet ein Plakat, das Kurt Wilhelm in der Synagoge aushängt. Sie trifft Ernst Simon und keift ihn auf seine Frage hin, wie es ihr gehe, böse an, entschuldigt sich aber gleich darauf brieflich. *Ich liebe Dich nicht mehr Ernest, aber ich bin beschenkt etwas, wenn ich Sie seh. … Ich bin selbst nicht mehr wie was Atmung. Als ich Dich liebte, besaß ich heimlich ein kleines Paradies … Du, lieber Junge. Wir hätten immer Bonbons gegessen. Auch im Gedanken. Aber mein Herz kann nicht mehr bis zu Dir sprechen.*

Dann schwindet die letzte Kraft, zu einem Vortrag von Andreas Meyer in der Synagoge schafft sie es nicht mehr, gerade noch einmal am Tag schleicht sie ins Café, wohin sie auch seit dem Streit mit Leokardia Weisenfeld ihre Post schicken lässt, aus Angst, sie könne im Haus gestohlen werden. Sie murmelt und wütet über die Gemeinheiten der Nachbarinnen oder dämmert vor sich hin, strahlt matt auf, wenn der Kellner Briefe bringt und einer der Freunde sie gleich vorliest. Die Augen lassen immer mehr nach und die Hände zittern so, dass sie nur noch kurze Grüße schicken kann.

An Grosshuts schreiben: *Seid nicht böse, Sinia und Salander, ich bin traurig für alle miteinander. Euer Jussuf.* An Schalom Ben-Chorin nach einer Kritik über Mein blaues Klavier: *Unerhörte dichterische Kritik viel zu schön für mich, Ekel hier. … Nie vergeß ich Eure Freundschaft Bildschöne Gewereth u. Boy Grüße.*

An Kurt Wilhelm: *Immer Schmerzen und Fieber. Sobald besser, komme Eure Worte hören Adon.* Und an Werner Kraft: *Ich bin am Ende, so litt ich – hier im Volk für das ich mich schlug – seit – Kind. Alles, ja alles vorbei in mir, auch für E. Leider: Liebe, Freundschaft sind Hände. Meine eigenen gebrochen. Jussuf.*

Einer der letzten Gänge führt sie mit ihrer Zeichenmappe zu dem Maler Jakob Steinhardt, einem alten Freund aus Berliner Tagen, den sie von Zeit zu Zeit besucht. Er lässt durch seine Frau ausrichten, er habe keine Zeit, und so schleicht sie an den Hauswänden entlang ins Café. Es ist niemand da, sie nimmt nur einen Saft, erreicht mit letzter Kraft die Mehov Ha-Ma'alot, wo sie sich an einem Johannisbrotbaum festhalten muss, weil ihr schwindelig wird, rutscht am Stamm hinunter, kauert am Boden und spricht mit zwei pickenden Spatzen, als Doktor Adolf Wagner, ebenfalls ein Weggefährte aus Berlin, vorbeikommt.

Frau Lasker-Schüler, um Himmels willen, Sie sind ja ganz blau! Der Puls kaum zu tasten, ein Schwächeanfall. Bestimmt haben Sie noch nichts gegessen, kommen Sie, wir gehen ins Café und essen etwas zusammen.

Rutschen se mir dän Buckel rauf, ich bin Dichterin, ich brauch nur die Luft zum Leben.

Dann bringe ich Sie nach Hause, ich trage Sie, Sie sind ja ein Federgewicht.

Ich habe kein Heim, mein Zuhause ist unter dem Baumzelt bei den Vöglein und den Ameisen und den Blaublümelein, lispelt sie und lässt sich widerstandslos hochheben, spricht von ihrem Papa, der sie vor den Antisemiten beschützte und nach Veilchen roch, dann die immer gleiche Suada über die Nachbarn und die anderen bösen Jerusalemiter. Adolf Wagner trägt sie in ihr Zimmer und bettet sie in den Lehnstuhl, hört zu, fragt nach neuen Versen, rezitiert aus dem Blauen Klavier, preist die Liebesgesänge. Und staunt über die Glut in den Prinzenaugen, die für Minuten das vergehende Weiblein, ein Alraunenwurzelfigürchen, überstrahlt.

Die Sturmglocke läutet, Trommelschläger marschieren, hepp, hepp hepp, Jerusalem es verlorn! Unschuldig vergossenes Blut, unmenschliches Gemetzel. Kein Grab den zarten Kindlein, kein Friede ihren

Seelen. Das Fieber zieht heran, sie glüht, bäumt sich, wackelnd verbeugt sich das Dörken. *Seht, der Träumer kommt daher!* Wirst sein eine große Dichterin, Elschen, hast bekommen große Gaben vom Ewigen. Wirst doch den Kindern nicht sprechen vom Schrecklichen, Aron. Glas essen, Feuer schlucken, Mamas Hand kühlt den heißen Nacken, pscht, mein Elschen, mein Springinsfeld, wirst nicht sein so garstig, immer Tummelsköpfe schlagen, immer in Kompanie mit den Schnapsnasen vom Berg. Schau, wie das Äffchen turnt auf dem Kiesweg! Pscht, Elsken, dä Pülle, dä schläft, dä glüht all widder. Stricken, stricken, durch die Wolle jagen, goldene Himmelssternchen für den dumrigen Papa, Tum Tingelingeling, und blau blühende Tellerchen und Tässchen aus der Wolle hervorklappern, und das Karussell dreht sich mit den Elfen und Schelmen und Kobolden und den schönen Jungfrauen, den artigen Herren, herum und herum. *Lott es doot, Lott es doot.* Und schnippen und wippen, Lovely sweet Miss, und der Clown mit der Entennase immer auf den Schirmständer, druff, immer druff, schnippen und wippen und kreischen, höher und höher hinauf. Da wartet Pülle am leuchtenden Tor mit Mama, Papa, Anna, Martha und dem Prinzenbruder Bulus mit dem herrlichen Texanergesicht, hinter ihnen die weinenden Engel.

Mit den roten Rosen
Hast du den Tod bitter gekostet …

Über schwarzes Wasser gleiten, zaghaft die fremd-vertraute Küste betreten, im Lärm des Meeres das Feierkleid mit dem Muschelgürtel anlegen, das Herz kariert oder gepunktet, wie es sich doppelt vergrößert und purpurblau wird. *O, die Herzangst, wenn das Herz versinkt in einen Wassertrichter oder zwischen Erde und Himmel schwebt in den Zähnen des Mondes oder es einsinkt …* Und die glühende Zange presst es zusammen, granatrot pocht der Blutsee. Beten, beten, über den Schmerz hinaus an die Pforte des Körpers treten, die Hülle zerreißen und abstreifen, singen aus der Blüte des Kehlkopfes, der ewigen Odemknospe, dem göttlichen Kleinod … *chabaa, chabaa, machmêde, machmêde macheii.*

Und wieder schwirren die Pfeile, zielen die Indianer vom feindlichen Stamme hinter den Hecken hervor, durchbohren das Herz Pampeias, der Herrscherin der Teerosen, stürmen heran auf ihren wilden Pferden, die glühende Zange greift ins Herzfleisch, das sich hinaufbäumt zum Licht, in tausend Stücke springt das Herz des gläsernen Amadeus. Das Klappern des Spritzbestecks und Mamas kühle Hand und die Stimme des dumrigen Polterpapa, pscht, Elsken, wird doch alles gut, alles, alles, brauchst dir nich fürchten, dä liebe Gott un dä Groatvatter passen auf. Und da ist ja auch Andreas Meyers liebes Gesicht, nä, nä, fängt dä noch dat Hühlen an, da wird man ja rot wie en Radieschen, und das krachende Herz springt aus der Brust, das singende springende Herz, und der Zeiger rollt nach Gottosten, die Prinzessin von Bagdad rafft ihr rotes Kleid, bunte Getränke schäumen und ein Singen fährt durch den Körper … *chabâa, chabâa*. Der Blutstropfen zerrinnt in der Stirnfalte des Prinzen, schwarzes Blut tritt aus den Poren Tschandraguptas. Da ist auch Petrus, dem sie zur Seite geht durch das leuchtende Land bis zur Silberlinie, und sie sprechen die blaue Sprache … *machmêde, machmêde*. Auf dem Bett des Doktor Lasker rascheln die Schwingen des schwarzen Adlers, große Gaben, große Gaben … Good bye Edd, good bye Erikklein, das Zifferblatt kreist herum und herum und sie malt die Konturen der Möwen auf den grauen Himmelskarton … *schreiender Schnee, wilde Bräute der Nordsee* … sie gleiten über die Wasser, und die Gipfel neigen sich, Kolosse grollen heran und wälzen sich auf ihre Brust, Großvaters Stimme donnert und hallt.

Sch'ma Jisrael, Adonai Elohenu, Adonai Echod.

Das bengalische Feuerrad fährt über den Malik, um dessen Herz ein Blutkranz liegt, dessen Haut blutet, dessen Blut durch sein offenes Herz rauscht und so rot ist wie das grausige Auge der roten Katz, und der Bruder, der blaue Reiter, der Großbiblische wartet schon fertig aufgezäumt zum Geleit, und Kaiser Abigail Jussuf reitet im Schlachtschmuck in den Krieg. Schornsteinfeger Schwarzer Neger. Stiefeltritte, hepp, hepp, hepp, Büffel stampfen, der wild gewordene Stier springt über die Tierhecke, Arme schnellen wie Lanzen. Und Jakob zerreißt seine Kleider, das Schmah sturzt von ihren Lippen, und sie wird höher getragen und schwebt in den Abendfarben Jerusalems, sorglich in das weißleinene Sterbehemd gekleidet, gebettet unter dem Synagogendach im Angesicht der Berge, ihr zur Seite die Väter und der Väter Väter, auch Apoll wacht am Totenschrein. Der Engel spült sein Schwert und gießt die Wasser aus, begleitet von Psaltergesang aus den bärtigen Mündern betritt sie den verbotenen Weg.

Mein Odem schwebt über Gottes Fluß –
Ich setze leise meinen Fuß
Auf den Pfad zum ewigen Heime.

Die Stürme brausen und sie tut den großen Atemzug, die Schofar trägt die schwarzen Mandeln empor zu den Schelmenaugen, den schönen Spanieraugen, die funkeln zur mächtigen Stimme Zwi Hirschs: Möge der große Name, dessen Begehren das Universum gebar, in der Schöpfung widerhallen. Entbunden vom Koloss der Materie zerrinnen die Bilder in den Dschungeln der Ewigkeit, ihre Seele bettet sich neben Gott und ist geborgen in seiner Hand.

– Ende –

Zeittafel

1869	11. Februar: Geburt Elisabeth Schülers
1882	2. Februar: Tod des Bruders Paul
1890	27. Juli: Tod der Mutter Jeannette Schüler
1894	15. Januar: Heirat mit Dr. Berthold Lasker
1897	3. März: Tod des Vaters Aron Schüler
1899	Erste Gedichtveröffentlichungen 24. August: Geburt des Sohnes Paul
1903	Scheidung von Berthold Lasker Heirat mit Herwarth Walden
1912	27. Januar: Tod der Schwester Anna Scheidung von Herwarth Walden
1926	Erkrankung des Sohnes Paul an Tuberkulose
1927	14. Dezember: Tod Pauls
1932	Verleihung des Kleist-Preises
1933	19. April: Flucht nach Zürich
1934	Erste Jerusalemreise über Alexandria
1937	Zweite Jerusalemreise Aberkennung der deutschen Staatsangehörigkeit
1939	Dritte Jerusalemreise Rückreiseverweigerung in die Schweiz
1945	16. Januar: schwerer Herzanfall 22. Januar: Tod Else Lasker-Schülers in Jerusalem

Danksagung

Mein großer Dank gilt Sigrid Bauschinger, deren hervorragende Biografie über Else Lasker-Schüler eine wesentliche Grundlage meines Textes bildet.

Dem Jüdischen Verlag im Suhrkamp Verlag bin ich für die freundliche Genehmigung zur Verwendung der aufgeführten Zitate aus dem Werk Else Lasker-Schülers zu besonderem Dank verpflichtet.

Außerdem danke ich dem Klett-Cotta Verlag, dem Rowohlt Verlag, der Neuen Zürcher Zeitung, dem Schweizerischen Literaturarchiv, der Staatsbibliothek zu Berlin, der Frankfurter Societäts-Medien GmbH, Herrn Herbert Kapfer und Herrn Bert Kasties für weitere Abdruckgenehmigungen sowie dem Deutschen Literaturarchiv Marbach, dem Deutschen Theatermuseum München, der Gerhart-Hauptmann-Gesellschaft, der Stiftung Deutsche Kinemathek und Herrn Professor Kiening von der Universität Zürich für die hilfreiche Unterstützung.

Ebenfalls geht mein Dank an

die Stadtbibliothek Wuppertal und das Else-Lasker-Schüler-Archiv, das ich ausgiebig nutzen konnte;

den ehemaligen Leiter des Else-Lasker-Schüler-Archivs Henry Schneider, der die Entstehung des Romans intensiv begleitet und unterstützt hat;

Prof. Dr. Andreas Meier, Dr. Gabriele Sander, Dr. Stefan Neumann, Dr. Ulrike Schrader und Dr. Christine Hummel für wissenschaftliche Auskünfte;

Dr. Stefan Litt, Archivar der National Library of Israel in Jerusalem für diverse Auskünfte;

Thilo Besancon für die Übersetzung aus dem Italienischen;

Peter Jung und Hermann Schulz für ihre Ermutigung und Unterstützung;

alle Freunde und Kollegen, die die Entstehung des Manuskriptes mit Geduld und steter Bereitschaft zum Zuhören begleitet haben;

dem Bergischen Verlag für die sorgfältige Betreuung des Manuskriptes.

Der Stadtsparkasse Wuppertal danke ich sehr herzlich für die Förderung meiner Arbeit.

Übersetzung der fremdsprachlichen Dialoge

Französischer Dialog auf Seite 30:

Und wenn du französisch sprichst, wirst du in Frankreich immer willkommen sein. Antworte Mama: Möchtest du mal nach Frankreich?
Ja, Mama, ich möchte gern nach Paris, und auch nach Jerusalem.
Jerusalem, oh, natürlich, meine Liebe …

Italienischer Dialog auf Seite 146/147:

Sie ist dermaßen in Papa verliebt. Guck mal, wie merkwürdig sie aussieht mit ihren Teufelsaugen.
Die Frau ist hässlich!
Aber sie hat viel Charme und eine schöne Stimme, sagt Papa.
…
Das nächste Mal gehst du vor und guckst, ob der Weg frei ist, Mercedes. … Das war ein Überfall, eine regelrechte Vergewaltigung.

Literatur (Auswahl)

Else Lasker-Schüler: Werke und Briefe. Kritische Ausgabe. Jüdischer Verlag 1996–2010.

Bauschinger, Sigrid: Else Lasker-Schüler. Biographie. Wallstein 2004.

Hessing, Jakob: Else Lasker-Schüler. Ein Leben zwischen Bohème und Exil. Heyne 1984.

Klüsener, Erika: Lasker-Schüler. Rowohlt Taschenbuch 1980.

Klüsener, Erika; Pfäfflin, Friedrich: Else Lasker-Schüler 1869–1945. Mit einer Auswahl aus den Tagebüchern von Werner Kraft. In: Marbacher Magazin, Doppelheft 71 (1995).

Eckardt, Uwe: Die Schülers in Elberfeld. In: Romerike Berge, Zeitschrift für das Bergische Land (1995).

Schmid, Michael: Lasker-Schüler. Ein Buch zum 100. Geburtstag der Dichterin. Peter Hammer 1969.

Schmid-Ospach, Michael: Mein Herz – Niemandem. Peter Hammer 1993.

Kirsch, Sarah; Serke, Jürgen; Jahn, Hajo: Meine Träume fallen in die Welt. Peter Hammer 1995 (hier insbesondere die Beiträge: Spurensicherung in Jerusalem von Monika Bistram, Hajo Jahn und Ernst Andreas Ziegler sowie Verweigerung der Einreise- und Aufenthaltsbewilligung – Betr. Z 182.979 – Else Lasker-Schüler und die Schweiz von Manfred Escherig).

Linsel, Anne; von Matt, Peter: Deine Sehnsucht war die Schlange. Peter Hammer 1997.

Jahn, Hajo; Schädlich, Hans Joachim: Fäden möchte ich um mich ziehen. Peter Hammer 2000.

Jahn, Hajo: Wo soll ich hin? Zuflucht Zürich – Fluchtpunkt Poesie. Peter Hammer 2007.

Bluhm, Lothar; Meier, Andreas: Else-Lasker-Schüler-Jahrbücher zur Klassischen Moderne I–IV. Wissenschaftlicher Verlag 2009.

Hallensleben, Markus: … warum sind die Dichter meist nur in Worten gut? Aus: Else Lasker-Schüler und Gerhart Hauptmann. Orbis Linguarum 1997.

Radecki, Sigismund: Erinnerungen an Else Lasker-Schüler. http://www.exil-archiv.de.

Springmann, Wolfgang: Else Lasker-Schüler und Wuppertal. Born 1965.

Schrader, Ulrike: ›Niemand hat mich wiedererkannt …‹. Else Lasker-Schüler und Wuppertal. Hrsg.: Begegnungsstätte Alte Synagoge 2003.

Schrader, Ulrike: ›Dem ältesten aber bin ich ein fremdes Kind geblieben …‹. Neuigkeiten über den Maler Alfred Jacob Schüler, den Bruder der Dichterin Else Lasker-Schüler. In: Geschichte im Wuppertal, Heft 12 (2003).

Dorp, Adolf: Aus alter Zeit. Band 1: Der alte Johannisberg. Teil 1: Abraham Küpper. Bergische Druckerei und Verlagsanstalt 1921.

Reetz, Bärbel: Emmy Ball-Henning. Leben im Vielleicht. Suhrkamp 2001.

Jüngling, Kirsten; Roßbeck, Brigitte: Franz und Maria Marc. List 2004.

Bajohr, Frank: ›Unser Hotel ist judenfrei‹. Bäder-Antisemitismus im 19. und 20. Jahrhundert. Fischer Taschenbuch 2003.

Herzfelde, Wieland: Else Lasker-Schüler. Begegnungen mit der Dichterin und ihrem Werk. Deutsche Akademie der Künste 1969.

Hollaender, Friedrich: Von Kopf bis Fuß. Mein Leben mit Text und Musik. Kindler 1965.

Riha, Karl: Dada Berlin. Texte, Manifeste, Aktionen. Philipp Reclam jun. 1977.

Benn, Gottfried: Sämtliche Werke. Stuttgarter Ausgabe in Verb. mit Ilse Benn. Hrsg.: Gerhard Schuster. Klett-Cotta 1989.

Kasties, Bert: Paul Zech. Ausgewählte Werke. Shaker 1999.

Aus Platzgründen ist es leider nicht möglich, alle Wissenschaftler(innen) und Publizist(inn)en zu nennen, deren Beiträge zur Else-Lasker-Schüler-Forschung Eingang in dieses Buch gefunden haben. Ich danke auch den Ungenannten sehr herzlich.

Die Originalzitate aus Werken von Else Lasker-Schüler stammen aus:

Else Lasker-Schüler: Der Prinz von Theben und andere Prosa. Suhrkamp Taschenbuch 1998.

Else Lasker-Schüler: Konzert, Prosa und Schauspiele. Suhrkamp Taschenbuch 1998.

Else Lasker-Schüler: IchundIch. Verse und Prosa aus dem Nachlaß. Suhrkamp Taschenbuch 2002.

Else Lasker-Schüler: Der Malik. Neuer Malik 1983.
Textauszüge aus:
Else Lasker-Schüler: Werke und Briefe. Kritische Ausgabe.

Else Lasker-Schüler: Die Wupper. Philipp Reclam jun. 1977.
Textauszüge aus:
Else Lasker-Schüler: Werke und Briefe. Kritische Ausgabe.

Else Lasker-Schüler: Mein Herz. Suhrkamp 1982.

Else Lasker-Schüler: Die Gedichte. Suhrkamp Taschenbuch 1997.

Die Originalzitate aus Briefen entstammen:

Kupper, Margarete: Lieber gestreifter Tiger. Kösel 1969.
Textauszüge aus:
Else Lasker-Schüler: Werke und Briefe. Kritische Ausgabe.

Kupper, Margarete: Wo ist unser buntes Theben. Kösel 1969.
Textauszüge aus:
Else Lasker-Schüler: Werke und Briefe. Kritische Ausgabe.

Gehlhoff-Claes, Astrid: Else Lasker-Schüler. Briefe an Karl Kraus. Kiepenheuer & Witsch 1959.
Textauszüge aus:
Else Lasker-Schüler: Werke und Briefe. Kritische Ausgabe.
Else Lasker-Schüler: Gesamtausgabe. Band 6–11. Jüdischer Verlag 2003–2010.

Für alle Werke von Else Lasker-Schüler:

Die Gedichte Gottfried Benns sind zitiert nach:

Benn, Gottfried: Gedichte. Philipp Reclam jun. 2006.

Der Brief Gerhart Hauptmanns auf S. 166 ist zitiert nach GH Br NLA: Lasker-Schüler, Else 2,1.

Der Auszug aus der Frankfurter Zeitung auf S. 185 ist der Ausgabe vom 1. Februar 1931 entnommen.

Das Zitat von Klaus Mann auf S. 207 entstammt dem ›Brief an Gottfried Benn‹ aus: Mann, Klaus: Zahnärzte und Künstler. Aufsätze, Reden, Kritiken 1933-1936. Hrsg. von Uwe Naumann und Michael Töteberg. Copyright © 1993 Rowohlt Taschenbuch Verlag GmbH, Reinbek bei Hamburg.

Die ›Antwort an die literarische Emigration‹ von Gottfried Benn auf S. 207/208 ist zitiert nach: Benn, Gottfried: Sämtliche Werke. Stuttgarter Ausgabe. Band IV: Prosa 2 (1933–1945). In Verb. mit Ilse Benn. Hrsg.: Gerhard Schuster. Klett-Cotta 1989.

Die Kritik Max Weltis auf S. 229 erschien in der Neuen Zürcher Zeitung vom 21.12.1936.

Trotz aller Bemühungen konnten nicht alle Rechteinhaber ausfindig gemacht werden. Bei berechtigten Ansprüchen setzen Sie sich bitte mit dem Verlag in Verbindung.